왜 정신분석인가?

로제 페롱 지음
표원경 옮김

한국심리치료연구소

왜 정신분석인가?

발행일 • 2008년 9월 15일
지은이 • 로제 페롱
옮긴이 • 표원경
펴낸이 • 이재훈
펴낸곳 • 한국심리치료연구소
등록 • 제 22-1005호(1996년 5월 13일)
주소 • 서울시 종로구 적선동 156 (광화문플래티넘 918호)
Tel • 730-2537, 2538 Fax • 730-2539
http://www. orips.net E mail: orips@orips.net

값 15,000원

ISBN 978-89- 87279-88-6 93180

이 도서의 국립중앙도서관 출판시도서목록(cip)은 홈페이지
(http://www.nl.go.kr/cip.php)에서 이용하실 수 있습니다.
(제어번호: 2008002555)

왜 정신분석인가?

Une Psychanalyse Pourquoi?

Roger Perron

목차

제2부 정신분석의 기초들

제3부 정신분석과 어린이

서론

나는 왜 이 책을 쓰는가?

> 정신분석은 기적을 만들지 않는다. 그러나 고통 받는 사람들에게 도움을 줄 수는 있다.

정신분석가들은 일상적이고 조용하지만 끊임없이 불행을 겪고 있는 사람들, 즉 '사는 게 버거운' 사람들이 살만 하다고 느낄 수 있도록, 나아가 더 나은 삶을 살 수 있도록 돕고자 한다. 또한 정신분석가들은 자신의 이야기를 들어주고 이해해줄 상대가 없는 사람들을 돕고자 한다. 그런 사람들은 종종 이런 말을 듣기도 하고 스스로에게 하기도 한다: "자, 힘내자. 용기를 가져. 일을 해. 널 좀 편하게 놔둬. 이런 데 관심을 가져보는 건 어때? 아무개를 좀 봐, 얼마나 활기차" 등등. 그러나 그 모든 것들이 자신에게 불가능한 일임을 확인하게 될 때, 당신은 그런 자신을 비난하는 동시에 그 무능함 때문에 비참해진다. 그래서 당신은 의사가 처방해 준 흥분제나 강장제와 같은 약물들이나, 알코올과 담배 같은 물질들을, 혹은 그 보다 더 나쁜, 보험도 되지 않는 다른 약물들을 복용하고 또 남용하게 된다.

그런데 이런 고통들은 어떻게 보면 '평범' 한 것들이다. 세상에는 언제 어디서 해를 가해 올지 알 수 없는 사람들로 둘러싸인, 자신에게 결코 호의적이지 않은 세계 속에서 살아가는 남자들이 있는가 하면, 자기가 욕망하는 것을, 심지어는 자기 자신조차도 무엇인지도 모르는 것을 자기에게 줄 수 있는 남자, 그러나 세상에는 없는 그런 남자를 찾는 일에 자신의 전 생애를 건 여자들도 있다. 그런가하면 늘 병균에 대한 생각으로 가득 차서 하루에도 수십 번씩 손을 씻어야만 하는 사람도 있고, 혼자만의 세계에서 살아가는 자폐아들도 있다. 문제는 이런 식으로 힘들고 고통스러운 불행한 사람들이 무수히 많다는 사실이다.

그러다가 사람들은 그것이 단지 '어쩌다 운이 나빠서' 그런 게 아니라는 생각을 하게 된다. 사람들은 자신들의 존재 방식, 즉 사고하고, 느끼고, 처신하는 방식에 어떤 문제가 있다는 생각을 하게 된다. 그렇다면 도대체 무엇이 문제일까? 사람들은 그 이해할 수 없는 벽에 집요하게 매달려 깊은 생각에 잠기는가 하면, 이리저리 신문이나 잡지와 같은 자료들을 뒤적이다가 그런 문제를 다룬 기사를 읽기도 하고, TV나 라디오 방송을 보고 듣기도 하지만 전혀 나아지지 않는다. 마침내 사람들은 들을 줄 아는 누군가를, 그래서 도움을 줄 수 있는 누군가를 만나야할 필요가 있다는 생각을 하기에 이른다. 그러나 만나야 하는 그 사람은 또 누구일까? 그래서 사람들은 여기저기 수소문하면서 친구에게 묻기도 하고, 전화번호부의 '심리' 항목이나 광고들을 뒤진다. 그러나 누가 그들에게 신뢰할만한 서비스를 해줄 수 있을까? 개중에는 정신분석가들을 사기꾼쯤으로 생각하는 사람들도 있다: 정신분석가라는 게 전부 다 사기꾼이 아닌가? 단지 말만하면서 왜 돈을 받는 건지? 어째서 기간은 그렇게도 긴지? 정신분석을 하다가,

고통보다도 더 나쁜, 정신분석 없이는 살지 못하는 의존에 빠져 들어 갈 위험은 없는지? 암암리에 이런 평가를 받고 있는 정신분석은 근본적으로 무엇인가?

이런 의문들은 타당하다. 사실 나도 그러한 질문들을 수 없이 받아왔고, 그에 대해서 내가 아는 한 가장 쉽고, 또 정확하게 대답하려고 했다. 유사 심리치료사들의 말도 안 되는 방법으로 인해 심하게 악화되어 한 눈에 보아도 상당한 도움을 필요로 하는 사람들이 내게 혹은 내 동료들에게 진찰을 받으러 오는 일이 있다. 그럴 때 나는 불쌍한 사람을 착취하는—고의든 아니든 그건 별로 중요하지 않다—사람들에게 분노를 느낀다. 그러나 그런 분노가 행동으로 연결되지 않는다면, 그것은 탄식에 그칠 뿐 별반 도움이 못된다. 왜냐하면 프랑스에서 어떠한 법적인 규정들도 '정신분석가' 나 '심리치료사' 라고 불리는 사람들을 실질적으로 보호해주지 못하기 때문이다. 그러나 우리는 적어도 대중들에게 더 잘 알리는 시도는 할 수 있다.

바로 이것이 내가 이 책을 쓰는 이유이다.

이 책을 어떻게 읽을 것인가?

이어지는 55개의 짧은 텍스트들은 하나씩 떼어서 독립적으로 읽어도 좋다. 따라서 마음에 드는 제목부터 혹은 책을 펼쳤을 때 눈에 들어 온 것부터 편하게 훑어보는 식으로 시작해도 좋을 것이다.

그러나 이 책은 나름대로 체계를 갖고 있다: 앞부분은 분석의 실제적인 면에서 나올 수 있는 문제들을 다루고 있다. 이어서 이론 형성에서 제기되었던 문제들과 정신분석적인 접근을 통해 본 아동기의 문제들과 성인들의 심리적 장애의 문제들을 다루고 있으며, 자유에 관한 몇 가지 근본적인 문제들로 마무리 짓고 있다. 더욱이 용어들 만해도 매번 새로 정의했기 때문에 어디서 읽기를 시작해도 문제되지 않지만, 한번 훑어보고 난 다음에 순서대로 다시 읽기를 권한다. 그렇게 한다면, 이 책은 당신에게 더욱 값진 정신분석에 대한 이해를 가져다 줄 수 있을 것이다. 자! 이제부터 시작해 보기로 하자.

두 번째 출간에 부쳐서

이 책의 초판이 출간되고 난 지 어느새 5년이 흘렀다. 나는 이 책의 두 번째 출간이 이 책의 본래 기능을 보완하기 위한 것으로 이해되기를 바란다. 그 본래의 기능은 이것이다. 내가 이해하고 있고 시행하고 있는 정신분석이 진정 무엇인가? 특히 치료의 수준에서 정신분석이 무엇인지 많은 사람들에게 알리는 것. 과연 정신분석 '치료'에서는 무슨 일이 벌어지고 있는가? 그것에 대해서 설명하지 못할 이유가 없다. 즉, 정신분석에 대한 어떤 질문이라도 답변할 가치가 있으며, 답변을 시도해야만 한다. 그래서 때로는 내가 군더더기 없이 설명하고자 했던 이론적인 개념들에 관한 배경 지식도 필요하다. 말만 앞세워서 사람들을 질리게 하는 게 아니라, 내가 할 수 있는 만큼 진지하면서도 정직하게 알리는 것이 필요하다. 그러다보면 우리는 슬프게도 우리를 참담하게 만드는 투사들을 만난다. 그들은 잘못된 정보에 근거해서 하는 공격은 그래도 준수한 편이라고 할 수 있을 정도로 명백하게 전혀 다른 증거에 근거한 서글픈 논지로 집요하게 정신분석과 정신분석가를 공격한다. 그런가 하면 이런 사람도 있다. 즉 어디에 근거한 것인지도 알 수 없는 것을 갖고서 그것을 정신분석의 이름으로 방어한다. 이것은 정신분석을 받아야 하는 대중들의 정신분석에 대한 선입견을 훼손시키는 데 더할 나위 없이 좋은 방법이다. 나는 신문이나 잡지, 라디오, 또는 TV에서 '심리와의 전쟁,' 혹은 '프로이트를 매장해야 할까?'(왜 화형은 어떻고 …)와 같은 제목으로 떠들어대는 것을 찾아내서 과장하는 것을 보다보면 슬퍼진다. 이렇게 하면 책도 팔리고, 이목을 집중해서 잘 듣게 만들 수 있을지는 모르지만, 건전하다고 볼 수는 없다.

정신분석이 공격받고, 또 그것을 방어하기 위한 조정 작업이 있었던 것은 어제 오늘의 일이 아니다. 대략 1세기 전부터 그래왔다. 그러나 그 주제들이 약간씩 달라져왔다. 사람들은 더 이상 '프로이트의 범성욕설'을 갖고서 목청을 높이지 않는다. 오히려 정신분석이 과학적이지 못하다든지 혹은 아무런 가치가 없음을 '밝히려 한다.' 그리고 여전히 무의식의 심리 과정에 대한 근본적인 가정은 '내 눈에 보이지 않는 것은 존재하지 않는다'는 원칙을 내세우는 사람들에 의해 반박을 받고 있다.

이제 정신분석은 이런 의미 없는 싸움과는 거리를 두고 도움을 청하는 사람들에게 헌신하고자 한다. 우리는 폐색된 생각 속에 갇혀서 자신의 고통을 치료하려면 어느 지점에서 어떻게 돌아서야 하는가를 더 이상 알지 못하는 너무 많은 길 잃은 사람들을 만난다. 나는 알려야만 한다고 믿는다. 이것이 내가 처음에 이 책을 썼던 이유이고, 다시 출간을 하는 목적이다.

1

정신분석이란?

정신분석에 대해 내릴 수 있는 최고의 정의는 아마도 1922년에 프로이트가 했던 정의일 것이다.

"정신분석은 1) 다른 방식으로는 거의 접근할 수 없는 심리 과정에 대한 탐색 절차이다. 2) 이러한 탐색을 근거로 한 신경증적 장애들에 대한 처치 방법이기도 하다. 3) 정신분석적 방식으로 획득된 일련의 심리 개념들과 함께 점차 새로운 학문으로 자리 잡고 있다."

요컨대 정신분석은 심리 기능에 대한 이해 과정인 동시에 치료와 이론 전체를 지칭한다. 이제 각각의 정의들을 좀 더 명확히 살펴보자.

• 정신분석은 '다른 방식으로는 거의 접근할 수 없는 심리 과정의 탐색 절차'이다. 이 때 '심리 과정'은 심리현상의 중심부에서 생겨날 수 있는 거의 모든 것을 의미한다.

그렇다면 심리현상은 무엇인가? 이에 대한 최선의 답변은 프로이트가 아주 정확하게 지적했듯이, 모든 사람이 '심리 기관'의 작용에 따른 결과가 될 것이다. 즉 그것은 어떤 목적들을 위해(이것이 그것의 기능이기도 하다) 어떤 작용 법칙에 따라 사용되는 조직된 체계를 의미한다. 사람은 그 자체가 계층화된 전체 구조로 층을 이루고 있는 기능적 체계, 혹은 기관들로 이루어진 매우 복잡한 총체이다. 예를 들면, '아래에서 위로' 이어지는 세포의 생화학적 상호 교환들을 조정하는 체계와 면역체계(에이즈에 의해 교란되는), 체온의 항상성을 유지하는 체계, 또한 혈액이나 호흡 등의 주요 순환 기관들, 지각-행동 체계(즉 대상을 보고 그것을 파악하도록 하는), 동작 조절 체계(예를 들어서 사람들이 뜨개질이나 글쓰기처럼 복합적인 연습에 활용 되는), 그리고 마침내 그 전체를 덮고 있어서 그 자체가 하나의 '기관'처럼 여겨지는 심리현상이 그것이다.

이러한 체계들이나 기관들은 모두 자신에게 속해 있으면서 동시에 '외부로 향한다'는 사실로 인해 아래로부터 위까지 이르는 상동(相同)관계에 있게 된다. 외부로 향하는 것과 관련해서, 그것들 각각은 자기가 맡은 기능들로써 개인의 생명에 협력한다. 그것은 개인 생명의 현재 조건들을 고려하는 적응의 역할을 한다. (예를 들어 체온 조절에 관계된 것을 보면 그것이 명백해진다.) 또한 자신을 향한다는 것과 관련해서, 그것들 하나하나는 시간이 흘러도 변치 않는 자신만의 항상성과 일관성을 유지하기 위한 조절들을 자기 내부에서 작동시킨다.(심장은 '자동-조절' 되는데, 그것은 아주 중요한 당위성을 지닌다.) 심리 기관도 마찬가지이다. 그것은 대상들과 사건들, 그리고 사람들에게 적응하는 역할을 하는 매우 복잡한 체계로서 그것은 시간이 흘러도 변치 않는 항상성과 일관성을 유지하고자 애쓴다.(나중에 우리는 그것이 정신분석 치료의 진척을 막는 저항의 원천임을 보게 될 것이다.)

심리 과정들. 그것은 심리 기관 속에서 일어날 수 있는 것들, 즉 감각과 영상, 추억과 표상, 감정 그리고 논리적 추론과 같은 것 모두를 포괄한다.

그것에 대해 심리학적인 방법이나 이론들을 통틀어서 모두가 일치된 견해를 갖는 일은 아마도 없을 것이다. 그럼에도 불구하고 프로이트가 '정신분석'을 두고 '다르게는 접근하기 어려운' 과정들과 관련된 추리 방식이라고 강조할 수 있었던 것은 무슨 이유에서였을까? 이는 정신분석의 과정들 대부분은 다른 접근들과는 달리—주체 자신도 모르는 채로 남아있는—무의식의 과정들 대부분을 다루고 있기 때문이다. 여기서 분명히 해 둘 것이 있다. 만일 그것들이 모르는 채로 남아있다고 해도, 그것은 부주의나 소홀의 소치가 아니며, 또한 익숙한 동작들이 '자동적으로' 실행될 수 있는 방식이나 우리가 전혀 주의를 기울이지 않아도 아주 정확하게 바로 그 다음 동작으로 따라 나오는 방식 탓도 아니다.(이 모두를 '전의식'이라 할 수 있는데, 그것은 과도기에 있던 정신분석학의 빈곤한 어휘에서 나온 것이라는 점을 밝힌다.) 아직까지도 정신분석의 중심에 서 있는 프로이트의 근본적인 사상의 본질로서 의식을 좌우하는 아주 적극적인 기제들과는 상반된 무의식의 심리과정들이 존재하고 있다. 가령 어떤 부인이 이렇게 말했다고 하자: "의사 선생님이 당신(남편)은 내가 원하는 것은 다 먹을 수 있다고 했어요." 여기서 우리는 그녀의 말실수를 알아볼 수 있다. 그녀는 '남편이' 원하는 것 대신 '내가' 원하는 것이라고 말한 것이다. 그리고 그 실수를 통해 그녀는 자신도 모르게 부부 관계에서 자신의 위치를 아주 강하게 드러내고 말았다. 그렇지만 우리는 누군가 그녀에게 그 말로 미루어 당신의 부부관계는 그런 것 아니냐고 했을 때, 그녀가 그걸 강하게 부인하리라는 것을 쉽게 짐작할 수 있다.(그리고 경우에 따라서는 그런 말을 한 사람에 대해 원한을 품을 수도 있는 일이다.) 왜냐하면 거기에는 감추어야만 하는 어떤 의미가 노출되거나 인정되는 것에 적극적으로 대항하는 기제가 작용하고 있기 때문이다.

그래서 프로이트는 무의식의 심리 과정들을 생각하면서, 그것들을 '접근할 수 없는' 것이라고 하지 않는다.(그 말은 갓 태어난 정신분석에게 사형을 선고하는 것과 다름없다. 전적으로 접근할 수 없는 현상들에 대해서 과연 누가 말할 수 있을까? 그리고 그것들의 존재를 어떻게 말할 수 있을까?) 그는 그것들을 '다르게는 접근하기 어렵다' 고 말한다. 사실 그것들은 그가 제시하는 방법과 '다르게는 접근하기 어려운' 것, 어려워도 아주 어려운 것이다.

• 정신분석은 '이러한 탐색을 근거로 하고 있는 신경증적 장애들에 대한 처치방법' 이라고 한다. 여기서 신경증적 장애들이란 무엇인가? '신경증' 이란 용어는 19세기 정신의학에서 유래된다. 그 당시 사람들은 이러한(기분이나, 생각, 행동) 장애들이 '신경의 염증' 에 기인한다고 믿었다. 이런 순진한 개념은 이미 오래 전에 파기되었지만, 그 용어는 남아서 심리 기관의 장애들을 가리키고 있다.(물론 신경체계와 신경 자체의 해부학과 생리학적인 장애들과 변질들이 존재하지만, 그것은 어디까지나 신경학의 대상이다.) 프로이트가 그것을 썼을 당시인 1922년에, 그는 '정신 신경증' 을(히스테리, 강박, 공포) 폭력적이고 외상적인 경험, 혹은 감당할 수

없는 성적 상실 등의 영향으로 생겨난 '현실적 신경증'과 구분해서 생각하는 것을 중요하게 여겼다. 왜냐하면 그러한 연구 사례들로부터 정신분석학이 초래되었기 때문이다. 또한 다룰 수 있는 사례들은 정신증과 '경계선 상태,' 정신신체적 증상, 몇 가지의 '성도착 구조'(나중에 이러한 용어들에 대해 살펴볼 것임), 그리고 어린아이의 문제들 등을 포함하는 방향으로 현저하게 넓어졌다.

그러나 정신분석학이 오로지 질병과 그 치료를 다루고 연구하는 것으로만 한정될까? 정신분석가는 반드시 의사여야 할까? 치료 가능한 범위가 확장됨에 따라서 이와 같은 질문들에 대해 부정적인 답변을 내리게 된다. 정신분석가들이 현재 담당하고 있는 사람들 대부분이 '정신의 질병'을(현재는 '주요 정신증'에 한정해서 사용되는 용어) 갖고 있는 사람들로, 환자라고 하기에는 무리가 있다. 그들은 부적응의 힘든 내적 갈등과 '잘못된 존재'라는 아주 아픈 의식으로 인한 고통 가운데, 더 나은 삶을 살기 위해 도움을 찾는다. 그래서 정신분석은 '치료'를 연구하기보다는 내적인 균형뿐 아니라 외부 현실에 더 잘 적응하게 하는 것, 한마디로 사람들이 더 행복하게—적어도 덜 불행하게—사는 것과 관련되어 있다. 그래서 정신분석가가 반드시 의사여야 할 필요는 없다.(프로이트도 자신의 지위를 분명하게 정신분석가라고 밝히고 있다.)

• 정신분석은 또한 '그 방식으로 획득된 일련의 심리 개념들과 함께 점차 새로운 학문으로 자리 잡고 있다.' 즉 이성적인 과정을 통해 더 나은 내적 일치성을 보장하면서, 관찰할 수 있는 현상들(심리 과정)을 이해하려고 노력하고 있는, 꾸준히 성장하

는 인식체라는 것이다. 정신분석을 향해 가해진 가장 터무니없는 비난들 중의 하나가, 그것의 비합리성을 지적하는 것이라고 할 수 있다.(그러나 한편으로 어떤 사람들은 프로이트를 20세기 초반을 지배한 합리주의라는 의미에서 지나친 '합리주의자'라는 비판을 하기도 했다.) 그러나 이러한 '비합리성'에 대한 비난은 정신분석의 방식과 대상을 혼동하는 데서 온 것이다. 결국 정신분석은 넓게는(갈등과 감정, 정서 등의 짐을 지고 있는 무의식의) 비합리적인 심리 과정을 다루고 있다. 그러나 정신분석이 그것을 합리적인 방식으로 다루려고 한다는 점은 이론의 여지가 없다.

프로이트가 말했던 것처럼 과연 정신분석은 '과학적'인가? 이 점에 대해서 정신분석가들 사이에서도 논쟁이 없는 것은 아니지만, 그것도 역시 우리가 과학을 어떻게 이해하느냐의 문제에 달린 것이다. 정신분석이 화학이나 물리학과 같은 의미에서의 '과학적'이 아님은 분명하다. 아마도 그것은 다른 의미에서 과학적인 것으로 이 부분에 대해서는 나중에 다루기로 한다.

2

정신분석은 무엇에 대해 말하는가?

사람들은 정신분석가가 답을 내려주는 사람으로 생각하기 쉽지만, 사실은 그렇지 않다. 만약 우리가 앞의 질문에—정신분석이란?—대한 답변을 잘 읽었다면, 그것에 던져질 수 있는 요구들에 따라서 인식과정으로서, 혹은 힘들어 하는 정신현상을 도와주는 방법과 이론 체계로서 구분할 필요가 있음을 인정할 것이다.
따라서 이 질문은—정신분석은 무엇에 대해 말하는가?—다음 세 가지 측면에서 고려할 수 있다.

• 심리 기능에 관한 전체적인 이해로서의 정신분석학: 지식이란 원칙적으로 모든 사람들, 즉 관심을 갖고 알고 싶어 하는 모든 사람들에게 접근가능 해야 한다는 것은 당연하고, 또 마땅히 그래야만 한다. 그런데 어떻게 접근 가능해질까?

우선은 말할 것도 없이 읽어야 한다. 만약 우리가 정신분석에 대해 아무것도 모른다면, 혹은 우리가 사람들이 흔히 '알고 있는' 대로 알고 있다면, 쉽게 안다고 해서는 안 될 일이다: "아! 그 오이디푸스 콤플렉스? 어린 남자아이가 엄마랑 살고 싶어서 자기 아빠를 죽이는 거잖아." 이렇게 말한다면, 그 주제에 대한 전적인 무지를 드러내는 것으로 빈축을 살 우려가 있다.(이렇게 말하는 나를 용서하기를…) 말하기 전에 읽자. 그런데 누구를, 또 무엇을 읽을까?

우선은 프로이트를 읽어야 한다. 현재 그의 괄목할만한 저술들은 모두 우리말로 번역되어있다. 그러나 골라서 읽어야 한다. 프로이트의 어떤 것들은 어렵다. 예를 들어서 「금지, 증상, 불안」(1926)부터 시작해서는 안 될 일이다. 그 보다는 「정신분석학 강의」(1916-1917)나 「일상생활의 정신병리학」(1901) 같은, 아니면 좀 재미있게 읽고 싶다면 「농담과 무의식과의 관계」(1905) 같은 것부터 시작하는 게 좋다. 이런 책들은 정신분석에 대해 아는 게 없는 일반 사람들이 쉽게 이해할 수 있도록 명료하게 적고 있다. 또한 「다섯 개의 정신분석」이란 제목으로 프로이트가 모아놓은 임상서적을 읽을 때는, 아무리 거기에서 보여준 관찰들과 그것에 대한 설명들이 열정적이고, 아직도 거기에서 흐르고 있는 사상들이 유용하다고 해도, 이제 어떤 정신분석가도 그런 방식으로 분석하지는 않는다는 점도 유의해 두면 좋을 것 같다.

프로이트 다음에 또 누구를 읽을까? 여기서 걸출한 문학 작품을 말할 수 있지만, 그것도 역시 골라서 읽어야 한다. 명성만 듣고 라캉을 집어 들지는 말자. 그의 난해성은 지치게 할 위험이 크다.(그의 난해성은 제자들도 현기증을 일으킬 지경이니까. 실은 나 또한 전혀 이해되지 않을 때도 있으니까…) 가장 좋은 방법은 말할 것도 없이 그런 책이나 논문을 좋아하는 친구나 서점 직원의 의견을—만약 그 사람들도 또한 거기에서 자신의 참모습을 알았다면 더 할 나위 없이 좋겠지만…—묻는 것이고 이야기와 학술회, 라디오나 TV 방송을—개인적인 고통들 중 가장 은밀한 것에 말을 거는 정신분석이 자극적인 구경거리와 탐색에 대한 요구들을 잘 견디지는 못해도—}이용해서 추려내는 일이다.

따라서 문제가 되는 것을 이해하려는 노력 가운데 가장 우선적인 일은, 편견을 버리고 잠정적으로 '보기 위해서' 할 수 있는 모든 방법을 다 동원하는 것이다: "이건 진짜 바보 같은 짓이다"라는 단정을 유보해야 하는데, 간혹 우리가 그렇게 못하는 경우는 정말 유감스럽다. 그렇지만 우리가 이러한 전제조건을 받아들였다면,(당신이 지금 이것을 읽는 중에 있기 때문에, 이 조건에 걸려들지는 않을 것이다.) 당신은 아마도 흥미로운 세계를 발견할 것이다: 자기 자신이 되는 것과 의심하지 않는 것. 이렇게 되면 정신분석의 모든 것을 알고 있다고 할 수 있을까? 그건 아니지만,(예를 들어 우리는 전이가 무엇이라는 것을 아주 잘 알고 있지만 그것을 수주일 동안, 혹은 몇 달에 걸쳐서, 아니면 몇 년간 계속되는 긴 의자 위에서 그것을 체험하는 것은 별개이다.) 우리는 많은 것을 알게 될 것이다.

• 심리적으로 고통 받는 사람을 돕는 방법으로서의 정신분석: 정신분석가가 한 번이나 여러 번에 걸친 '예비 면담'을 하면서 그런 도움을 간절히 원하는 누군가를 만났을 때, 이런 근본적인 질문이 떠오른다: 나를 비롯한 대부분의 정신분석가들이 도와달라고 하는 요구에 응할 수 있을까?

그에 대한 답변이 부정적일 수 있다: 정신분석가가 할 수 있는 게 아무 것도 없는 경우는 그 사람의 어려움의 본질과 심리적 작용이 다른 행동 양식에서 비롯되었기 때문이다. 간혹 어떤 정신분석가는 그런 사례를 맡을 수도 있지만, 나는 아니다. 이런 경우 정신분석가는 자신의 부정적인 답변을 도움을 청한 사람이 수긍할 수 있도록 설명하는 한편, 다른 곳에서 도움을 청하도록 적극적으로 권유해야 한다.

그에 대한 답변이 긍정적일 수 있다: 그러나 어떤 치료 양식을 선택해서 환자에게 제안할 것인가? 그중 하나가 '고전적 치료'로 소위 '긴 의자'에서 최소한 일주일에 세 번 45분씩의 면담일 수 있다.(이는 내가 많은 동료들과의 합의에 따라 적용했던 자연스러운 규칙이다.) 또한 '마주 보고하는 정신분석적 심리치료'일 수도 있다. 이는 일주일에 한 번이나 두 번(똑같이 45분씩), 혹은 의뢰인의 사정에 따라 '요구한' 약속들로, 분석적인 사이코드라마, 엄마-아기 치료, 가족치료, 몇몇 신체적인 치료 등 정신분석가가 주도하는 다른 치료기법들이 있을 수 있다. 이러한 기법들이 무엇인지, 여러 가지 특수한 사례들 속에서 그들의 선택을 좌우하는 것이 무엇인가는 나중에 다른 질문들을 통해 살펴보기로 한다.

• 심리 과정들에 대한 인식 방식으로서의 정신분석: 우리가 그 방식을 수단으로 사용하는 가장 좋은 기회는 정신분석가의 도움을 받아서, 그리고 그에 의해 제안된 상황의 틀 속에서 갖게 된다. 그러나 정신분석가가 반드시 필요하지 않은 경우도 있다. "의사 선생님이 남편은 내가 원하는 모든 것을 먹을 수 있다고 말했어요"라고(그녀가 말하고자 했던 것은 "남편이 원하는 건 뭐든지"였음에도 불구하고) 말한 어떤 부인의 실수를 예로 들어 보자. 그녀가 자신의 실수를 알아차렸거나 사람들이 그것을 알아차리도록 했을 때, 그녀 쪽의 반응은 네 가지 정도 있을 수 있다.

먼저 그녀는 크게 저항하면서 화를 내기 시작한다. 그러나 그런 반응은 너무 생생해서 오히려 그녀가 부인하는 것을(자기 남편에 위에 군림하고 있는 입장) 확인시킬 위험이 있다. 다음으로, 그녀는 "별 의미 없는 거야"라고 말하면서 거기에 쏠리는 관심을 거부한다. 또한 단순히 말실수일 뿐이라는 반응을 하는데, 자신이 너무 피곤하고 산만해 있어서, 혹은 '나'와 '그'가 너무 가까워서, 아니면 아주 간단한 단어로 혼동을 일으키기 쉬워서 라는 이유를 댄다. 다시 말해서 그는 정확하게 보다 자세히 그것을(실수) 바라보기를 피하게 해 주는 정당하지만 표면적인 설명만을 앞세워 얼버무린다. 마지막으로 이런 실수는 무의식의 표현일 수 있다는 데 놀란 그녀가 더 자세히 그것을 바라보고 자기도 모르게 표현된 남편과의 관계에 대해서 정직하게 자문할 것을 수락하는 반응을 한다. 이렇게 할 때, 그녀는 고통스러울 수도 있지만 자신에 대한 어떤 것을 발견하기 위한 길에 들어섰다. 어느 누구도 누군가가 앞의 세 가지 해결 중 하나를 선택하는 걸 막을 수는 없다. 그러나 분명한 것은 자신이 누구인지를 좀 더 잘 알기 위해서는 네 번째가 더 좋다는 점이다. 이 길을 선택한 사람이 좀 더 알아보고자 할 때에만 그에게 도움을 주는 정신분석가를 만날 수 있게 된다.

3

정상인 나는 정신분석이 필요한가?

1세기 전부터 대중들은 정신분석에 대해 극단적인 양가감정을 품어왔다. 그것은 이끌림과 거부의 두 감정에서 어느 한쪽으로 쏠리기까지 서로 대립되기도 하고 결합되기도 하면서 사람들에게 갈등을 일으킨다. 요컨대 정신분석은 그것의 죽음을 선언하는 순간에서조차도 우리를 매혹한다.
심리작용에 대한 정신분석의 이론도 마찬가지이다. 이제 사람들은 더 이상 그것의 '범성욕설' 이론에 대해 분개하지 않는다.(성으로 모든 것을 설명하려는 것은 잘못이라고 비난하면서 말이다.) 오히려 사람들은 적어도 '과학적 '이거나 과학적일 수 있기 때문에 신경학과 소위 인지적인 접근만이 관심을 기울일 만하다고 하면서 그것을 낡아빠진(요즘말로 '한물 간') 것이라고 단정 짓기를 더 좋아한다.

정신분석의 '치료' 나 '치료법' 도 마찬가지이다. 말하자면, '환자' 라 불리는 사람이 더 잘 들을 줄 아는, 보다 자유롭게 모든 것을 더 잘 들을 줄 안다고 생각되는 '정신분석가' 라고 하는 사람의 강요나 제어 없이도 말할 수 있을 정도로 긴장을 풀어준다는 긴 의자에 눕는 뜻밖의 상황도 '실제로' 그들에게는 아무 것도 아니다.(두 사람 모두 합의한 자신의 자리를 떠나지 않는다.) 바로 이것이 사람들이 진부하다고 생각하거나 혹은 아주 독특하다고 생각하는 방법으로 인해 나타날 수 있는 상황이다. 진부하다는 것은 환자의 머리맡에 앉아 있는 의사의 임상적인 상황으로 인한 것인데, 이렇게 보자면 프로이트의 방식은 옆이 아니라 뒤에 앉아있다고 하는 것을 빼놓고는 하나도 새로울 것이 없다. 그러나 아주 독특하다고 하는 것은, 정신분석이 아픈 곳을 관찰하지 않기 때문이다. 아픔은 '환자'의 가장 내밀하고 비밀스러운 것에서 나타나는 사람 자체에 있다. 그는 모든 것을 다 말할 수 있다. 그는 가장 잘못한 것, 가장 부끄러운 것, 자기 자신에게나 간신히 고백할 수 있는 것, 생각하고 싶지도 않은 것까지도 모두 다 말할 수 있다. 그렇다면 그가 알지 못하는 것도 포함해서 인가? 그렇다. 분석가에게는 모든 것을 다 말할 수 있다. 가능하지 않다고 할지도 모르지만 그렇지 않다. 설령 가능하지 않다고 할지라도, 그렇게 시도하는 것 자체가 바로 하나의 커다란 모험으로, 해보겠다는 용기를 낼만하다.

얼마나 많은 반대가 이런 상황을 조성하지 못하게 하는지! 가벼운 의심 정도로 방해하는 것이 있다. 단지 말만하기 위해 돈까지 지불 해가면서 그토록 오랜 시간을 써야하는 건가? 라는 것이다. 그러나 보다 심각하고 중요한 것을 건드리면서 반대할 수도 있다. 즉 도사-분석가는 엄청난 재정적인 이득과 함께 성적인 접대를 포함해서 모든 것을 당연하게 요구할 수 있는 의존적인 노예-환자를 만들어낼 수도 있지 않을까? 라는 것이다. 이런 반대 의견들은 면밀하게 검토할만한 가치가 있다. 그저 사람들이 '치료'나 '치료법'에 대한 이 양식을 신뢰한다고 선언하는 것만으로는 충분하지 않다: 믿음은 그것이 전적으로 비합리적이라면, 이는 다른 믿음을 훼손하고 또 악화시킬 뿐이다.

정신분석가는 자신의 '환자'에게 제안한 '치료'나 '치료법'으로 채택된 방식을 후회할 수 있다. 이런 후회는 아주 오래된 역사를 갖고 있는 것으로, 의사였던 프로이트가 환자의 악화된 심리적 건강을 보고 혁명적인 치료 활동이 필요하다고 판단해서 치료했던 시기까지 거슬러 올라간다. 그러나 프로이트 자신은 종종 그리고 강력하게 정신분석의 활동은 의학적인 것이 아니라는 점, 그래서 그것은 의사가 아닌 그 활동에 대한 실제적인 교육을 받은 사람들에 의해 이루어질 수 있다는 점을 강조했다. 프랑스 및 세계 각국의 정신분석 운동은 그것이 단순하게 의학적 훈련만이 아님을, 또한 정신분석가도 반드시 의사일 필요는 없음을 인정하고 있다.(어쨌든 파리정신분석학회에는 정신의학자인 의사와 의사가 아닌 일반 심리학자가 거의 비슷한 비율로 참여하고 있다.)

다행인 것은 그래도 여전히 정신분석에 대해 문외한인 사람들이 정신분석가를 찾아오거나 개인 정신분석을 고려하고 있다는 점이다. 이것은 이미 최소한 자신이 '아프다'는 것과 '고쳐야 한다'는 것, 그리고 정상이란 단어가 갖고 있을 수 있는 가장 나쁜 의미를 담아서 자신이 '정상'이 아니라는 점을 인정하는 것일 수 있다. 몇 년 전부터 정신분석가를 만나고 있고 거기서 좋아지고 있는 사람들은 친지들이 그 일에 대해 모르고 있는 편이 더 좋다고 생각할 수도 있다 … 우리의 언어생활 속에서 누군가를 '환자'라 지칭하고 그에게 '고쳐보라'고 권유하는 것은 아주 공격적인 표현으로 받아들여진다 … 그러나 만약 우리가 여기서 공격성을 제외하고 생각한다면, 그런 말들은 무엇을 의미하는가?

'정상적임' 은 아주 다른 것을 의미한다.

그 첫 번째 의미는, '방식에 있어서' '세상 모든 사람들처럼' 되는 것으로, 두드러지는 것도 없고 눈에 띄지도 않는 상태가 되는 것이다. 이것은 확실히 이상적인 삶은 아니다. '모든 사람들처럼' 되고자, 눈에 띄지 않고자 노력하는 사람들은 정신분석가를 두려워한다. 따라서 그들은 절대 정신분석가를 만나러 오지 않는다. 정신분석가는 틀림없이 그들의 그러한 편협한 삶의 설계를 거부하기 때문이다: 정신분석가는 삶이 활짝 피어나도록 돕는 일을 하는 사람이다.

두 번째 의미에서 '정상적임,' 그것은 규범에 복종하는 것이다. 무슨 규범인가? 그것은 외부와 내부의 명령에서 유래된 것이다.

외부에 기원을 둔 규범들이란 법과 규칙, '풍습' 과 일상적으로 합의된 도덕인데, 그것에 복종하는 사람들은 브라상(Brassens 프랑스의 작가이자 작곡가—역주)이 비웃던 '의식적인 점잖은 행실의 사람' 들이라 할 수 있다. 즉 그것은 밖으로부터 "너는 할 수 있다, 할 수 없다, 해야만 한다, 해서는 안 된다"고 전해오는 모든 것이다. 마르크스주의와 1968년 혁명기 시대, 그리고 '68년 이후' 세대에 정신분석은 최악의 목적과 가장 타락한 결과로(기성 윤리에 대한 복종으로 요약되는, 스스로 포기하게 만드는 자본가의 압제에 이용된다고 해서) 비난을 받았던 때가 있었다. 그러나 정신분석과 정신분석가는 그런 것들에 가담한 적은 없다. 물론 일반 사람들처럼 정신분석가도 역시 반사회적인 불가능한 삶을 고집해서 외부 규범을 무시하는 것보다는 그러지 않는 편이 더 좋다고 생각한다. 그러나 정신분석 과정의 목적은 때로 환자에게 불규칙하게 변화하고 모순되기까지 한 규범들의 그물 속에서 자신의 길을 가도록 하는 것이다: 더 좋은 것은 그가 어떤 규범들을 어떤 점에서, 어떻게, 왜 복종하기로 선택했는가를 아는 일이다. 즉 어떤 틀 안에서 가능한 한 자유롭게 사는 것이 중요하다.

내부의 규범들은 전혀 다른 성격이다: 그것은 프로이트가 '심리 기관'이라고 불렀던 심리 발달과 작용을 조정하는 '법'과 관계하고 있다. 기관을 구성하는 다른 체계처럼(호흡계, 심혈관계, 내분비계 등), 심리 기관도 생명을 지배하고 있는 일반 법칙들을 심리 수준에서 표현하는 내부 규범들에 복종하면서 발달하고 작용한다. 우리는 그에 대한 지극히 일반적인 예로 규범에서 벗어난 일탈 이후에 작용하는 항상성으로 인한 평형을 되찾고자 하는 움직임을 들 수 있다. 신체 온도 유지의 정확하고 효과적인 기제는 열이 오른 다음에 대략 37도로 되돌아가려고 하는 것을 말한다. 마찬가지로 심리에도 항상성 법칙이 적용된다. 간단한 예로 개인의 삶에 뚜렷한 획을 긋는 일련의 성공과 실패로 자존감이 조정되는 것과 같은 것을 들 수 있겠다. 어떤 사람이 눈에 띄는 성공을 거둔 다음 더욱 자만심에 가득차서 자신을 바라본다거나 가슴 아픈 실패 이후 자신을 과소평가해서("나는 아무것도 아니야")바라 본다고 하는 예는 진부하다. 만약 이런 평가들이 너무 과장되지 않는다면, 그것은 일시적인 것이다; 그래서 이전의 자존감 수준으로 되돌아오는 움직임이 이어진다.("그것이 우리를 더 이상 흥분시키지 않는다" … "어쨌든 나는 그렇게 형편없지 않다" … 등) 이렇게 깨진 평형은 이전 상태로 되돌아오려는 움직임이 일어날 정도로 그다지 심각하지 않은 것도 있지만, 주체가 오랫동안 우울증에 빠지거나 반대로 비현실적이고 염려스러운 조증의 흥분상태에 있게 할 수도 있다. 따라서 주체는 개인적 역사와 관련된 이유로 인해 극단적인 이 두 입장에 고착되는 수도 있다. 그렇다면 이것은 내부 규범에 정신분석적인 작업으로 분석을 필요로 하는 오작동이 일어난 것이다. 따라서 정신분석은 정상성이나 추측된 '비정상성'에 대한 가치 판단과는 거리가 있다: 분석가와 환자는 심리 기능 전체를 점검하고 개선을 위해 협동한다.

4

왜 정신분석 치료가 필요한가?

사람들이 도움을 청하는 방식은 대개 이렇다: "내게 무슨 희망이 있을까요? 보잘 것 없는 직업에 갇혀서 하찮은 일을 하고 삽니다. 아무런 재미도 없구요. 동료와 상사들도 나를 인정해 주지 않습니다. 내가 봐도 난 참 별 볼일 없는 사람 같아요. 직장에서 전망도 불투명하구요." 와 같은 식이다. 좀 더 개인적인 측면에서 도움을 요청할 때는 이런 식으로 말하기도 한다. "난 서투르고, 수줍음이 많아요. 그래서 사람들과의 접촉에 많은 어려움이 있습니다. 말도 없는 편인데, 실은 내가 말할 때 사람들이 관심을 보이지 않거나 비웃을까봐 두려워서 말하지 않는답니다" 등. 때로 "내가 지적인 노력을 기울여야만 할 때, 내 자신이 나를 방해한다는 생각이 듭니다. 시험, 특히 구두시험을 치러야 할 때가 그렇습니다. 단지 권위를 부여받은 누군가 앞에서 질문에 대한 정확한 답변을 할라치면, 나는 까닭모를 공황상태에 빠져서 멍청해져 버린답니다. 어떤 상황들은 나로 하여금 선험적으로 피하고 싶게 만드는 두려움을 줍니다. 때로 유쾌하고 유익하기도 한 사회적 접촉의 기회마저도 차단해 버립니다. 이렇게 난 엄청난 금지로 인해 힘들게 삽니다. '내게도 좋지' 못하고, 내 능력도 압류당하고 있지요. 이걸 어떻게 좀 해 줄 수 있을까요?"

여기서 요구하고 있는 것은 두 가지이다: 삶을 고통스럽게 만드는 나쁜 상태로부터 빠져나오기와 '능력' 발휘. 환자는 하나가 다른 하나의 조건이 된다고 느끼고 있다. 분석가도 그것에 대해 흔쾌히 동의하지만, 이런 요구에 답하려면 시간이 많이 걸린다는 것을 알고 있다. 욕망하고 있는 것의 의미 속에서 심리 작용을 개혁해야 하는데 그러기 위해서 나쁜 상태의 원인을 탐색하고 그 유래와 금지의 의미를 파악하는 일이 시간을 많이 필요로 하기 때문이다: 그는 능력 발휘는 어떤 의미에서 부차적이라고 생각하고 있다. 환자는 이해할 수 있는 방식으로 신속한 결과를 원한다. 일상적인 말 속에서 의학적인 상담에 대한 자신의 요구를 내비치는 경향이 있는 것은 드문 일이 아니다: "제가 뭘 힘들어하는지 이제 아셨지요? 어떻게 좀 해주세요." 그러나 그것은 지속적인 변화를 위한 노력에 달려있고, 이는 길어질 수도 있음을 의미하는 분석가의 답변으로 인해 움츠러들 가능성이 있다.(그러나 바로 그러한 노력이 자신에게 부족하다는 점에 대해 내적으로 저항한다!) 그래서 좀 더 빠른 효과를 자랑하는 '유용한' 치료, 즉 행동치료나 약물의 복용, 혹은 '심리'를 내세워서 기적을 만들어낸다고 하는 분파 등에 빠질 수도 있다. 그것은 자유지만 잘못된 선택이다.

만약 정신분석가가 환자의 요구에 실질적으로 부응한다면, 그는 자신이 파악한 환자의 어려움들에 따라, 심리 작용의 양식과 자신의 요구를 제안하는 방식, 그리고 받아들일 준비가 되어있는 정도에 따라 가능한 치료 과정을 자문하게 될 것이다. 실제로 우리는 세 가지의 작업 유형을 고려해볼 수 있다.(이것은 나의 경험인 동시에 다른 동료들과 공유된 경험이기도 하다.)

• 첫 번째는 '고전적인'(긴 의자) 분석이다. 이것이 때로 가장 훌륭한 해결 방법이 되기도 하지만, 원칙상으로만 그럴 뿐이다. 이것은 주체가 이미 어려움의 원인으로 생각하고 인정하며, 또 그에 대해 지나치지 않으면서도 신속하게 실질적인 효과를 갖게 되는 자기 나름의 방식이 있음을 가정하고 있다. 때문에 만약 이런 사람이 금방 기적처럼 해결되리라는 환상을 갖고 찾아온다면, 분석가는 이렇게 그를 진정시킬 필요가 있다: "그렇게 해서 효과를 볼 수도 있겠지만, 어떤가요? 다음 날이면 다시 원래대로 되돌아가지 않던가요? 길은 멀고 힘들어도 그럴만한 가치가 있습니다."

• 두 번째는 대면(對眠) 분석 작업이다. 이는 특히 주체가 자신이 힘들어하는 금지들을 스스로 만들어내고 있음을 실질적으로 탐색하고자 할 때, 그러나 비교적 문제들의 전형에 국한되어 탐색하기를 바라는 경우에 선호할만하다. 그는 도움을 받은 성찰을 원하지만, 벌어질 일에 대한 통제권 또한 갖고 싶어 한다. 거기서 분석가는 단번에 사람들이 관계하고 있는 방어의 결과를 잘 알게 된다. 그러나 그는 그 방어들이 당연하다고, 그래서 그것을 무리하게 다루려고 하는 시도는 전혀 소용없는 일이라고 생각한다. 만약 그 작업이 이러한 기초 위에서 이루어진다면, 우리는 내관 introspection 의 도움을 받아 가장 내밀하고, 가장 힘들고, 또 가장 근본적인 '자료들'을 향해, 즉 무의식에 가장 직접적으로 사로잡혀있는 것을 향해 갈 것이 틀림없다.

• 그러나 표현의 어려움이 주로 나타나는 것은 금지가 크게 가로 막고 있는 경우이다; 주체는 '그것을 말할 단어들'을 찾아내지 못한다. 게다가 그는 할 말이 별로 없다는 느낌을 갖고 있다. 따라서 그가 알고 있는 모든 것은, 비어있는 내면적인 바탕과

함께 자신의 고립, 서투름, 그리고 무언증으로 인해 힘들어 한다. 때문에 '말에 의한 치유'는 그것이 어떤 형식이든지, 그에게 불편할 수밖에 없다. 따라서 우리는 정신분석적 사이코드라마를 생각해 볼 수 있다. 그것은 어떻게 이루어지는가? 그것은 한 환자나 여러 환자들이 여러 정신분석가들과 함께 즉석에서 만들어진 연극을 통한 훈련의 일종이다. 환자는(현실적이든 생각에 의해서든) 자기 삶의 어떤 사건과 주변 인물, 꿈이나 생각 등을 회상한다. '이 연극의 감독'의 역할을 하는 치료자가 그것의 공연을 제안한다. 그러고 나서 환자는 인물들을 정하고 자신이 늘 했던 역할을 나누어 준다… 그 다음에 우리는 무슨 일이 일어나는 가를 본다. 연극과 마찬가지로 규칙은 언제나 '그럴듯하게 하는 것'이다. 그러나 이것의 전개는 절대 우연이 아니다. 환자는 그것을 통해서 자신이 경험하고 있는 갈등들의 본질적 양상들을 허구라는 형식으로 재빨리 표현할 수 있게 되고, 치료자는 이러한 표현을 용이하게 하기 위한 행동에 집중된다. 연극의 진행담당은 다소 간략하게 매 장면 이후에 막 이루어졌던 것에 대해 암시적인 해석을 한다. 유희적 측면의 매력을 지닌 이 기술은 말을 통해 표현하지 못했던, 그래서 사고(思考) 자체의 금지들로 고통당하는 사람들을 돕는다는 강점이 있다.

지금까지는 효율적이지도 영구적이지도 못했던 자신의 시도를 넘어서 보려고 도움을 청하는 사람들에게 제안할 수 있는 원칙적인 과정들이었다. 채택한 방법이 어떤 것이든 위급하다는 느낌이 잦아들기 위해서는 시간이 필요하다. 우리들은 성공이 신격화된 문화, 그래서 눈부시게 빨리 이루어진 성공에 더 큰 부러움을 보내는 문화 속에 살고 있다. 여기서 내가 사례로 드는 사람들은 종종 자신의 기대에 못 미치는 성공으로 인한 열등감을 신속하게 극복하고 싶어 한다. 그러나 이러한 열등감을 극복하고 다른 것에—단순히 존재한다는 것에 대한 기쁨—접근하도록 돕는 데는 어느 정도의 시간이 필요하다.

이 말이 추상적으로 들릴지 모르겠다. 그러나 그렇지 않다. 나는 분석을 받아야겠다고 결정하고 편지나 전화, 팩스 등을 통해 가까스로 분석적 면담에 다다른 사람을 생각한다. 그리하여 그는 마음을 가볍게 해주는 한숨과 함께 긴 의자에 누워있게 되고 이런 말을 한다. "여기야말로 내가 평화를 맛볼 수 있는 유일한 장소에요… " 그리고 작은 탁자 위에 놓인 꽃을 바라보면서 "이 꽃들… 정말 평화롭군요. 엄마였어요. 내가 불행했을 때, 그분은 꽃을 사랑했죠… " 면담을 하면서 그는 졸기도 한다. 그리고는 거기에서 행복하다는 생각을 하게 된다. 위니캇 Winnicott 은 어디선가 심리 현상의 기초들에 대해 말하면서 이렇게 썼다. '행동하는 존재, 행동에 의한 존재이지만, 일단은 존재자체이다.' 우리와는 달리 능률적인 행동을 덜 숭배하는 문화권에는 달관 la sagesse 이란 태도가 있다. 다행히 분석이 잘 끝나면, 주체는 일종의 달관적인 태도를 갖게 된다. 그러나 그것도 우리가 내부 긴장들과 갈등들을 잘 다스려서 평형을 이루고 자기 자신과 주변 사람들과 평화롭게 살아갈 수 있게 된다면, 그 효과가 더 좋다는 것을 경험을 통해 알 수 있다.

5

정신분석 과정의 규칙에 관해서

여기서는 아프고 힘든 것을 덜어낼 생각을 가진 한 사람의 ('환자'란 용어가 의미상 더 적당할 것 같지만…) 간곡한 도움 요청에 의해 실행하게 된 정신분석에서 그 상황을 주관하는 규칙들, 좀 더 넓게는 일반 원리들을 다루게 될 것이다. 그 '패러다임', 즉 모델은 '전통적인 치료'에서 따오고 있다. 즉 긴 의자 상황은 분석적인 심리극과 같은 상황 속이나 '대면' 상황 속 등에서 충분하게 직접적으로 겹쳐진다. 근본적인 두개의 규칙들은 환자 쪽과 분석가 쪽에서 진술된 평범한 것이다.

• 먼저 그 규칙은 환자 쪽의 자유연상과 관련된 것이다. 환자에게 어떤 생각을 부과하거나 축출하는 최면과 암시를 시도했던 프로이트는 무의식에 접근하기 위해서는 완전히 각성된 상태에 환자를 내버려 두는 것이 더 낫다는 믿음을 갖게 되었다. 그렇게 환자를 내버려 두게 되면 '억압된 것의 후예들'이 떠오르게 되고, 또 그것을 목격하게 된다. 그러나 하나의 조건이 필요하다. 그것은 그 후예들의 출현을 일반적으로 차단하는 이성적인 통제나 검열, 강요의 고삐를 느슨하게 하는 일을 환자가 수락하는 일이

다. 그 때부터는 의식에서 나오는 것은—생각, 영상, 느낌, 감정—모호하다느니, 적당치 않다느니, 기분 좋지 못한 것이라는 이유로 하나라도 떨쳐버려서는 안 된다. 즉 모든 것을 인정하고 말해야만 한다. 그렇게 될 때 우리는 거기에서 있을 수 있는 의미들의 연결고리를 찾게 될 것이다. 이 규칙은 근본적인 것으로 대개는 첫 번째 면담에서 이런 형식으로 말해준다: "당신은 떠오르는 모든 생각을 이야기해야 합니다. 비록 그것이 하찮아 보이고 모호하고 기분 나쁘고 말하기 힘들어도 말입니다." 만약 환자가 자신이나 분석가의 입장에서 썩 내킬 것 같지 않아 보여서 말하지 않고 그냥 넘어가려고 한다면, 금방 알 속에 갇혀서 질식할 것 같은 느낌을 갖게 될 것이다. 따라서 그가 자기 역할을 잘만 수행 한다면, 이런 저항들은 아주 중요한 어떤 사실과 관련되어 있는 필연적인 신호라는 것을 빨리 알게 될 것이다.

• 두 번째 규칙은 분석가 쪽의 '떠다니는 주의 attention flottante'와 '호의적인 중립 neutralité bienveillante'의 겸비이다. 분석가는 같으면서도 다른 질서 ordre로 인해 환자만큼이나 힘든 입장에서 일한다. 그 역시 환자의 말에서 불쑥 상기되는 것이 있을 수 있는 만큼 마음을 열어 놓는 게 필요하다. 넘겨짚어서 생각하는 것과 선험적인 확신들, 견고한 이론에 갇히는 것 등은 가장 값진 예기치 못한 것을 듣는 것을 차단시킬 위험이 있으므로 듣기에 대한 가장 나쁜 적이다. 특히 그는 끊임없이 지금 이 순간에 떠 오른 것과 그 전에(때로 몇 달 전) 떠올랐던 것 사이의 연결고리를 찾게 되고, 복합적이고도 때론 모순되기도 하는 의미들을 찾아내야 하며, 어떤 것을(어떻게?) 말하거나 자제해야 할 시점에 대해 사려 깊게 생각하는 일 등에 매달려야 한다. 말하자면 그는 자신의 마음을 가능한 한 수용적이 되도록 비우고 자유

롭게 놔두면서도 항상 긴장의 고삐를 늦출 수 없다. 이렇게 그는 말없이 분석에 참여한다. 그러나 그렇게 하는 것이 바로 분석이며, 이것을 훈련하는 일은 대단히 어려워서 긴 기간의 개인 분석이 선행되어야 하는 까닭도 바로 여기에 있다. 이 점에 대해서는 나중에 다시 언급하기로 하겠다. '호의적인 중립'도 분석가가 모든 도덕적인 판단과 넓게는 모든 가치 판단을 자제하는 태도를 일컫는 것이다. 그는 절대적으로 면담시간 내내 자신의 정치적이고 종교적이며 사회적이고 도덕적인 견해들을 떠나야 한다: 환자의 심리 작용을 증명하는 모든 것은 좋은 일이지만, 고통스러운 삶이 심리 생활의 증인일 수도 있다. 그러나 '호의적인 중립'은 이론의 여지가 있다. 왜냐하면 온정적인 의미를 지닌 '호의'는 (박애'라고 말하는 게 더 나을지도 모르겠다) 정신분석가의 태도와는 상반되는데다가, 정신분석가는 중립적이지 않아서 자신의 모든 입장을 주요한 가치를—삶, 우선적으로 심리 생활— 중심으로 배치하기 때문이다. 죽는 것보다는 사는 게 더 낫고, 심리 생활은 삶 그 자체의 기적 가운데 가장 아름다운 것으로 자신을 드러내지는 않지만 서로 소통 가능하다.

이상이 기본적인 두개의 규칙이고, 거기로부터 일반 원리들이 도출된다.

• 정신분석가는 충고하지 않는다. 그는 충고들이 제아무리 좋은 의도를 지녔다고 하더라도 사람들은 그에 따르든지 아니든지 둘 중에 하나를 택한다는 것을 잘 알고 있다. 또한 그대로 했을 경우, 그 일이 잘못 되기라도 한다면, 사람들은 충고한 사람에게 원망을 돌릴 것이고, 그 자신은 모든 책임을 피하는 좋은 기회를 제공할 것이다.(그래서 사람들은 잘못되기를 바라면서 충고를 따

르는 경우도 있고, 이 때 그 바람은 곧 그가 충고를 따르는 목적이기도 하다.) 이런 이유로 인해 정신분석가는 가능한 한 충고하지 않는다. 그러나 그는 자신의 환자가 심리 작용에 있어서 최적의 균형을 이루도록 문제에 대한 태도와 해결을 일구어 내는 것을 돕는다. 그러나 이것이 내내 순조로운 것만은 아니다. 분석가가 전적으로 환자의 입장에만 집중한 나머지 다른 사람들에게는 분명히 나쁠 수도 있는 해결의 길로 인도할 수는 없기 때문이다. (그리고 이것은 그가 아무리 신경을 쓴다고 해도 환자가 말하는 그 사람들에 대해서는 전혀 아는 바가 없기 때문에 더욱 어렵다.)

• 치료 중에 이야기 되고 일어난 모든 것에 대한 비밀은 절대적으로 유지되어야 한다. 즉 아무개가 정신분석가를 찾아와서 자신에 대한 정신분석 작업을 시도했을 때, 그 분석가는 그 사람을 치료하는 중간에 일어난 일에 대해서 그 무엇도 절대 말해서는 안 된다.(물론 환자는 원하는 만큼 그에게 좋은 정도로만 그 일에 대해 말할 수 있다.) 그러나 여기서 분명히 해야 할 것이 있는데, 분석가에게 부과되는 비밀 준수의 규칙의 예외에 대해서이다. 첫째, 분석가들 사이에 정보를 교환할 때. 둘째, 교육 중에 있는 분석가가 경험 있는 동료에게 한 사례를 제시하는 '수퍼비전'을 받을 때. 셋째, 임상으로 일반 사람들에게 이론적인 작업과 정보를 확산시키고자 출판할 때 필요한 범주 등에서이다. 이 모든 경우에도, 동료들 사이라 할지라도 환자의 익명성은 엄격하게 유지되어야 한다. 개인적인 상세한 설명으로 인해 신분이 노출되었을 때, 그 사례를 갖고 토론에 참여했던 분석가들 역시 비밀을 지켜야만 한다. 출판의 경우, 그의 신분이 노출될 수 있게 하는 모든 상세한 설명은(나이, 직업, 사회적 상황, 생의 주요한 사건들

등) 조심스럽게 다른 것으로 바꾸어야만 한다.(만약 분석가가 다루었던 사실의 진실을 보존하기를 원하지만, 이 일이 언제나 쉽지만은 않다.) 그래서 분석가들은 환자의 동의를 요구하는 것으로 이 문제를 해결하기도 한다.(그러나 이것도 치료가 끝난 경우로 한정된다.) 비밀에 대한 규칙을 분석가가 철저하게 준수하는 것은 기본이다. 환자의 신뢰는 그에게 마음의 안정을 가져다주고, 그 자신이 합법적으로 규칙에 따른다고 느낄 수 있는 유일한 것이기 때문이다. 물론 분석가에게 면담을 기록 못하게 할 수는 없다. 그러나 나도 그렇고 많은 동료들은 면담이 진행되는 동안에는 '떠다니는 집중'의 규칙에 충실하고, 면담이 끝난 이후에 기록한다.(그래서 꼼짝 못하게 만드는 분석가의 캐리커쳐는 잘못된 관습적 이미지이다.)

• 환자는 분석가의 사적인 생활에 대해 알지 못하는 게 더 좋다. 정치적이고 종교적인 견해 등의 표현과 같이 분석가는 자신의 입장을 분명하게 밝히는 일을 삼가야 한다.(반면 환자는 직업적인 상황에 대해서 분명하게 알 권리가 있다.) 분석가의 직업적인 상황이란 한 사람의 분석가로서 환자의 분석 과정을 최선의 기회들로 만들기 위해 전이의 부침(浮沈)에 따라서 변조 가능한 순수한 '투사의 표면', 혹은 '거울'이 되는 게 이상적이라고 말한다. 혹시 이런 입장들이 수동적인 분석가를 이상적으로 보게 한다면, 그것은 반론의 여지가 있다. 면담 중에 있는 분석가의 가장 좋은 입장은 오히려 심리적 활동의 끊임없는 긴장과 같다고 할 수 있다.

• 분석가는 '틀'을 엄격하게 유지하는 데 신경을 써야한다. 틀이란, 양쪽이 받아들인 '계약'의 일종으로 처음에 통과된 조항

들을 말한다. 거기에는 면담의 빈도(긴 의자의 '고전적인' 치료의 경우 최소한 일주일에 3회이지만, 프로이트는 5, 6회까지도 했다. 그러나 대면(對面) 상황에서는 1, 2회), 시간, 사례금, 결석한 면담에 대한 지불,(결석한 모든 면담에 대해서는, 이유를 불문하고 지불해야만 한다. 때로 '불공정' 하다고 볼 수 있는 이러한 일방적 결정을 하게 된 데에는 나중에 밝히겠지만 그럴만한 아주 중요한 이유가 있다.) 분석가의 익명 등이 포함된다. 환자가 처음에는 주저하지 않고 수락했으나 시간이 지나면서 강력하게 반발하는 일도 종종 있다. 그리고 그가 제기하는 반발의 이유들 너머에는 언제나 중대한 전이적인 움직임이 관여하고 있다.(이를테면 그는 공격을 통해 그 조항이 분석가의 견딜 수 없는 속박처럼 느껴진다는 것을 분명하게 표현하고 있다. 이 방식으로 그는 청소년기에 자기 아버지의 권위에 도전했었다.) 이러한 '틀에 대한 공격들' 앞에서 분석가는 흔들리지 않아야 하고 그것으로 전이의 의미를 밝혀내는 데 주력해야한다. 최초의 '계약,' 특히 면담시간과(환자에게 지나친 어려움을 만들지 않는 적당한 시간) 돈과(환자의 수입에 알맞은, 그래서 그로서는 상당한 액수를 지불한다고 할지라도, 그로 인해 그의 생활이 심각하게 훼손되지 않을 만큼의 사례비를 제안하기) 같은 세부 조항들을 정할 때에 분석가는 주도면밀해야만 할 것이다. 다른 많은 동료들과 마찬가지로 나도 '가변적인 면담 시간' 에(분석가에 의해 어떤 순간이든지 끝날 수 있는) 대해서는 전적으로 반대한다. 이런 치료법은 그로 인해 방어 한번 못하고 분석가 마음대로 하도록 내버려두었다는 느낌을 갖게 될 위험이 커서, 환자에게 제약에 대한 나쁜 태도를 만들어낼 수 있다. 따라서 면담시간은 무슨 일이 있더라도 언제나 45분이다. 휴가로 인한 중단도 역시 최초의 '계약' 을 할 때 일반적인 원칙 선에서 이야기되어야 하고, 휴가 예정일보다 훨씬 이전에 알려주어야 한다. 분석가는 아주 불가피한 경우에만 면담을 취소할 수 있다.(이 경우에도 환자에게 미리 알려주어야 한다. 이로써 우리는 분석가가 환자들보다도 면담 자리에 출석할 의무가 훨씬 더 크다는 것을 알 수 있다.) 마침내 분석가는 면담 도중에 있을 수 있는 모든 외적인 간섭들을 제거하면서 틀을 만들어 나간다.

결정적으로 이러한 규칙과 원칙들의 엄격한 준수 덕분에 혹은 그것의 엄격성에도 불구하고, 환자들은 개인의 진실과 더 큰 자유에의 근접이라는 그 모든 시도들의 궁극적인 목표에 가장 순조롭게 다가갈 수 있게 된다.

6

왜 긴 의자인가?

'단지 말을 하기 위해' 누군가가 보는 데서 일주일에 몇 번씩 긴 의자에 눕는다는 게 잘 모르는 사람 입장에서는 충분히 엉뚱해 보이고 또 당황스러울 수 있다. 게다가 사람들이 정신분석을 하는 일을 두고서 하는 말이 있다: "금세 내가 무슨 말을 더 해야 할지 모르게 될 것 같아… " 그런데 이런 말이 정신분석가를 흡족하게 할 수도 있다. 정말 사람들은 자기 자신의 심리 생활을 구성하는 커다란 영역에 대해서, 그리고 근심과 불안이 뒤섞인 만족에 대해서 당장은 어떤 것인지 잘 모르지만, 일단 그런 생각을 말로 하고나면 사정은 달라진다. 잘 알게 되는 것이다.

그렇다고 그게 꼭 긴 의자에 누워야만 하는 것과 무슨 상관이 있는지? 사실 긴 의자에 눕는 것은 프로이트가 그렇게 하는 것이 자유연상에 필요한 정신과 신체 이완을 촉진시킨다는 걸 확인했기 때문이다: 원리상 그렇고, 또 대부분의 경우가 그렇다. 분석가는 환자의 시야에 들어오지 못하도록 의자 뒤편에 앉는다. 그렇게 함으로써 제기된 문제와 관계된 '투사의 장(場)'을 더 잘 구성하게 하려는 것이다.

그러나 누군가 이런 관점에 대해 커다란 우려를 가질 수도 있다. 그러나 그것은 그 점에 대해 잘 알고 있고, 또 문제의 본질과 원천들을 고려해서 환자를 돕는 분석가의 일이다. 이는 많은 시간을 필요로 한다. 그래서 긴 의자가 꼭 필요할 때까지 '얼굴을 맞대고' 하는 것이 더 좋다.

여기서 짚고 넘어가야 할 사항은 정신분석 작업은 긴 의자에 눕는 것만큼 얼굴을 맞대고도 잘 이루어질 수 있다는 점이다. 대개 사람들은 '심리치료'는 얼굴과 얼굴을 맞대고 하는 것이고 '고전적인 정신분석 치료'는 긴 의자에서 하는 것이라고 생각한다. 그러나 그렇게 되면 전자에 대해서는 부득이하게 수행된 임시방편의 분석에 불과하다는 생각을 하게 되고, 후자야말로 분석 과정 수행을 위한 유일한 것이라는 생각을 하게 된다는 문제가 나온다. 그러나 그것은 정확한 것이 아니며, 정신분석 작업은 두 가지 과정 모두가 가능하다. 사실상 두 가지 과정 중에서 어느 한쪽의 선택은 환자와 분석가 사이에 이루어진 합의, 또는 '타협'에 따른다. 이것은 환자의 삶의 정황들과 함께 그가 자신의 요구를 제시하는 순간의 심리 작용, 분석가가 필요하다고 판단하는 것을 고려하면서, 최대한 환자에게 알맞은 분석 작업에 대한 계획을 세우는 과정에서 이루어진다.

갑작스런 상실, 감정적인 균열, 심각한 환멸 또는 직업에서 경험한 실망 등으로 인해 타격을 입고 도움을 기대하면서도, 약의 효력이라는 충분해 보이지 않는 도움에 의존하는 데 식상한 사람들이 존재한다. 바로 그들은 몸의 범위를 훨씬 넘어선 고통을 받는 사람들이고, 고통스러운 그들의 이야기를 들어주는 게 필요한 사람들이다. 일단 가장 시급한 것은 그런 환자들이 자신들의 삶의 여정에서 어려운 고비를 지나도록 돕는 일일 것이다. 좀더 깊이 있게 '고전적 치료'를 사용하도록 제안하는 것은 그 다음의 일이다. 어떤 이들은 치료를 위해서 자기들에게 도움이 될 것이라고 생각되는 오래 전부터 있었던 내관법을 강력하게 희망하기도 한다. 그런 경우, 분석가에게는 흔히 그들이 하는 말로는 '자아의 수준에서 일한다'는 생각이 든다. 분석가는 자기 자신에 대한 환자의 성찰을 지지해주는 일종의 고용인이 된 셈이지만, 이렇게 해서 환자가 회복되어(일반적으로 그가 '우울증'이라고 불렀던 것으로부터 벗어나서) 자기의 삶을 다시 살기 시작할 수도 있고, 더 나아가서 환자가 겪었던 특별히 고통스러웠던 것에 대한 심층적인 원인 분석을 위해 더 깊이 들어가기를 원하는 일도 생길 수 있다. 그러면 우리는 다른 어떤 것보다도 먼저 그 개인의 이야기 전체를 다시 살펴보고, 문제를 일으키는 기제가 어떻게 자리 잡게 되었는지를 분석하기 위해서 '긴 의자 위'로 옮겨 가는 것을 고려해 볼 수 있게 된다. 이것은 '더 나은' 게 아니라, 그 이상이다.

처음부터 긴 의자 위에서 분석하는 것이 필요한 경우도 있다. 이는 일반적으로, 자기 삶에서 '어떤 것'이 반복되고 있고, 그것들이 최소한 부분적으로라도 문제의 원인이 된다는 결론에 도달하게 된 사람들의 경우이다. 예를 들어, 사랑을 하게 될 때, 언제나 같은 타입의 여성(혹은 남성)에게 마음이 끌리고, 같은 환상 속에서 시작했다가 똑같은 방식의 갈등에 휩싸이고, 결별 역시 같은 방식으로 온다… 한 두 차례 반복 이후 주체는 "이번에는 아주 다를 거야… "라고 기대하지만 그 과정은 역시 되풀이 된다… 바로 그 때, 끊임없이 그건 타인의 탓이거나 혹은 '운이 없는' 탓이라는 등의 가장 진부한 방어적 방식에 의존하는 것을 멈추고, 그런 반복으로부터 벗어날 출구를 찾아야겠다고 마음먹는 순간이 찾아온다. 그러면 그는 일단 자신 안의 기제를 살펴보기 시작한다. 비록 그것이 매우 고통스러운 일일지라도, 그는 자기 자신을 들여다보기를 원한다. 그가 그런 배경을 갖고 분석가를 찾아온다면, 분석가는 곧장 '고전적인 치료'를 제안할 수 있다.

분석가에게 이 두 가지 상황만 일어나는 것은 아니다. 막 살펴보았던 두 가지 형태 중 하나이면서도 환자의 심리 작용이 정신분석 작업을 허용하지 않는 경우도 생기게 마련이다. 전문의가 치료하는 진짜 신체적 질병이 일부 심리적 원인에 의해 생겨나서 그 수준에서 심각한 영향을 나타내는 경우가 그것이다: 따라서 우리는 이런 경우에 '정신신체 상관적' 접근을 적용할 것을 제안하면서 특수한 과정에 들어설 수 있다. 심리적 원인에 의한 영향들이 사고의 수준보다 행동의 수준에서 더 많이 작용하는 경우에는 정신분석적 심리극이나 정신분석가에 의해 인도된 이완 기법으로 치료할 수도 있다. 또한 한 사람이 아닌 둘이나 그 이상의 사람들과 함께 문제를 취급해야 하는 경우도 생각해 볼 수 있다. 즉 아이가 아주 많이 아플 때, 우리는 엄마-아이를 쌍으로 취급해야 할 수도 있고, 가족 전체의 고통이라면 가족치료 또한 고려해 볼 수 있다.

정신분석가는 이런 모든 치료의 과정을 주도하고, 그것의 이론적이며 임상적인 배경, 그리고 정신분석 그 자체의 전문성을 필요로 한다. 그래서 치료에 임하는 모든 정신분석가는 치료를 원하는 환자의 심리 기능과 함께 나타난 문제의 본질을 이해해서 가능한 가장 좋은 방향으로 인도해야 할 책임을 갖는다. '최초 면담' 시의 그의 입장은(경우에 따라서는 이어지는 두 번째와 세 번째, 혹은 그 이후라도) 진단하면서 치료에 따른 예후도 알고 있어야 한다.

그러면 치료를 원하는 환자는 무엇을 해야 할까? 흔히 그런 일이 생기면, 사람들은 '정신분석가와의 첫 면담'에 들어가는 일에 대한 조언들을 아끼지 않는다. 그러나 그것은 여기서의 관심사는 아니다. 이것은 준비해야 하는(학업이나 의학적인 의미에서의) 시험이 아니다. 자신이 스스로에게 해야 할 단 하나의 조언은, 가능한 한 진지하게 그리고 자발적으로 떠오르는 말을 하자는 것, 자신을 괴롭히고 있는 것에 대해 말하자는 것이다. 만약 자기 자신에 대한 진실을 찾고자 한다면, 그 일은 이렇게 시작된다.

7

꼭 비용을 지불해야 하나?

이 질문은 아마도 가장 자주 들어본 것 같다. 짧은 시간의 효과와 투자 대비 수익성을 따지는 사회에서 고작 하는 거라고는 말밖에 없는, '단지 단어들이 전부인…' 그런 정신분석에 그토록 많은 시간과 돈을 들여야 한다는 게 대단히 충격적으로 보인다. 그러나 우리는 단어의 힘에 대해 잘 모르고 있는 게 분명하다. 그런데 어떤가? 단어로 인해 우리는 사랑을 하기도, 또 전쟁을 하기도 하지 않는가? 더구나 정신분석가는 해야 할 말을 위한 단어들을 찾지 못해서 힘들어 하는 사람들이 많다는 것을 알고 있다. 그러면 해야 할 말이란 또 무엇인가? 그것은 바로 우리가 하고자 하는 것으로 말로 표현할 수 없을 정도로 너무 고통스러운 것, 그래서 지금까지 한 번도 말로 표현하지 못했던 것을 찾는 것이다. 그렇지만 회의적인 반격도 만만치 않다: "난 혼자서도 얼마든지 잘 말할 수 있는걸. 그러니 이건 내겐 전혀 소용없는 일이지!" 그러는 그 사람도 혼자 말하는 일이 얼마나 슬픈가를, 스스로 묻고 답하기를 반복하는 일은 그저 갇힌 체계속에서 혼자라고 하는—틀 안에서 빙빙 돌고 있을 뿐, 진전이 없다는—것을 인정할 때가 오게 된다. 누군가에게, 누군가를 위해서, 누군가와 함께 말하는 것은 그 자신이 찾고 있는 것과는 전혀 다른 새로운 차원을 열어놓는다. 내면의 고통스러운 고독이야말로 사람들로 하여금 정신분석가를 찾게 만드는 가장 흔한 이유가 된다. 그렇다고 해도, 꼭 지불해야 하나? 그것도 아주 비싸게 느껴질 만큼 말이다. 고해신부가 돈을 받는다는 말은 들어본 적도 없는데… 여기서 우리는 계약과 고해성사는 서로 다른 성격이라는 점을 확실히 해야만 한다. 고해신부, 즉 '양심의 인도자'와 이야기하는 데서 그가 찾고자 했던 것을 발견했다면, 그것은 바로 이런 것이다(그러나 양심의 인도자와 한 이야기는 정신분석가와 한 것과는 절대 양립할 수 없다.); 그는 자신이 저지른 잘못에 대한 죄의식과 미안함, 그로 인한 '속죄의 마음' 등이 가벼워지고, 벌 받기 욕망을 포기하면서 더욱 고결한 삶으로 인도하는 길에서 견고히 자리 잡는다. 말하자면 자기 초월에(신, 혹은 어떤 식으로든지 이러한 원리를 가리키는 것) 기초한 도덕적인 관점인 '양심의 인도'에 따라 살게 된다. '인도자', 그 자신이 섬기는 것은 바로 자기 초월이다. 바로 그 이유에서 그는 개인적인 지불을 거절하게 된다. 그러나 정신분석가는 그 어떤 자기 초월도 방편으로 삼지 않는다. 즉 그는 모든 종교의 여백을 차지하고 있다. 그렇다면 그는 모든 도덕의 밖에 있는가? 물론 아니다. 분명히 그는 판단하지도 비난하지도 않고, 어떤 '용서'도 약속하지 않으며, 어떤 속죄도 주지 않으며, 또한 아무 것도 강요하지 않는다. 그러나 그의 행동은 단순한 몇 개의 가치에 근거하고 있다. 그것은 삶에 도움이 된다는 것으로, 이는 삶을 시들게 하고 경직시키며 평판이 나빠지는 것보다는 더 나은 것이 되게 하는 모든 것이다; 보다 유연하고 보다 행복하며 보다 자연스러운 방식으로 움직이기 위한 수정이 가능하도록 심리 생활에 존재하는 모든 것은 존재하는 것으로써 인식해야만 한다. 따라서 그의 목적은 환자가 주체가 되도록, 즉 스스로가 운명의 주체가 되도록 돕는 데 있다. 그리고 이 모든 것은 타인의 존중 속에서 되어져야만 한다.

이렇게 정신분석의 목적은 너무 고상하기만 한데, 돈은 왜 받는 것일까? 일단 그것은 당신과 마찬가지로 정신분석가도 생활비를 벌어야 하기 때문이다.

그렇다고 해도 너무 비싼 것은 아닐까? 우리는 그런 치료가 부자들이나 받을 수 있다는 점을 지적하면서 어딘지 앞뒤가 맞지 않아 보인다는 말을 종종 들었다. 그러나 분명한 것은 부자만이 정신분석을 할 수 있다는 말은 정확하지 않다는 점이다. 적어도 프랑스에서는 사회보장이 비용을 분담하기 때문에 현실적으로 어렵지는 않다. 어떤 치료센터들은 완전(혹은 어떤 경우는 거의) 무료로 한다. 그 경우가 아니더라도, 사려 깊은 정신분석가는 환자가 감당할 수 있을 만큼의 비용을 제안한다. 만약 그것이 그가 정했던 금액 이하라면, 그는 그것을 재조정한다.(2000년도에 프랑스에서 45분 면담에 대한 비용은 프랑스화로 200에서 400프랑, 즉 4만원에서 8만원 사이이거나 그 이하였다.) 당신은 이만한 사례비로 그가 윤택하게 살 것이라고 생각하는가? 일주일에 3~4회 그를 만나러 오는 열에서 열두 명의 환자가 있는 분석가의—그는 과도한 업무를 하고 있다—한 달 수입을 계산해 보라. 유능한 정신분석가가—그는 자신의 자격을 지나치게 과시하는 사람과는 전혀 다르다—되기 위해서 6년에서 8년의 의학 과정이나 임상심리학 과정 이후에도 정신분석만 7년에서 10년이 더 소요된다. 그러고 나서 정말 딱한 사람만 하루 종일 만나고 나면, 그야말로 기운이 다 빠져버린다. 그런데도 그 역시 생활비를 벌 권리가 있다고 주장하는 것을 부당하다고 할 것인가?

그러나 당신은 단지 자격만으로 분석가의 소득이 너무 터무니없는 게 아니냐고, 또 일주일에 3~4회를 지불해야 하는 환자는 너무 버겁지 않겠는가라는 반론을 제기할 수 있다. 일단 나는 최초 계약에서 환자가 감당할 수 있는 비용, 경우에 따라서는 환자 소득의 상당부분일 수도 있는 비용을 환자가 감당할 수 있는가를 미리 예상해 두어야만 한다는 점을 다시 강조한다. 그러나 일의 속성 상 이런 것들도 고려의 대상이 되기도 한다.

가장 중요한 것은 우리가 살고 있는 사회 속에서 돈은 사물에 대한 가치 척도로 작용한다는 것이다. 누구라고 밝히지는 않겠지만 한 젊은 분석가의 실패가 이것을 증명한다. 수입이 매우 적었던 어떤 환자의 딱한 처지를 불쌍히 여긴 그는 아주 적은 액수로 그 비용을 정했다. 그러나 환자는 아주 적은 액수를 요구하는 분석가라면 별 볼일 없는 사람일거라는 생각을 떨쳐 버리기 힘들었다고 고백했다.(사실 그는 자기 부인이 두 배를 요구하는 어떤 사람과의 분석을 계획하고 있을 때, 심한 모욕감을 느꼈음을 털어놓았다.) 수월치 않은 값을 지불한 면담은 다름 아닌 그 사실만으로도 가치와 신뢰를 인정받는다. 또한 중요하지도 않은 하찮은 이야기로 시간 때우는 일을 피하려 한다. 게다가 컨디션이 좋지 않다는 이유로 빠지는 것도—알다시피 그 시간에 대해서도 지불을 해야 하므로—쉽게 하지 않는다. 분석을 하다보면 고통스러움을 느끼게 되는 순간이 있게 되고, 그때 사람들은 학교에 가야하는 아이가 얼굴을 찌푸리고는 "배 아파… "라고 말하면서

가기 싫어하는 것처럼 몸이 좋지 않다는 이유로 빠지려 한다.

그럼에도 불구하고 예외적인 상황이 생기는 것은 불가피하다. 가령 환자의 사정상 지불할 수 없게 되는 극단적인 경우 말이다. 이때 분석가는 어떻게 해야 할까? 치료를 계속해야 할까? 그만두어야 할까? 분석 초기에는 수입도 꽤 괜찮았던 상당히 똑똑하지만 심리적으로 커다란 고통을 겪고 있는 어떤 젊은 여 변호사의 경우를 통해 이 문제를 생각해 보자. 내적 어려움으로 인해 그녀는 삶이 파괴되는 심각한 위기를 맞게 된다. 그러자 그녀는 아파트 임대 계약을 취소하고, 모든 물질적인 것에서 물러나 수도원 안에서 피난처를 찾았다. 그녀는 지겨웠던 직장을 그만두고, 최소한의 활동으로 살아갔다. 이제 그녀가 분석가에게 더 이상 지불할 수 없다고 했을 때, 분석가는 그 말을 믿지 않을 수 없다. 그런데 그녀가 분석을 무료로 계속할 수 있게 해달라는 간청을 해온다면, 분석가는 딜레마에 빠질 수밖에 없다: 그만둬야 한다고 말해야 하나? 그래서 고통에 빠진 그 사람을 혼자 놔둬야 하나? 그럴 수는 없었다. 그렇다면 무료로 계속하게 할 것인가? 그의 눈에는 모든 것이 아주 분명하게 보이기 때문에 이것 역시 가능하지 않다. 즉 그녀는 다른 의도로 하는 말은 아니겠지만, 그런 요구들은 그녀가 아버지에게서 받지 못했던 사랑을 얻어내고자 하는 간청이기 때문이다: 이렇게 분석가가 일주일에 세 번 '아무 대가없이' 그녀를 만나주는 일이야말로 그녀 편에서 보면 그녀에 대한 분석가의 사랑의 표시인 셈이다. 이로써 그녀는 여태까지 한 번도 가져본 적 없던 자신을 사랑하는 아버지가 생기게 되었다. 분석가는 점점 더 지칠 줄 모르는 애원에 시달리는 힘든 순간들을 겪으면서, 마침내 이런 타협안을 제안했다. 즉 지불은 전처럼 하되, 면담의 회수는 일주일에 세 번에서 한 번으로 줄이는 것이다. 만약 분석가가 지불의 유지를 고집한다면, 그것은 절대 수입에 집착해서가 아니라는 것을 믿어주기 바란다. 그로써는 지금 이루어지고 있는 분석의 기회를 놓치지 않는 것과 관계를 유지하는 것, 모두가 매우 중요하기 때문이다. 이러한 위기가 해소되는 데 2년 정도 필요했고, 다행히 그녀는 그렇게 따라 주었다.

어쩌면 이것은 특별한 경우일지도 모른다. 그러나 지불의 필요성을 잘 보여주고 있다. 때문에 분석가가 누군가를 무료로 치료하고 있다면, 이런 질문이 제기 될 수 있다: 왜 그러는 가? 그에게 돌아 올 것은 무엇인가? 당신에게 어떤 생각이 떠오르는지, 답을 해보길 바란다. 지불은 이 상황의 직업적 성격을 보장하고 있다.

여기까지가 돈과 관련된 설명이다.(그래도 질문이 끝난 것은 아니다.) 그렇다면 시간은 왜 그렇게 오래 걸릴까? 내가 감기나 몸살에 걸렸다면 약만 먹고도 사흘이면 다 낫는다. 만약 내 한쪽 다리에 금이 갔다고 해도, 세 시간 정도 치료해서 삼 주 후에는 전처럼 걸을 수 있게 된다. 그러니까 당신들, 정신분석가들은 조금만 더 빨리 하겠다는 생각으로, 더 효과적인 기법들을 써보라. 이는 나날이 다양해지는 정신의학적 약방문의 발달로 인해 머지않아 어느 누구도 당신들을 더는 필요로 하지 않게 될 날이 올 수도 있기 때문이다. 여기서 약리학적 작용들을 무시하는 것도, 그것이 모든 것의 해결책이 된다는 것도 아니라는 것은 분명히 말할 수 있다. 수년간에 걸쳐서 똑같은 내적 불행을 겪으면서 거의 중독이 될 정도로 약을 먹고 또 먹어서 일시적으로나마 진정되었던 사람들은 그런 것을 잘 알고 있다. 예를 들어서 유년시절부터 사랑받는다는 느낌을 가져보지 못했다는 각본에 따른 상처는 어떤 약으로도 치료될 수 없다. 그것은 침묵하지만 들을 줄 아는 누군가에게 그것에 대해 말할 수 있게 되었을 때 비로소 모든 것이 달라진다.

그렇다면 몇 번의 면담만으로 충분히 달라질 수 있을까? 그렇게만 된다면 오죽이나 좋을까. 그러나 그런 경우는 불행히도 거의 없다. 오히려 조금 나아진 것을 보고 다 나았다고 단언했던 환자가 몇 주 후에 혹은 몇 달 만에 다시 정신분석가를 찾아오는 경우는 허다하다. 이것은 곤란한 일임에 틀림없지만, 그 원인을 찾는 일은 어렵지 않다. 왜냐하면 개인적인 불행과 지속하는 불행, 게다가 삶을 소모하게 만드는 아픈 마음은 분명 불행한 환경 탓일 수 있지만 한편으로는 그 사람 자체 내부에 상당 부분 그 원인이 있을 수 있기 때문이다. 즉 인간의 성격은 언제나 자신에게 가장 큰 영향력을 행사한다. '불행은 자신이 만든다'는 옛 격언이 있다. 분석이 이루어지는 것은 바로 그 지점에서이다. 따라서 왜 그렇게 오래 걸리느냐고 묻는다면, 그것은 마흔 살 난 사람이 그렇게 된 것은 자신의 그러한 불행을 만드는 데 40년이 걸렸기 때문이라고 말하겠다. 그러므로 몇 주 만에 고쳐서 아프지 않게 기능하게 한다는 것은 있을 수 없다. 따라서 정신분석이 긴 여정을 갖는 것은 아픈 내면을 고치기 위해 어쩔 수 없다.

8

어떤 정신분석가를 선택할 것인가?

먼저 프랑스의 정신분석가는 법률적으로 보호받지 못하고 있는 지위임을 말해야겠다. 제대로 된 교육을 받은 사람과 마찬가지로 그런 교육을 받지 않은 사람도 공히 그 지위를 내세울 수 있다. 그래서 불행하게도 전문적인 자격이 없이, 혹은 아무런 자격도 없이 그 지위를 내세우는 사람들도 없지 않다. 의사나 심리학자는 정신분석 치료를 위한 기초교육에 불과하다. 그것을 넘어선 특수 교육이 필요하다. 따라서 상담하러 갈 때에는 신중해야만 한다. '국제협회' 라든가 '세계적' 과 같은 것을 참고하는 경우가 많은데, 실은 그것 자체만으로는 아무 것도 보장해주지 못한다. 왜냐하면 1901년 법에 따라 어떤 협회의 설립에 필요한 것은 최소한의 격식만 갖추어서 등록만 하면 된다. 공권력은 그렇게 만들어진 것을(공중질서나 미풍양속, 혹은 분파의 관계 규정에 타격을 가하는 경우를 제외하고) 통제하지 못한다. 신문이나 잡지에 이런 저런 '전문가' 라고 선전을 하는 경우도 피하는 것이 더 좋을 수 있다.

프랑스의 정신분석학 세계는 너무 다양해서 건실한 교육 절차에 대해 일반적으로 기술을 한다는 것이 쉽지는 않다. 사람들은 잘 알고 있는 것만을 말한다. 나도 여기서 대략 600여명에 달하는 회원과 함께 대중적인 유용성을 지닌 것으로도 유명한 파리 정신분석학회 Société Psychanalytique de Paris(SPP) 산하의 교육기관인 정신분석학의 두 연구소(파리와 리용)가 채택한 과정에 대한 정보만을 다룰 것이다. 이것은 두 가지 점에서 나도 잘 알고 있는 국제 정신분석협회 Association psychanalytique internationale (API 혹은 영어 약자인 IPA)가 규정한 일반 규칙들을 충족시키고 있다.

일단 API로 말하자면, 그것은 1910년 프로이트가 직접 설립한 이래 대략 만 명 정도의 회원들을 가지고 있는 수많은 국가 단체들(실제로 60여개의 학회와 지역 단체들이 있다) 가운데서 정신분석의 교육과 실제에 대한 규칙들을 아주 조심스럽게 제정, 적용시키는 일을 한다.

SPP의 연구소들에 의해 이루어지는 정신분석학자들을 위한 교육은 API가 규정했던 일반 규칙들을 충족하고 있다. 우선 약간의 예외가 있긴 하지만 여기서 이루어지는 교육을 받으려면 5내지 8년 정도의 기본교육을 마친 의사이거나 임상심리학자여야 한다는 것이다.

자기 자신을 분석해야 한다는 두 번째 조항은 어떤 예외도 허용하지 않는다. 우리는 자신의 분석을 거치지 않고 분석가가 된다는 것은 생각할 수 없다.(그래서 SPP의 한 멤버와 분석을 하는데, 이것만이 충분하게 올바른 전달을 보장할 수 있다고 생각한다.) API의 다른 구성 학회들과 다른 점이라면 SPP는 오래전부터 분석가가 될 목적으로 하는 '교육적인' 분석과 보다 개인적인 이유에서 하는 '치료적인' 분석에 어떠한 차이도 두지 않는다는 점이다. 사실 "나는 정말 괜찮아요. 게다가 학위도 있구요"라고 말하는 입장의 사람들이 '교육적인' 분석을 비난할 수 있다는 것을 알고 있다. 그런데 그것이 또한 내면 깊숙한 개인적인 원인과 마주할 것을 요구하는 모든 분석에 대항한 방어라는 것도 알고 있다.

그 조항에서 '예외적으로 3년 이하일 수도 있는' 일정기간 이후, 전제조건을 만족시킨 모든 사람은 SPP 연구소에 학생이 되겠다는 신청을 할 수 있다. 그 사람은 세 명의 SPP의 교육자와 면접을 하게 되는데, 그들은 소위 '학업과정위원회' 에 그것에 대해 보고하며, 그 위원회가 세 가지 가능성—허가, 연기(이는 나중에 다시 그 요구를 제출할 수 있음을 의미한다) 혹은 거부—중 하나를 결정한다.

그 사람이 받아들여진다는 것은, 그가 연구소의 학생이 되어 통제 상태에서(혹은 '감독 하에') 치료를 수행하게 되는 것을 의미한다. 즉 교육중인 분석가는 긴 의자를 사용하는 '고전적 치료' 방식으로 일주일에 45분씩 최소 3회를 리듬으로 실시하면서 그에 대한 보고를 하고, 또한 매주 교육 분석가와 함께 그에 대한 토론을 실시한다는 조건 하에 두 가지 분석을 수행하게 된다: 하나는 교육자와의 개인적인 관계에서 수행되는 분석이고, 다른 하나는 교육자에 의해 인도되는 수퍼비전 그룹이란 틀 안에서 수행되는 분석. 이들은 각각 일반적으로 2년에서 4년가량 지속되는 수퍼비전의 기간 이후에, 교육 분석가는 학생의 과정을 주의 깊게 살펴보고 있는 학업과정 위원회에 그것에 대해 보고를 할 것이다. 한편 학생은 세미나와 SPP의 멤버들이 추진하는 아주 다양한 활동들 가운데서 자신이 자유롭게 선택한 그룹 과제에 참여하게 되며, 어떤 프로그램도 강요되지는 않는다.

이런 과정 중에 학생에게 자신의 교육과정에 대한 '종료'를 요구하는 순간이 온다: 그것은 학업과정위원회가 수집된 자료들을(감독자들과의 관계, 세미나 지도자들의 의견, 연구소 안에서 한 활동들) 근거로 제안하게 된다. 어떤 학위도 수여되지 않지만 'SPP 연구소 수료생'이라는 직함을 가진다는 점이 이채롭다.

여기서 오랜 기간 동안 다듬어져 내려와서 현재까지도 그렇게 이어지고 있는 그러한 규칙들의 근거에 대해 왈가왈부하는 것은 좀 그렇다.(이런 절차들은 1926년 SPP의 창립 이래 끊임없이 심사숙고 되고 있다.) 그리고 지금까지의 내용은 2000년 1월 이런 방향들이 기록되었던 당시의 상황으로, 그 이후에도 약간의 수정이 있을 수 있다는 점은 감안해야 한다.

개인 분석의 초기부터 학업과정의 종료 시까지, 교육은 대체로 8년에서 10년이 소요되고, 여기에 의사나(정신과) 임상심리학자로서 5내지 8년간의 선행교육이 추가된다.

그러나 그 과정은 그것으로 끝나지 않는다. 이 과정 이후에도 분석가는 절대로 이론적이고 임상적인 자신의 교육을 멈추지 않기 때문이다. 그는 SPP의 회원이 됨으로써 이런 교육의 연장선상에 있게 되고, 가능한 한 분석을 잘 수행해갈 수 있게 된다. 즉 그가 원한다면 SPP의 준회원에 가입할 수 있고, 거기서 1901년

협회에서 결정한 통상적인 절차에 따라—후보자 위원회에 의한 시험과 이 위원회의 보고에 대한 투표—승인 여부가 결정된다. 그 다음 그가 필요조건들을 충족시킨다면, 일반회원, 정회원(교육자)의 반열에까지도 이를 수 있다.

9

치료과정은 어떻게 전개되는가?

환자가 분석을 받아야겠다는 생각을 하게 될 때, 그는 아주 자연스럽게 두 가지를 묻게 된다: "어느 정도의 기간이 소요될까?" "그것은 어떻게 진행될까?" 첫 번째 질문에 대해서 우리는 분명히 딱 잘라서 이렇게 답할 수 있다: "몇 년 정도는 생각하셔야 합니다"라고. 그러나 두 번째 질문에 대해 답하는 것은 훨씬 까다롭다. 물론 우리는 형식을(긴 의자, 대면상담) 설명하거나, 자유연상의 규칙과 또한 그것이 주는 이익 등을 분명하게 밝힐 수 있다. 한편 그럴만한 때라고 생각될 때, 제안할 수 있는 '계약' 조항들에 대해서도 말할 수 있다. 이 정도 밖에 다른 가능한 답변이 있을 수 없다. 물론 정신분석가는 그가 이미 이끌어왔던 모든 치료들을 생각하면서, 일반적인 몇몇 정보들을 끄집어내서 더 잘 말할 수 있을 것이다. 그러나 그것은 잘못된 진술로 인해 환자의 마음에 들지 않게 될 위험이 있을 수 있고, 특히 그렇게 함으로써 따라야 할 모델을 제시하는 것처럼 보여서 앞으로 하게 될 분석을 미리 조정할 위험도 있을 수 있다. 그가 말해 줄 수 있는 유일한 것은 대략 이러하다: 어떤 치료도 같은 것은 절대 없다. 왜냐하면 각각이 다른 모험이기 때문이다. 따라서 이번 시도의 관심은 당신에게 치료가 전개될 필요가 있듯이, 치료도 그렇게 진행되도록 내버려 두는 데 있다. 이렇게 정신분석적 치료가 겨냥하는 모든 것은 자유이나, 그 자유는 선험적으로 정의될 수 있는 것은 아니다.

환자가 이런 답변을 전혀 마음에 들어 하지 않을 수도 있고 도피의 핑계로 삼을 수도 있다. 따라서 그는 분석을 하지 않을 수도 있다: 그것은 그의 권리이다. 그러나 그의 동기가 충분히 약했다는 것도 의심의 여지가 없다. 반대로 만약 그의 동기가 보다 확고하다면, 그가 개인적으로 갖게 될 혜택들을 기대한다면, 아마도 그의 호기심은 반대로 자극받아서 흔쾌히 동의할 수도 있다. 그리고 실제로 그런 결과가 생긴다.

그러나 여기서 우리에게는 그런 상황만 있는 것은 아니다; 때문에 우리는 그 다음도 말해야 한다. 이 부분은 많은 정신분석 잡지와 저술에서 널리 소개되었고, 설명되었으며 논의되었던 문제이기 때문에 잘 알고 있다. 그러나 우리가 알고 있는 것, 즉 그 '도식 유형'은 일종의 치료 전개 상 고유의 이미지일 뿐이며, 각각의 경우는 특수하며, 그런 단계와 양상이 거기 없을 수도 있고, 반대로 일정기간 동안 중요하게 포함될 수 있다.

초기 면담들에서 종종 최초의 만남에 대한 감정과 어떤 염려를 특징으로 하는 대단히 생동감 넘치는 호기심이 나타난다. 이런 새로운 상황 속에서 대부분의 환자들의 염려는 분석가의 입장과 그들 자신의 입장(사회적 접촉의 일반 규칙에 의해 금지되었던 감정과 사고들에 대해 느끼고 표현하고 말하며 거기다가 행동까지 하는 데 대한 두려움), 그리고 도무지 종잡을 수 없는 괴물같은 무의식의 출현에서 비롯된다. 이 단계에서 환자는 자발적으로 풍요롭게 만들기 때문에, 분석가는 앞으로 전개될 본질적인 주제들 중 몇 가지를 꼽아 놓을 수 있다. 물론 그는 그것을 말해도 좋을 때까지 침묵한다. 이는 숨기려는 의도 보다는, 환자로 하여금 그것을 인정할 수 있게 하고, 그의 심리작업 속에서 실질적으로 작용할 수 있게 하기 위해 선행과정이 필요하기 때문이다.(설익은 거친 해석은 위험천만한 것이기 때문에 할 필요가 없다.)

'분석의 밀월' 이라 부르는 분석 초기에 환자는 몰랐던 심리작용의 풍부함에 놀라움을 감추지 못하고, 이런 것들을 알게 해준 분석가에 대한 감사가 차오른다. 이때 분석가는 그에게는 마냥 이상적인 사람이다. 그러나 분석가는 냉정하다. 왜냐하면 그는 그것도 잠시뿐임을 잘 알고 있기 때문이다.

곧이어 심상치 않은 사건들이 벌어지는 시기가 온다: 이것들이 더 중요하다고는 할 수 없어도 더 심각한 것만은 틀림없다. 이제까지 분석 치료의 본질적 기능이 무의식의 억압에 의해 유지되어왔다면, 이제는 방어들로(부정, 거부, 고립 등) 되돌아가기 때문이다. 정확하게 더 이상 무의식적이지 않으며, 거리를 두고서 가능한 별다른 말을 하지 않으며 아프지도 않다. 그러면서 이런 태도를 보인다: "이제 나는 아무 것도 할 게 없네요, 이제는 포기하고, 체념하렵니다. 이러는 시간에 다른 생각을 하는 게 더 좋을 것 같지 않나요? 다른 데서 나는 행복했거든요." 등. 이 모든 방책들은 그간의 작업이 유용했지만 문제 해결까지 가지는 못했음을 보여준다. 대개 불만이나 신랄함, 불안은 점차 고조되어, 주체는 인생을 망치고 있는 중이라는 생각까지 하게 된다. 바로 그 때문에 자신이 분석가와 상의해 보겠다고 결심했는데도 말이다. '밀월' 이후의 이 두 번째 치료단계에서 환자는 그 동안 대항해 왔던 불만족과 금지된 욕망들, 잘 몰랐던 욕구좌절과 상실들, 감춰진 미움과 죄의식, 입에 담을 수 없는 생각과 같은 것들이 물밀듯이 몰려와서 드러나는 만큼 힘겨운 순간들을 경험하게 된다. 방어는 스스로 작동한다. 그것은 환자에 따라서 아주 다른 효과를 만들어 낼 수 있다. 그것으로 인해 어떤 사람은 핑계거리를 만들어서 포기해 버린다. 심각한 금지로 인해 고통스러웠던 어떤 남자의 경우가 그것이다. 먼저 그는 분석가에 대한 소박한 믿음에 빠졌지만 자신의 분석가가 다른 곳에서 가르치는 사람이라는 것을 알게 되었던 날 자칫 그 믿음을 잃어버릴 뻔했다: 그는 자신의 모든 교육과정을 가학성에 의해 강요된 순교로 경험했기 때문이다… 한편 어떤 사람은 지금까지의 모든 것이 아무런 소득이 없었다는 듯이, 아니 오히려 해로웠다는 듯, 그래서 당장 그만둬야만 한다는 듯이 자신들의 문제를 더 위중하게 만든다.(그리고 '내가 너한테 말했을 텐데' 라며 심드렁한 반응을 보인다.) 또한 어떤 사람은 너무 괴로운 모든 것들의 출현자체를 굳세게 방어한다. 이렇게 되면 면담은 어떤 울림도 없고 별로 중요하지 않은 사소한 관계만을 허락하는 '사막 횡단' 과도 같아진다.

그 때 분석가는 기다린다. 그는 잘 견뎌야만 한다는 것을 알고 있다. 그리고 그는 자기 환자를 재촉하지도 그런 것들을 거칠게 다루지도 않는다. 그는 방어를 정면에서 공격할 때 오히려 그것을 단단하게 만들 위험이 있다는 것을 잘 알고 있기 때문이다. 그러나 그가 정한 관계를 늦추지 않고 가능한 의미를 암시하고 해석을 제공한다. 왜냐하면 그의 목표는 오로지 생생한 분석의 유지이기 때문이다. 그러나 그가 가장 주의 깊게 살펴야 하는 것은 전이의 발달과 그 양태(즉 감정과 태도, 관계 양식 등에서 이전의 다른 사람들, 즉 양친 중 최초의 의미 있는 사람과의 관계에서 자리 잡았던 방식) 이다.

만약 모든 게 순조롭다면, 우리는 언젠가 사막에서 빠져나와, 진정한 도약을 이루게 된다. 그리고 모든 심리적 역동성을 다시 만들어내서 개인의 역사를 다시 쓰게 된다. 거기에 작용하고 있는 것은 나중에 다른 질문들의 대상이 될 것이다.

우리가 치료를 마쳐야한다는 생각을 해야 할 순간 온다. 이것이 분석되어 마치게 되기까지는 시간이 필요하다. 이는 오랫동안 함께 했던 여정 이후에 오는 분리와 이런 분리가 재생시킬 수 있는 불안은 오래된 상처들, 상실 자체가 관계되기 때문이다. 따라서 서로 합의해서 너무 멀지 않게, 그러나 주체가 거기에 익숙해지는 시간을 갖기에 충분한 시간을 두고 날짜를 정한 다음, 그 날에는 어김없이 분석을 마치게 될 것이다…

반복하지만, 사진이 어떤 사람의 실재 초상이 아닌 것처럼, 이런 치료과정이 실제 사례에서 그대로 재연되지 않더라도, 그것은 분석치료 전개에 대한 고유한 이미지를 갖게 한다.

10

해석은 누가, 왜, 어떻게 하는 걸까?

일반 대중들은 정신분석가에 대한 전적으로 모순된 두 개의 이미지를 갖고 있다: 첫 번째는 이따금 당신에게 당신이 방금 했던 말이나 말하지 않은 것을 말해주면서, 결국은 당신 자신에 대해 생각해야만 한다고 말하는 남자(여자)이다. 두 번째는 절대로 아무 것도 직접적으로 말하지 않는 남자(여자)이다. 만약 그가 이 두 가지 이미지 중의 하나와 일치하는 분석가를 만난다면, 나는 개인적으로 그가 잘못되었다고 생각한다. 앞의 분석가는 당신이 있는 그대로 받아들이기를 간절히 원했던 무의식의 진실에서 당신을 비켜서도록 만드는 일종의 긴 의자의 역할을 그 자신이 하기 때문이고, 뒤의 분석가는 당신을 질문과 의심, 불안과 고독에 무한정 내맡기도록 놔두기 때문이다.

때문에 내가 보기에 '누가 해석하는가?' 라는 질문에 대한 가장 좋은 답변은 '정신분석가도 하고 환자도 한다' 가 맞지만, 그래도 환자가 우선이다. 우리는 분석가가 내린 설익은 해석은 효과가 없을뿐더러, 곤란해질 수도 있다는 것을 경험을 통해 알게 되었다. 왜냐하면 그것은 강한 저항을 동반할 위험이 있기 때문이다. 요즈음 환자들은 분석 초기에 아버지와 어머니, 그리고 그분들과의 관계를 묻는 질문이 있으리라는 것 정도는 알고 있다. 또한 그는 정신분석가의 대략적인 방법과 '괴팍한 취미들', 그리고 오이디푸스 콤플렉스 등에 대해서도 약간은 알고 있다. 따라서 우리가 너무 일찍 유년기의 사건을 오이디푸스라는 말로 해석한다면, 오히려 환자에게는 진부하게 느껴질 수도 있다: 그렇다. 확실히 그것은 내게도 그에게도 아무 것도 알려주지 못한다. 반대로 우리가 기억이 난 이 사건을 가만히 놔두면서 시간을 준다면, 그래서 거기로부터 때로는 아주 생생하지만 그때까지는 가려져 있었던 감정적인 울림이 떠오를 수 있도록 한다면, 연합에 의해 다른 기억들, 생각들, 정서들을 오게 한다면, 과거와 현재, 고통과 근심, 사랑과 때로는 미움의 모든 무게로 생동감 넘치는 망(網)이 구조화되고, 이는 처음에 평범했던 것과는 비교할 수 없는 의미심장한 조직이 된다.

물론 말할 것도 없이 이런 의미조직을 알아보는 사람은 정신분석가이다. 왜냐하면 그는 그의 눈앞에서 재연되는 것으로부터 약간 떨어져서 듣는 위치와 자유자재로 적용할 수 있는 이론적 배경, 그리고 임상 경험 등을 두루 갖추고 있기 때문이다. 그는 이 모든 것이 오이디푸스적 갈등을 중심으로 구조화되었다는 것을 알고 있다. 따라서 때가 되었다고 판단되면, 그는 환자에게 그것을 지적한다(가능한 단순한 용어로, 그래서 추상적인 설명과 이론적인 인용은 삼가면서). 그리고 그는 환자가 '네, 그렇죠' 라고 수긍하는 말을 듣는다. 이로써 그는 자신이 제대로 파악했다는 것을 확인하게 되는데, 이는 소위 '혀끝으로 말했던 것', 즉 '의식으로 떠올렸던 것'을 이해하기 위해 충분히 긴

과정을 가졌기 때문에 가능해진 것이다.

좋은 해석은 분명히 이런 것이다: 그때까지 접근하는 데 고통스러웠던 것을 의식의 빛 한 가운데에 떠오르도록 허용하는 언어의 형태로 주어지는 것. 분석적인 치료는 이렇게 두 사람의 협동에 의해서만 이루어진다. 여기서 말이 그토록 중요한 까닭은, 환자가 한 번도 말할 수 없었던 것을 분석가에게 표현하도록 허용하고, 분석가는 표현된 단어를 넘어서 의도하는 단어를 찾도록 돕기 때문이다. 언어는 지금까지 존재할 수 없었던 것을 생각하게 하는 데 꼭 필요하다.

해석 작업이 관계하고 있는 지점은 가장 정확한 용어의 의미에 있다. 이런 정의는 아주 엄격해서 항상 그렇게 되는 것은 아니다. 그러나 정신분석가는 그럼에도 불구하고 말할 수 있으며, 또(내 생각에) 말해야만 한다.

분석가의 첫 번 째 과제는 그에게 쓸모 있는 '자료'의 출현을 독려하는 것이다. 이를 위해 그는 의문스럽다는 듯이, 혹은 격려하는 듯이 '음… ?'을 하던지 환자의 말을 반복한다. 또한 그는 사고의 연합을 전개하도록 한다. 그는 감정을 명확하게 하고 때로 사실의 설명을 요구한다. 다양한 방법으로 그는 겨우 드러나서 잠깐 동안만 머물 위험이 있는 생각, 빨리 억압되는 감정, 즉시 부적절하다고 판단되는 연합 등 갇혀있었던 것이 해방되도록 돕는다. 물론 여기에는 대단히 세심한 주의와 함께 분석 과정에 대한 규칙들에 관한 앞의 질문에서 말했던 예기치 않은 개방적 태도도 필요하다. 이렇게 해석의 순간은 마련되고 있다.

또한 해석의 순간은 관계 만들기를 도와주는 분석가의 개입에 의해서도 마련된다. 때문에 그는 아주 자주 질문한다. 그는 이것과 저것의 관계를 묻는다. 즉 환자가 닭에서 당나귀로 뛰었다면, 아무런 관계가 없어 보이는 방금 말한 이것과 다음에 말한 저것의 관계를 질문한다. 그렇다면 닭과 당나귀는 어떤 관계일까? 우연은 없다. 만약 환자가 이것에서 저것으로 넘어갔다면, 그것은 밑에 깔린 사고 과정이 그 자신도 모르게, 그리고 자신으로서도 분명치 않게 그렇게 연결시킨 것이다. 그러나 이런 질문을 하다 보면 과연 우연은 없다는 것을 체험하게 된다. 그리고 우리는 밑에서의 흐름을 밝혀 보는 기회를 부여하는 것이다. 또한 분석가는 이렇게도 개입한다: 아주 오래 전에(때로 그 당시로부터 몇 년 전에) 있었던 분석을 참고로 해서 "당신이 내게 그런 꿈 등을 이야기 했던 걸 기억하나요?" 이것의 목적은 언제나 어떤 연관, 공통의 의미를 암시하는 것이다. 환자는 그토록 많은 것을 기억할 수 있는 분석가의 놀라운 기억력에 대해 감탄한다. 그러나 신기할 게 없다. 사람들이 모두 그렇듯이, 분석가가 기억하는 것도 의미와 감정의 무게가 실렸던 것들이다. 다만 환자는 그 당시 그것의 의미를 몰랐고 그래서 잊었을 뿐이다. 그러나 분석가는 그때 이미 그것의 의미를 알고 있었기 때문이다.

어떤 개입들은 '의미 안에서' 와는 아주 다른 차원에서 있게 된다. 분석가는 커다란 고통에 빠진 환자를 앞에 놓고 있을 때, 그런 고통을 알고 있는 듯한 어조로 단지 '그래요…' 라는 말로 자기 존재를 알릴 필요가 있다고 생각한다. 이는 아주 부적절한 동정이나 연민, 자비나 정의의 태도는 아니다. 그저 커다란 고통에 빠진 사람에게는 누군가가 들어주고 존중해준다고 하는 연민 이상의 것이 필요하기 때문에다. 따라서 분석 작업은 공명과 원인을 밝히기 위해, 다시 말해 고통을 줄이기 위해 고통을 다시 취한다. 그러나 그것의 존재를 확인하는 게 먼저이다.

마침내, 분석의 마지막 단계에서 일어나는 아주 드문 개입 유형을 우리는 '재구성'이라고 지칭한다. 분석가는 거기서 종합을 목표로 이전에 작업했고 공동으로 인정했던 해석들을 모아서 결론의 일부로 삼는다. 이것은 우리가 전에는 풍경을 볼 때 부지런하게 세세한 부분에 관심을 기울였다면, 지금은 그 전체를 다시 보고 감상하는 것과 같다.

11

정신분석은 낫게 할 수 있을까?

이런 질문이 함축적으로 의미하는 것은 정신분석이 환자를 돕기 위한, 병을 치료하기 위한 치료 상의 기술이라는 가정을 하고 있다는 점이다. 그렇다면 누가 환자이고 무엇이 병일까? 이 질문은 우리가 특별히 그것에 대해 깊이 생각하지 않았다면 당황스러울 수도 있다. 누가 환자일까?: 그는 어딘가 좋지 못해서 의사를 찾아갔다. 그리고 의사는 진단, 즉 병명을 정하게 되고 그것을 치료한다.(대개는 낫는다.) 그리고 이 모든 것은 건강보험에서 인증될 것이다. 그러나 일반 의사들은 명백한 암의 징조들을 가지고 있는 남자와 사람이 그리워 갖은 구실로 단지 자기 말을 유심히 들어 줄 사람을 찾아 하소연하러 오는 늙고 외로운 노파가 어떻게 다른지 잘 알고 있다. 만약 그가 직업에 충실한 사람이라면, 그는 이 노파를 맞이해서 들어주고 도와줄 방법을 찾는다. 그러나 분명한 것은 그가 그 노파를 환자로 생각하지 않는다는 점이다. 어쨌거나 생명이 위급한 그 남자와는 다르게 다룬다.

만약 이런 평이한 개념에서 벗어나려면, 우리는 사전을 참고할 수 있다.「쁘띠 로베르 Le Petit Robert」는 질병을 '구체적인 실체로써 그것이 진행되면 기관과 기능에서 상당한 변형을 초래한다'라고 설명하는 데 그치고 있다. 그러나 이것은 작지만 이미 많은 것을 말해주고 있다. 사실 '그것이 진행되면… 상당한 변형…'이라고 할 때, 거기에서 우리는 많은 것을 파악할 수 있다: 이 곤란한 상태의 초기를(이러한 징조들의 출현에서) 정할 수 있고, 그 날짜를(어림짐작으로라도) 계산할 수 있으며, 증후들의 표지에 따라 아픔의 성격을 확인해서 그것을 일반질병분류표 안에 분류해 넣을 수 있으며(병리론), 그 원인을(병인학) 원칙상으로 확인해서, 그것의 진행을 예상하고(우리는 전형적인 진행과정을 알고 있으므로), 마침내 그에 대한 적합한 치료기법을 정할 수 있다. 따라서 폐결핵은 이런 모든 준거들에 맞아 들어가기 때문에 질병이다. 그러나 안짱다리의 경우는 그렇질 못해서, 우리는 그것의 해부학적인 변형에도 불구하고 질병이라고 볼 수 없다.

'기관의 변형'이란 개념은 아주 명확하다: 그것은 해부학적으로 주어진 '전형적인 건강한 형태'와 비교했을 때, 분명하게 확인할 수 있는 기관이나 신체 일부의 이상과 관계하고 있다. 심장근육의 선천적인 이상이나 심한 화상이 바로 그런 경우이다. 그러나 '기능의 변질'이란 개념은 모호할 수밖에 없다. 그것은 기관이 해부학적으로 정상이나 비정상과 상관없이 나쁘게 기능하는 것을 함축한다. 즉 심장박동의 심각한 장애가 거기에 해당하는데, 이 때 누구라도 그것이 질병과 관련되어 있다는 생각을 하는 데 주저하지 않는다. 그러나 누군가 현기증을 호소하고 수면장애나 식욕부진, 피로를 호소한다면 어떨까? 점점 더 정교해져가는 검사방법으로 인해 의사가 어떤 질병인지 분간하지 못하겠노라고 말하는 일은 거의 드물다. 단지 '기능상의 장애'일 뿐이라고 말하는 것은 용어의 부적절한 사용으로 인해 곤란하고, 그렇다고 "아무렇지도 않은데요!"라고 말하면서 자기 환자를 돌려보내는 것은 더더욱 곤란하다. 환자는 지금 고통스럽기 때문이다… 그것을 확인한 의사는 환자에게 필요하다고 판단될 때, 신체 기관과는 다른 수준의 장애들을 담당하는 '심리전문가' 에게 (정신의학자, 정신분석가, 임상심리학자) 그것을 말하는 게 좋다. (다행히 이런 일은 자주 일어난다.)

그러나 이 '심리전문가' 는 의사가 상대했던 환자, 즉 질병을 대상으로 할까? 대체로 그렇지 않다; 부정되는 것은 고통이 아니라 그것을 고쳐야만 한다는 생각이다. 왜냐하면 그것에는 위에서 언급한 준거들이 적용될 수 없기 때문이다. 왜 그런지를 이해하기 위해서 여기서 약간의 이야기가 필요하다.

19세기의 의학은 아주 광대한 인간의 고통 전체를 '정신적 질병' 이란 일반 용어로 정의함으로써 괄목할만한 업적을 이루었다. 식물학과 동물학의 모델을 본떠서 증상들을 표시했고, 증후들을 구성했으며(증후란 어떤 질병만이 지니는 특징적인 증상들의 전체이다) 정신의학 병리론을 새로운 병리론(질병계통표) 안에 포함시켜 놓았다. 이런 방대한 시도는 20세기에도 계속 이어졌고, 또 이어지고 있다. 그러나 우리는 그것의 원인을 찾는 것과(병인학) 관련해서 많은 진보를 이루었다. 질병이 신체와 관계된 원인들로부터 생겨난다는 견해 안에서, 사람들은 우선 모든 정신적 질병도 그런 연유에서 비롯되었다고 생각했다. 비록 사람들이 그것을 증명하는 데는 실패했어도, 이것은 과학적인 교리처럼 인정받아왔다.

19세기 말, 사람들은 특별한 유형의 문제들, 즉 히스테리에 집중하게 되는데, 이는(거의 언제나 여자들인) 히스테리 환자들이 보여준 극히 에로틱한 증상들로 인해 깊은 인상을 주었기 때문이다. 샤르꼬를 선두로 한 많은 사람들은 이것이 신체 기관의 문제에서 연유되었다고 생각했다. 파리에서 잠시 그의 가르침을 받았던 프로이트도 역시 그렇게 생각했다. 비엔나로 돌아와서도 그는 최면법을 이용해서 히스테리 환자들을 돌본다. 그 때부터 그는 점점 그가 보았던 이상한 심리 현상에 관심을 갖게 되고, 점차 병의 원인을 신체 기관에서 찾는 가설에서 벗어난다. 그는 히스테리의 원인을 신체의(뇌, 신경, 혹은 그 옛날 사람들이 생각했듯이 자궁) 변질에서 찾을 수 있는 것이 아니라, 환자 개인의 역사에서 찾을 수 있는 것이라고 생각했다. 즉 어린 시절의 어느 날, 어떤 사건은 심리적 외상을 만들었고, 히스테리 환자는 오랜 기간 동안 그 여파를 미루고 있었다는 것이다. 그때부터 기법은 잊혀진(정확히 억압된) 이 사건에 대한 기억을 의식으로 가져오는 데 초점이 맞춰지게 되고, 환자는 이런 기억의 부활을 통해 낫게 된다. 이것이 조셉 브로이어와 공동 작업으로 1895년에 출간된 「히스테리 연구」이다. 이렇게 볼 때, 모든 준거들(병의 원인, 발병, 전형적 진행 등)이 만족되는 히스테리 환자들은 여전히 환자로, 히스테리는 질병으로 여겨진다.

그러나 프로이트는 점차 이런 단순한 병인학에서 멀어진다. 환자의 개인사를 잘 거슬러 올라갔음에도 불구하고 사람들은 아주 자주 외상을 찾지 못하는 일이 벌어졌는데, 이는 원인과 그것의 영향을 받는 조건들이 복합적으로 작용하기 때문이다: 그것은 언제나 사후에, 그것도 아주 많은 시간이 흐른 뒤에만 그 효과들이 나오며, 또한 주체도 자신의 생을 회고하는 과정에서 수정을 가하기도 한다… 요컨대 누군가가 아픈 것은 그의 심리체계가 아주 어린 시절부터 긴장하고 갈등하며 힘들어하고 부적응하는 방식으로 기능하도록 구조화되었기 때문이다. 따라서 그가 아프다 할지라도, 사람들은 그를 '환자'라고 말할 수 없다. 정신분석 치료는 이런 곤란한 기능을 수정하는 데 집중할 것이다. 거기에는 인내와 시간이 요구될 것이다. 보다 빨리 한다는 이유로 지엽적인 원인 하나를 제거하는 것으로는 충분하지 않다. 이에 대해 프로이트는 일상생활을 비유로 해서 우리가 하게 될 것에 대해 말하곤 했다. "집에 석유램프가 뒤집어져서 불이 났을 때, 우리는 소방관이 하게 될 것 이상을 정말로 하지 못한다. 그들은 화재를 일으켰던 방에서 램프를 걷어내는 걸로 만족해왔다."

정신분석가를 찾아오는 대다수 사람들은 정신적 질병을 갖고 있지 않다. 그리고 그들에게 질병이란 말도 적합하지 않다. 따라서 그는 '치료한다'기 보다는 그 상황에서 살아가는 것을 돕는다. 그것은 슬픔이나 상실, 삶의 모든 고통들을 피하게 하지는 못한다. 그러나 그것은 그들의 운명을 일반적으로 더 좋아지게는 한다. 처음부터 프로이트는 "선생님, 나을 수 있겠죠?"라고 묻는 환자들에게 직업 초기부터 이렇게 대답해 왔다. "성공하는 경우, 당신은 일상적으로 불행한 상태의 히스테리 환자에서 벗어나는 커다란 모험을 하게 될 것입니다."(「히스테리 연구」, 1895, 이것이 그 책의 결론이다.)

정신분석의 영향력 하에 있었던 지난 1세기 동안 '정신적 질병'과 '정상' 사이의 간격은 많이 줄어들었는데, 참 다행스런 일이다. 그럼에도 불구하고 '정신적인 병'이란 개념은 폐지되지 않는다. 그러나 그것은 엄밀하게 제한해서 사용된다: 그것은 정신의

학자가 맡고 있는 정신증과 관련되어있다. 오늘날 정신의학자의 중요한 활동 방식은 까다로운 용법만큼이나 풍부한 약전을 가지고 있다. 이 점에 관해서 정신분석가로서 할 말이 있지만, 그러나 그것은 지금 주제와는 다른 이야기이다.

12

정신분석은 두렵게 만드는가?

여기서 환자의 두려움과 주변사람의 두려움, 그리고 정신분석가의 두려움을 구분해야만 한다.

일반적으로 정신분석가를 만나러 오기 전, 환자는 자신이 분석을 원했던 만큼 두려움도 있다. 그는 정신분석에 대해 여러 가지의 글을 읽었지만 항상 명쾌했던 것도, 대단히 믿음직스러웠던 것도 아니었다. 그런가 하면 들리는 말도 항상 좋은 것만은 아니었다.(우리가 말할 수 있었던 것은 극히 작은 것이다.) 사람들은 가장 고통스러운 고백을 억지로 시키는 스핑크스 같은 사람이나 반대로 지칠 줄 모르고 꼬치꼬치 캐묻기를 좋아하는 사람과의 접촉을 두려워한다. 어쨌거나 환자는 성에 대해 부끄러워하지 않고 말해야만 하고, 가장 무서웠던 악몽들을 재현해야 하며, 가장 비밀스런 자신의 욕망을 고백해야 한다는 것을 잘 알고 있다. 그런가 하면 전이는 어떤가? 희망없는 열정 속에서 돌이킬 수 없는 몰락으로 가는 것은 아닐까? 그것도 아니라면 현실적인 고통보다 더 나쁜 의존 속에서 속수무책으로 소외되는 것은 아닐까? 게다가 이런 것을 하려고 비싸게 지불까지 하면서? 절대 그럴 수는 없다. 그래서 희망은 다름 아닌 집요함이다. 그는 모든 것을 해보았다: 곰곰이 생각해서, 열심히 일하고, 새로운 사랑의 약속을 찾아서, 아이를 낳았고, 의사에게 안정제를 처방받기도 했지만, 그는 서서히 중독에 빠져 들어갈 뿐 그를 망가뜨리는 비밀스런 상처는 없어지지 않는다는 것을 알게 된다. 그는 그 비밀과 연결되어 있는 것을 들을 줄 아는 누군가와 말할 수 있어야만 한다. 희망이 두려움을 이기는 순간이 온다. 그러면 신뢰할 수 있는 사람은 누구인가? 라는 질문을 할 수밖에 없고, 이런저런 조사 끝에, 정신분석가를 찾는다. 만약 그가 시작할 결심을 한다면, 두려움과 의구심의 균형이 능동적이고 생생하게 유지되면서, 분석에서 필요한 부분에 대한 재료를 제공할 것이다.

그러나 주변 사람도 역시 자신의 견해를 가지고 있다. 때문에 불행은 일치하지 않은 견해들을 수집하는 아주 좋은 기회이다.

일단 부부관계에서 배우자의 입장은 중요하다. 배우자가 좋다고 했기 때문에 모험하거나 하는 일은 흔히 있다. 그는 자신이 힘들어서이기도 하지만, 상대가 더 좋아지는 것에 대한 기대로 강력하게 분석받기를 권할 수 있다. 그런데 만약 상대방이 정신분석가가 생소하다면, 부부 사이가 깨어지게 되는 것은 아닌가라는 두려움으로 인해 그 시도를 나쁘게 볼 수도 있다. 그러나 때로는 호기심과 관심때문에 정신분석 작업이 이루어지기도 한다. (한 명의 정신분석가가 두 사람, 일반적으로 가까운 관계에 있는 두 사람을 맡아서는 절대로 안 된다.) 특히 공동 경제가 관련되는 한 언제나 시간과 돈의 문제가 제기된다. 그리고 환자가 개인적인 소득이 없어서 배우자가 지불을 해야만 한다면, 그 문제는 특히 예민해진다. 그러나 이렇게라도 치료가 시작된다면, 이런 상태를 잘 견디지 못하는 환자가 어느 정도 시간이 흐른 뒤에 독립적으로 개인 소득의 수단을 찾게 되는 일도 흔하다. 그러나 그것은 본질이라기보다는, 그렇게 함으로써 원래 한 사람의 삶의 중요한 부분이 점차 타인으로부터 벗어나게 된다는 의미를 지닌다. 거기에는 쌍방 모두의 많은 신뢰와 인내가 필요하다. 특히 너무 밀착되어 있는 지나친 상호 의존성으로 인해 악화되어가는 부부는 대체로 그렇게 되는 것에 대해 아주 만족스러워한다…

부모가(즉 아버지와 어머니) 사망하지 않았다면, 그들의 입장은 어떨까.(그러나 사망했다고 해도, 그들은 분석에서 여전히 존재하게 될 것이다.) 가족의 특수한 문화를 제외하고, 우리는 환자가 자신의 분석 계획을 부모에게 알리지 않는 것을 선호하고 있음을 확인하게 된다. 그래서 만약 그가 분석을 시작한다면, 그는 오랫동안(때로 절대) 그들에게 그것을 말하지 않는다. 그는 이 분석에서 항상 관대하지만은 않았던 그들이 많은 질문의 대상이 되리라는 것과, 분석을 시도한다는 사실 자체가 침묵의 비난으로 비쳐져서 그들을 서글프게 하거나 불쾌하게 할 수도 있음을 잘 알고 있기 때문이다: "대체 우리가 너를 행복하지 못하게 한 것은 뭐냐?"

다른 친척과 친구들은 분석을 경계하면서 모순된 견해를 내놓는다: 잘 아는 어떤 사람이 그 치료를 받고 더 나빠졌다더라, 혹은 18년 동안 분석을 했던 사람이 동성애자가 되어 이혼했다더라 등등. 사람들은 정신분석에 대해 그것의 과학적이지 못한 성격을 성욕에 대한 강박증, 혹은 좀 더 교양있는 말로 '범 성욕설', 모호함이라고 몰아세운다. 또한 사람들은 정신분석을 어떤 분파의 열성 신도와 같다고 본다. 요컨대 정신분석에 자신의 희망을 담으려는 생각을 하는 사람에게 이렇게 말하는 사람들은 객관적인 정보보다는 자신들을 방어하기 위해 하는 말일 가능성이 크다: "거기에 발을 들여 놓으면, 당신에게는 절대 희망이 없게 된다." 그들은 대체로 장황하게 충고한다: 차라리 너 자신에게 투자해라, 움직여라, 느긋해져라, 일을 더해라, 일을 좀 덜해라, 휴가를 떠나라, 운동을 하라, 무슨 약을 먹어봐라, 결혼해라, 이혼해라, 아이를 낳아 보라, 이사를 해라, 이사하지 말라, 차라리 심리치료를 받아보아라 등등. 더 좋은 정보를 가진 사람이라서, 그리고 정신분석적 치료 경험이 있거나 치료 중에 있는 사람이라서 그렇게 말할 수 있을지도 모른다. 그러나 결국 이런 저런 말들은 별로 쓸모가 없다. 많이 주저한 끝에, 그 당사자 스스로가 정신분석가에게 상담을 의뢰하는 결정을 내린다면(다시 한 번 그가 믿을만한가를 알아본 다음), 그는 이런 모순된 담론들을 넘어서 현실적으로 독자적인 첫발을 내딛었다는 느낌을 갖게 될 것이다.

정신분석가가 두려워하는 것은 무엇일까? 그라고 해서 두려움이 없는 것은 아니다. 그러나 그의 것은 성격이 다르다. 그가 누군가와 첫 상담을 할 때, 그는 의뢰인의 요구를 평가하고 그의 심리 작용을 파악하는 데 집중한다. 그래서 정신분석으로 이 사람을 도울 수 있을까? 만약 그렇다면, 어떤 방식으로 접근할까? 그리고 나는 이 사례를 책임질 수 있을까? 라는 질문을 염두에 두게 된다. 만약 그가 할 수 있다고 말한다면, 이것이 그의 참여라는 것과 가볍게 생각해서는 안 된다는 것을 잘 의식하고서 한 말이다. 그래서 분석가가 두 세 번의 예비 면담을 제안하는 것도 바로 이 때문이다. 그는 권한이 없다는 말도 할 수 있다: "당신의 경우는 정신분석적인 치료로는 나아지지 않습니다" 혹은 "나는 당신을 치료할 수 없지만 내 동료를 소개해 드릴 수는 있습니다” 아니면, “좋아요! 우리 정신분석의 작업을 해 봅시다”(나는 정신분석이 공동의 탐구와 관계된 것임을 주지하기 해서 나보다는 ‘우리’라고 말하는 것을 선호한다.) 그는 위험한 일이라는 것을 알고 있다: 환자의 심리 작용과 요구를 잘못 평가했을 수도 있고, 예기치 못한 어려움에 직면할때면 자신의 능력을 과대평가했다는 생각이 들 수도 있다. 사실 분석 안에는 어려운 과정들이 언제나 도사리고 있다. 그럼에도 불구하고 그가 맡겠다고 나섰다면, 이것은 난관에 대처하는 자신의 능력을 믿기 때문이다.

13

전이란 무엇인가?

> 정신분석은 [전이라는] 평이한 단어를 아주 특별한 의미로 사용한다: 이는 전에 누군가에게 가졌던 생각이나 감정, 방식이나 관계 등이 다른 누군가에게 옮겨가는 것이다. 따라서 모든 것은 어떤 사람과 갖게 되었던 일종의 정신적 도식과 행동이 그 이후 다른 사람과의 관계 속에서 재연되어 진행되는 것과 같다.

우리는 이것을 누군가와 함께 배움을 통해 생각하고 느끼며 행동하는 방식이 이후의 관계들 속에서 다소 같은 정도로 이전되는 것으로써 단순한 학습 전이로 줄여서 말할 수도 있겠다. 예를 들면, 친절해야한다고 배웠기 때문에 새로운 관계 속에서 언제나 그렇게 대하는 거라고 말할 수 있다. 그러나 이것만으로는 설명이 약간 부족하다. 전이의 정신분석적인 개념은 이런 단순한 배움의 이전만으로 요약될 수 있는 것이 아니다. 때문에 정신분석이 문제로 삼는 것은 관찰할 수 있는 행동도 그것을 생산해내는 심리적 과정도 아니다. 전이 개념은 본래 무의식의 본질을 향한 방식인 내적인 '몽타주'를 구성하는 심리과정 전체와 가장 중요하게 관계한다.

그런 예는 얼마든지 있다. 자기 아버지를 무서워하듯이 (남)선생님을 무서워하는 어린 소년이 있다. 그런가 하면 어떤 남자는 언제나 같은 타입의 여자들에게—그녀들에게는 어떤 공통점이 있고, 그것을 알아보는 일은 어렵지 않다—매료된다. 어떤 남자는 신체적으로 혹은 성격적으로 자신의 어머니를 닮았든지, 혹은 어머니와는 정반대의 여자에게(어머니가 갈색에 마른 타입이라면, 금발에 통통한) 늘 매료된다. 그리고 이런 경우는 어머니가 긍정적이든 부정적이든 언제나 모델이라는 점이 같다. 따라서 이것들은 모두 누군가의 현존을 통해, 당사자가 그 인물에 대해 지각하고 느꼈고 따라서 그처럼 행동하는 것으로, 거기에는 근본적인 상징이 이미 설정된 도식의 작용이 중심 역할을 한다. 이런 작용에 대한 무지는 타인과의 관계에서 이 도식이 다양하게 적용되고, 이 다양함이 가능해짐에 따라 조장된다.(이렇게 되면 이 사람은 너무 달라져서 그것은 전혀 다른 존재가 될 것이다!) 특히 우리는 같은 이야기가 반복된다는 것을 확인할 때, 각성이 찾아온다. 이렇게 되면, 그 이야기가 같은 도식에 의해 형성 되었다는 게 맞다.

이렇게 해서 전이의 개념은 아주 총괄적이면서 여러 경우에 적용된다. 그러나 정신분석은 그것을 특히 아주 특별한 관계 양식, 환자와 정신분석가의 관계에 사용한다. 이 관계 양식의 원칙들은 특히 치료의 시작과 전개의 규칙들에 대한 앞의 질문에서 정의되었다. 그것들은 특히 분석가에 대한 전이의 틀을 만들고 규정한다. 이것은 분석가라는 인물에게로 환자의 개인 역사에서 '중요한 인물' 즉, 근본적으로 어머니와 아버지뿐만 아니라 형제, 자매, 혹은 중요했던 다른 사람(흔히 할아버지나 할머니, 때로는 어린 시절의 아주 가까운 친구들이나 사랑한 사람)에게 가졌던 생각과 감정, 행동이 옮겨지는 것이다. 이런 전치는 관계에 부여된 조건에 의해 촉발된다. 따라서 분석가는 원칙상 환자가 아무것도 모르는 상태에서 모든 것을 투사할 수 있는 빈 화면이 된다.(그리고 면담 중 환자가 분석가를 보지 못하는 긴 의자 상황은 투사할 수 있는 표면을 만드는 데 도움이 된다.)

프로이트가 이런 현상을 알아차리기까지는 오랜 시간이 걸렸다. 그 다음 거기서 중요성을 확인하기까지 그는 그것을 부차적이고 방해가 되는 사실이라고 생각했다. 현대의 정신분석가들은 이것을 중요한 현상으로 여기고, 그것이 펼쳐지는 가운데 많은 것을 알게 되며, 따라서 전이 분석은 치료의 필수적인 원동력이라는 데 견해를 같이한다. 그래서 그들은 현재 작용하고 있는 것과 과거에 작용했던 것 사이의 상응, 즉 같은 유형의 반복으로 환자의 주의를 끌게 되는 '전이의 해석'을 통해 개입한다: "지금 당신은 정확하게 당신 아버지에게 느꼈던 화를 내게 내고 있다는 것을 알아두세요." "당신이 지금 내게 말하는 요구는 근본적으로 당신이 당신의 요구를 들어주지 않았다는 감정을 품고 어머니께 말했던 것과 같습니다" 등. 그러나 그는 그런 해석을 성급하게 하지는 않는다.

사실 상 전이는 치료 과정에서 생겨나서, 전개되며, 그가 항상 주의하는 양식들을 취해서, 혼란에 빠지지 않도록 지켜본다. 그러나 전이는 첫 번째 접촉부터 내내 있었다. 도움을 청하러 온 환자는 소망과 함께 두려움을 갖고 있던 첫 번째 대화부터 이미 인간에 대한 접근법과 인식 방법을 안내하는 분석과 분석가에 대한 미리 설정된 이미지 등이 있게 마련이다. 그는 거기서 다른 모든 만남과 마찬가지로, 그러나 소망과 두려움으로 인해 아주 예민해진 방식으로 이전 관계에서 있었던 것을 사용한다: 그는 분석가를 아주 현명한 사람이거나 자기 문제를 즉석에서 해결해 주는 마술사, 혹은 좋은 어머니로, 아니면 가능한 모든 것을 다하는 사기꾼이나 오로지 돈에만 눈이 먼 착취자, 혹은 그를 자기 손안에 넣으려는 사람쯤으로 지각할 때, 거기에는 전이의 무의식적 요소들이 관여하고 있다. 만약 분석가가 그에게 면담의 초반부나 중간 즈음에 과거, 특히 어린 시절의 이야기를 해달라고 청한다면, 이것은 다름 아닌 환자에게서 그런 요소들이 어떻게 움직이는가를 측정하기 위해서이다. 그리고 그것에 대한 분석이 있어야만 한다면, 어떻게 그가 지금의 분석에 접근하고 있는가를, 그리고 그것들이 어떻게 움직일 것인가를 측정하려는 것이다. 대체로 분석가는 그것을 당장 말하지 않는다. 왜냐하면 그것들은 환자로서는 거추장스럽기도 하고 마음에 거슬리기도 해서 아직은 말하기 이르기 때문이다. 이렇게 모두 시간이 필요하다.

치료 도중 모든 게 순조롭다면, 전이는 일련의 단계를 거친다. 초기 '밀월' 단계에서는 분석가는 대단히 이상적인 사람으로 아주 긍정적으로 본다.(말하자면 애정이 넘쳐나서, 그 도를 넘어서기까지 한 정도로!) 종종, 그러나 항상 그렇지는 않아도, 그때까지 감추어 온 부모에 대한 적대감이 나타날 때는 부정적이게 된다. 이렇게 되면 두 주역들이 그것을 통과하기가 여간 고달픈 게 아니다.(때때로 그것은 환자를 벼랑 끝으로 몰고 가는 일도 벌어진다.) 그러나 다음 단계에서 냉정을 되찾는 기간이 올 가능성이 가장 크다. 이때는 모든 것이 상대화된다. 거기에는 많은 전이적인 움직임 자체에 대한 분석 작업이 필요하다. 다음에는 가장 간단하지만 여전히 전이를 분석하는 것과 관련이 있는 분리의 순간이 온다.(이는 부모를 떠나듯이 분석가를 떠나고, 우리가 그들의 죽음을 인정했거나 인정할 준비를 하듯이 그의 사라짐을 받아들이는 것이다.) 예전에 사람들은 '전이를 청산하는 게' 필요하다고 말했다. 그런데 이 표현이 분석가에 대한 모든 전이가 사라져야 한다는 의미라면, 나는 그것을 좋아하지 않는다. 가장 좋은 경우 인생을 바꿨던 아주 중요한 관계가 흔적도 없이 사라진다고 하는 것은 상상할 수도 없을 뿐 아니라, 그것이 분석의 목적이 되어서도 안 된다. 그것은 개인의 삶—그러나 지금은 달라져서 새로운 대상들이 주어진 삶—속에서 중요한 관계로 남아있을 것이다.

물론 분석가가 이 모든 것을 '중립적'으로 다루지는 않는다. 그는 그에게 얘기된 모든 것과 직접적으로 관련되어 있다. 즉 전이의 특수한 양식들과 단계들은 전이의 고유한 도식들을 끊임없이 자극하기 때문이다. 다시 말해서 그가 살아온 삶, 특히 유년기의 삶에서 유래한 모든 것은 분석 과정에서 분석되었던 것과 같다. 그런데 환자는 분석가가 보았거나 체험한 고통스런 사건이나 갈등을(예를 들면 상실과 같은) 아무런 감흥 없이 언급할 수 있다. 만약 분석가가 주의하지 않는다면, 당장이나 나중에라도 말하거나 말하지 않더라도, 그는 환자의 경험보다는 자신이 경험한 것에 비추어서 결론을 내릴 위험이 있다. 바로 이것이 그가 가능한 엄격하게 자신의 '역전이의 움직임들'을 지켜보아야만 하는 이유이다. 물론 분석가가 그런 역전이의 움직임들을 제거하지 못할 수도 있다. 그러나 치료를 위해 그것들이 유감스러운 방식으로 표현되지 않도록 아주 조심스럽게 지켜보는 일은 가능하다.

14

심리적 외상이란 무엇인가?

우선 '외상'이란 말은 그리스어에서 만들어진 학술용어였다. 그것을 사람들은 외부에서 인체에 난폭하게 가해진 행위(구타, 타격, 절단 등) 뿐만 아니라, 그러한 사건의 결과로 인해 신체와 그 기능에 초래된 영향을 가리키는 외과적 용어로 사용해 왔다. 이러한 두 가지 의미는(외부의 공격과 이로 인한 다소 오랜 기간에 걸쳐 나타나는 영향들) 19세기말 심리 현상에 영향을 미치는 광폭한 사건들을(공격성, 열차 사고, 전쟁 등) 묘사하기 위해 정신의학에 차용될 때만해도 그대로 유지된다: 이는 거칠고 예기치 못한 충격에 대한 생각으로, 효과적으로 방어할 수 없이 갑작스럽게 당한 주체의 심리현상과 신체에서 아주 생생한 정서를 유발한다.

이것이 프로이트가 정신의학에서 차용한 것이다. 그러나 그는 그것의 용례를 근본적으로 수정해서, 1895년에 혁명적인 이론을 제안 한다: 모든 신경증은 주체가 대항해서 싸울 수 있는 어떤 사건도 신체적 타격도 없었지만 격렬한 감정을 생겨나게 했던 사건에 대한 심리적 외상의 결과이다. 이후 그는 정신분석학에 근본적인 것으로 남게 될 두개의 조건을 덧붙인다. 첫째 조건, 그것은 유년기에 경험했다는 것인데, 이는 모든 정신분석에 '역사적' 설명을 가능케 했다. 말하자면 우리는 환자의 개인적인 역사의 탐구를 통해 문제에 대한 이해를 찾게 된다. 두 번째 조건은 이런 유년기의 사건은 '성적인 성격'—어른이 제안했거나 강요했던 성적인 행위들이나 장면—에서 유래하고 있다는 것이다. 이것은 파문을 일으켰고, 너무 심하게 과장한 건 아닌가 라는 생각으로 인해 프로이트 자신도 당황했다. 사실 오랫동안 그도 다른 사람들과 마찬가지로 어린아이들은 성욕이 없다고 생각했다; 이것이 이론적인 타당성을 갖게 되는 것은 유아 성욕에 대한 사고를 전적으로 인정하는 순간(1905)부터이다.

심리적 외상은 주체로서도 어쩔 수 없는 예기치 못한 난폭한 사건으로 인해 커다란 불행이라는 느낌을 갖게 되고 이것이 일으키는 감정의 폭풍에서 비롯된다. 때로 그것은 실제 현실에서 마주친 생명을 위협하는 사건과도(전쟁이나 대학살, 지진 등의 경우에) 관련이 있다. 또한 심각성이 덜해 보이기는 해도, 그 사건 당시에 주체에게 견디기 힘든 커다란 불행으로 다가왔던(예를 들면, 어머니가 두세 살 난 아이에게 예측할 수 없이 그러나 반복적으로 무섭게 화를 내는 일과 같은) 사건과 관련되어 있을 수도 있다. 그가 엄청난 양의 감정으로 인해 무력해지고 침해당한다는 느낌이 들 때, 문자 그대로 파괴된다는 느낌이 들 때 외상이 있게 된다. 이것은 이후 불안이 되어 유사한 사건이나 최초의 사건을 상기시키는 사건들이 있을 때 생생하게 되살아나서 다시 경험하게 된다. 그러나 주체는 이렇게 될 가능성이 있는 모든 상황을 교묘하게 피하는 법을 배운다.(이렇게 해서 우리는 회피 행동으로 나타나는 공포 행동을 이해할 수 있다.) 그런데 불안은 그것을 일으킬만한 어떤 사건이나 특별한 상황 없이 갑자기, 예기치 못한 방식의 '순수한 불안'으로도 엄습하기도 한다. 주체는 이런 폭발하는 듯한 불안 발작들로부터 자신을 보호하지도 못하고, 또 그것에 대해 전혀 준비할 수도 없기 때문에 특히 고통스럽다. 이는 모든 분석의 여정을 통해 설명된다: 이런 발작들로부터 그 파장들을 탐험하고 원인을 발견하기 위해서 그것의 역사를 연구한다.(물론 불안에 작용하는 항불안제의 복용을 금하는 것은 아니다. 그러나 그것은 단지 그 원인을 거슬러 올라가지 않고 다만 불안 현상에만 작용한다. 사람들은 그것이 왜 생겨났는지를 알지 못한 채, 치료기간이 길다는 비난만 하게 된다.)

따라서 외상에 근원을 둔 불안 상태들의 역동성을 '스트레스' 개념을 내포하는 것과 혼동해서는 안 된다. 이 개념은 과도한 긴장이 있는 모든 상황을 말하는 일상용어가 되었다. 그것은 신체에 가해진 어떤 공격이나(예를 들면 심각한 상처) 위협, 혹은 아주 낯선 삶의 조건들에(예를 들면 극심한 추위) 대항해서 움직일 때 사용하는 신체적인 기제를 설명하기 위해 생물학에서 만들어진 용어임을 기억할 필요가 있다. 이런 점에서 대처하기 위한 움직임을 의미하는 스트레스는 주체가 대처할 방법을 갖고 있지 못할 때 돌발하는 심리적인 외상과는 정반대이다.

이제 우리는 심리적인 외상들, 특히 어린 아이와 같이 그것에 대비한 무기들이 엉성하기 짝이 없을 때, 더욱 파장이 크다는 것을 알았다. 그러나 나는 그런 위험들을 너무 과장할 필요는 없다는 점을 덧붙이고 싶다. '외상'이 발생하지 않게 하려고 아이가 바보 같은 짓을 해도, 고집불통으로 떼를 써도, 사납게 굴어도 막연하게 크면 나아질 거라고 생각하면서 엄하게 꾸짖지 않는 어른들로(부모나 선생님) 인해 작은 괴물이 생기는 것이다.

사실 아기는 처음부터 그런 위협에 대항할 수 있도록 이미 준비되어 있다.(발병의 원인들이 우글거리는 환경에서도 살아남는 걸 보면) 생물학적인 면에서 확실하게 무장되어있다. 또한 심리적인 면에서도 분명히 무장되어있다. 아기가 제일 많이 하는 일인 잠자기는 가장 효과적인 방어이지만 이런 방어들은 연약하다. (그래서 조심성이 많은 어머니들은 아기들의 능력을 초과하지 않게끔 주의할 필요가 있다는 것을 잘 알고 있다.) 아기의 방어들은 성장과 함께 강해지지만, 그렇게 되기까지 시간도 많이 필요하고 장애물도 분명 만나게 될 것이다.(특히 사춘기에 성적인 성숙에 따라 봇물처럼 터진 흥분은 과도한 부담을 만들어 내고, 이에 대한 청소년의 심리적 방어들이 철저하게 위축되어 분열증적인 장애가 생겨날 수도 있다.) 주체가 가진 이전 역사의 기능에 따라 흥분과 감정적 폭풍에 대항하는 방어 능력은 어른에게서 조차 아주 다양하다. 우리는 유년기의 외상들이 주체의 삶에 남아서, 어떤 사람들에게서는 심한 화상에 견줄 만큼 오래도록 아주 해로운 영향을 미칠 수도 있음을 알게 되었다.

심리적 외상이 있거나 없다는 것은 단순히 사건의 성격과 심각성에만 달려있지는 않다. 예를 들면, 난폭하지만 현실적인 신체 공격이 없는 위협의 상황은 어떤 사람들에게는 심각한 외상일 수 있지만, 다른 어떤 사람에게는 별 일이 아닐 수도 있다. 왜냐하면 그때 맞물려 들어간 심리적 과정의 수준에 따라 다르게 영향을 미치기 때문이다. 따라서 심리적 외상은 외부에서 기인된 사건자체보다는 심리 현상의 내부에서 일어나는 것과 같거나 그 이상으로 이루어진다. 현실적인 외상은 심리 현상이 신진대사 시킬 수 없는 표상과 환상, 감정들로 넘쳐나서 침식당한다는 위협을 느낄 때에만 존재한다. 따라서 주체는 외적인 위험 앞에서 자기 자신의 고유한 심리 단위가 부서져서 방어할 무기조차 빼앗긴 채 당할 수밖에 없다는 감정에 휩싸인다. 이런 공황과 두려움, 무질서의 상태는 위험의 원인을 분명하게 알아서 그것을 피하는 방법을 준비할 수 있는 일상적인 두려움과는 확실히 다르다.

우리는 '같은 사건'이 다른 사람들에게서 나타나는 효과의 가변성을 더 잘 알게 되었다: 만약 이런 결과들이 그것의 증인이자 희생자인 주체들에 따라서 약간 외상적이라면, 그들에게 '같은' 사건이라는 것은 문제가 되지 않는다. 왜냐하면 사람에 따라 같은 사건이라도 그것에 대한 심리적 반향이 근본적으로 다를 수 있기 때문이다.

그러나 이러한 외상 효과의 가변성에 따라 사용할 수 있는 방어의 성격과 효율성이 달라진다. 격렬한 정서는 단기적으로 언제나 졸도나 경직을 수반한다: 주체는 필시 일시적인 '마비 상태'와 같은 정반대의 방식으로 반응한다. 그 다음에는 대체로, 큰 불행의 위기 의식으로 인해 미루어졌던 격렬한 감정이 되돌아온다. 이 때 어떤 식으로든지 카타르시스를 통한 감정의 해소가 불가능하다면, 가장 심각한 경우 주체는 장기간 동안 절해의 고도 속에 갇힌다. 이 때 불면증이나 주기적인 악몽 정도는, 가장 경미한 경우가 되겠다. 만약 행동의 교란과 위험이 반복된다면, 종종 부적응 행동이(도망친다고 한 것이 위험을 가중시키는 방향이 되었다거나 졸도와 같이 수동적인 반응 등과 같은) 나타난다.

중간 단계에서, 우리는 대체로 외상적인 장면에 대한 추억이 동반되거나 혹은 동반되지 않은 불안 발작들을 관찰한다. 사실 이러한 불안발작은 근원적인 외상사건과 주체가 분리되어 있어서, 그야말로 '아무런 이유 없이' 출현한 셈이 된다. 그러나 불안을 지탱시켜주는 새로운 기반이 생긴다: 그것을 돌발시킬만하다고 의심되는 다른 사건과 상황, 표상들이 외상사건과 대체된다. 주변사람들은 이런 '어리석은 짓들'로 인해 깜짝 놀라게 되고 못견뎌하고 화를 내는가하면 잔소리를 늘어놓기도 한다. 그러나 주체는 자신의 불안에 대한 무지로 인해 고통이 증가된다. 따라서 그는 '그건 어리석은 짓이다'라는 데 동의하면서도 강도 높은 고통을 느끼게 되고, 편안해 보이는 상황에서도 외상을 다시 경험할 것 같은 과민한 반응을 보이며 그것들을 피하려고 애쓴다. 그러면서도 마치 '내기 하듯' 위험한 상황에 접근하기도 한다. 따라서 인상적인 반복과 함께, 마치 모든 것은 연극을 공연하듯 벌어진다: '이번에야말로 나는 상황은 물론 그것이 내게서 일으키는 것을 통제하리라'고 하면서 끊임없이 시도 한다.

어쨌거나 외상의 희생자와 주변사람들 사이의 골이 너무 깊어서 위험하다. 만약 우리가 주체에게 두려운 상황에 직면하도록 강요한다면, 주체는 깨지기 쉬운 존재로 전락해서 산산이 부서져 버리는 공황에 빠지게 될 것이다. 더 길게는 아프게 찌르는 가시로 울타리를 둘러치듯이, 모든 심리 작용들은 외상 주변에 새로운 방어를 재구조화할 것이다. 이런 식으로 강력한 방어가 만들어질 경우, 심리치료의 시도에 강하게 반발하는 외상성 신경증이 구조화 된다.

15

사람이 자신의 불행에 집착할 수 있는 걸까?

이 질문은 이상하게 보일 수 있다. 그러나 그 답변은 더욱 이상하다. 왜냐하면 "그렇다"이기 때문이다.

그것을 증명하기 위해서 굳이 정신분석까지 거론할 필요는 없다. 마치 사고 내려고 애쓰는 것처럼 운전하는 남자가 사고를 내는가 하면, 사귀는 남자마다 알콜 중독에다가 난폭하고 잔인하며, 자기가 먹여 살리기까지 하는 것을 즐기는(이런 것도 쾌락이지 않을까?) 것처럼 보이는 여자들도 있다. 중요한 시험 직전에 병에 걸리는 소년이 있고, 아주 강도 높은 위험을 찾다가 약물에 빠지는 소녀도 있다. 이런 것들을 거론하자면 끝이 없다. 약간 다르긴 해도 경찰의 모든 추적을 다 피했던 범죄자가 막판에 자신을 잡히도록 내버려 둔 것 같은 느낌이 드는 경우도 있다. 왜 그는 끝까지 자신을 숨기지 않았을까? 자신이 징계하기 보다는 차라리 법적 장치에 의해 징계 받는 게 더 낫다고 생각하는 것은 그 범죄가 그 정도로 그를 괴롭혔다고 말할 수도 있겠지만, 그렇다고 그것이 전부는 아니다.

이것은 아주 드문 경우이다; 그러나 반대로 징계와 스스로 징계하기, 그것은 드물지 않다.정신분석가가 경험을 통해 알고 있어야만 하는 것 중에는 수없이 많은 내면적인 각본의 중심에 죄의식이 자리하고 있다는 것이다. 그것으로 인한 불행 중 아주 극단적인 경우, 자신의 '죄'를 속죄하느라 유년기나 청소년기의 대부분을 희생하면서 다 보내는 사람도 있다.(이렇게 해서 건강해지기도 한다.) 왜냐하면, 그것은 찌르듯이 아픈 기억을 간직하는 상황과 행위에 관련된 것이기 때문이다. 할아버지가 되어서도 자신의 청소년기에 아주 특수한 상황에서 일어났던 성관계로 인한 죄의식을 갖고 있는 남자도 있다. 요즈음에야 별일 아니라고 해도, 그 당시 그에게 그 일은 언젠가는 대가를 치러야하는 커다란 '잘못'이었다. 그래서 그는 계속 손을 씻어야만 하는 청결 강박증을 갖게 되었다. 자신도 그러는 것이 어이없다고 생각하면서도, 손을 덜 씻기라도 하면 극복할 수 없는 불안에 사로잡히기 때문에 어쩔 수 없었다. 분노에 사로잡혀서 어머니의 죽음을 바랬던 것과(그런데 실제로 어머니가 죽기라도 한다면, 꼭 자신이 원했기 때문에 그렇게 된 것은 아니라고 해도, 이는 모든 죽음의 비극에 덧칠된 감정처럼 불합리한 전율을 느끼게 만든다.) 같은 용서할 수 없는 생각으로 인해 괴로워한다.

대개 이런 강박적인 죄의식에 사로잡힌 희생자들은 그것을 뛰어넘기 위해 용감하게 자신과 싸운다: 그가 보아도 이런 식의 자기 비난들, 그리고 그에 대한 이유들, 거기서 비롯된 행동들 모두 논리적이지 못하다. 그럼에도 불구하고 "번번이 그렇게 하는 것을 멈출 수 없다"는 것으로 마무리 한다. 셱스피어는 이런 것을 「맥베드」에서 참 잘 그렸다: 맥베드 부인은 자신의 잘못을 잊기 위해 정당화하려는 갖은 이유를 댄다. 그러면서도 그녀는 끊임없이 손을 씻는다. 이렇듯 사람들은 무엇에 대해서인지 알지 못한 채 자신은 징계 받아 마땅하다는 죄의식을 갖고 일생을 살아가기도 한다.(마냥 미안하기만 한 사람이 바로 그 예라고 할 수 있다.) '죄'는 말할 것도 없이 유년기부터 존재하지만, 그 죄명을 환자에게 가져다주는 데는 강한 억압이 작용하고 있기 때문에 환자가 인식하지 못하는 것뿐이다.

정신분석 작업은 이런 지옥 같은 기제의 역사를 밖으로 드러내 놓는 것이다. 시간과 인내가, 그리고 많은 용기가 필요하다. 우리는 힘을 합쳐서 변화에의 욕망과 거부 사이에서 집요한 전투를 할 것이다. 정신분석적인 치료가 막 살펴보았던 경우들처럼 의식과 무의식의 죄의식으로 집중되지 못했을지라도, 이 전투야말로 치료의 전부이다.

우리는 그럭저럭 이 전투를 수행하면서도, 끊임없이 변화를 피하고자 하는 방어들을 볼 수 있다. 거기에는 몇 가지 행동 방식이 있다: 특히 힘들다는 느낌이 오는 순간에 한번이나 여러 차례 면담에 오지 않거나, 시련을 줄이기 위해 고의로 늦게 오기도 하고, 최악의 경우 분석을 중단하기도 한다. 그런가 하면 다른 전략들은 좀 더 정교하다: 환자는 면담의 무익함에 대한 억지를 늘어놓고, 자기 자신에 대해서가 아닌 정신분석의 이론 자체를 갖고서 어떻게든 이야기를 끌고 가면서 분석가를 그런 논쟁 속으로 끌어들이려는 시도를 한다. 또한 감정적 울림이 전혀 없는 순전히 사실에 관한 이야기만 늘어놓기도 한다. 너무 많은 말을 했다고 느끼면, 그는 꿈을 꾸지만 모두 잊어버린다고 말하기도 한다. 그리고 분석가의 모든 해석을 반박한다.(혹은 반대로 먼저 총을 뽑는 것에 승부를 거는 서부영화의 결투하는 사람들처럼 그가 먼저 해석해버린다.) 이런 식의 전략들은 셀 수 없이 많지만, 그것들은 똑같은 목표를—아무것도 변하게 하지 않겠다—갖고 있다. 그것을 위해 억압, 부정, 부인, 고립 등의 모든 수단들, 정신분석학적 용어로 방어들이 사용된다.

왜 그럴까? 말할 것도 없이 '다른 것'이 낯설고 불확실해서 부담스러울 때, 일반적으로 사람들은 다른 것보다는 익숙한 불행을 선호하기 때문이다. 이것은 어떤 환자들의 경우 단박에 나타난다: 그들은 도움을 청하러 와서 분석가에게 분석을 요구하지만, 걱정이 된다. "나는 이렇게 더 이상 살 수 없다. 바뀌고 싶다… 그러나 만약 내가 바뀐다면, 나는 어떻게 될까? 나는 누구일까?" 때로 사람들은 정신분석에 의해서 '감정이 메마른' 존재가 될까 봐, 자기 눈에도 몰라보게 될까 봐, 어떤 사람으로 변화된 것을 비난하고 또 그였다는 것을 잊기라도 할까 봐 두려워한다. 분석가는 이러한 두려움을 존중하고, 그것을 극복하도록 도와주어야만 하는 사람이다. 그는 사람들이 변화된다는 것은 곧 자기 자신이 되는 일임을 알고 있다: 그도 그런 경험을 했다. 따라서 그는 환자에게 결국 그가 달라질 거라는 것과, 그리고 그러한 변화의 목적은 그를 압박해왔었던 갈등으로부터 더 자유롭고 유연한 심리 작용과 더 행복한 상호관계에 도달하는 것이며, 그렇게 되어도 그 자신임에는 변함없다는 점을 강조한다. 모든 분석은 모험이다. 그러나 분석은 사람들이 자신을 찾아가는 모험이지, 거기서 길을 잃고 헤매는 것은 아니다.

16

무의식은 무엇인가?

사람들은 흔히 프로이트가 '무의식을 발견했다'고 하는데, 이는 정확한 말이 아니다.

그에 앞서 사람들은 아주 오래전부터 어떤 행동들과 생각들까지도—예를 들자면, 걷고, 쓰고, 숙련된 동작들의 자동화된 활동들처럼—일시적이기는 해도 의식에서 벗어날 수 있다는 것을 인정해왔다. 그러나 그것은 사람들이 거기에 아무리 적게 주의를 기울인다고 해도, 항상 의식하고 있어야 가능하다는 점에서 평범한 것이다; 하지만 18세기 말 메스머 Messmer의 '동물 자기(磁氣)' 실험들을 통해 어떤 사람들에게서 자신의 의지와는 전혀 상관없어 보이는 행동들을 이끌어낼 수 있다는 걸 알아냈을 때, 사람들은 거기에 매료되었다. 이에 대한 관심은 사람들이 잠과 그것의 유사성을 강조하기 위해 '최면'으로 지칭했던 이런 유형의 현상들을 향해 망설이면서도 지속되었다.

19세기 말, 히스테리에 관심을 가진 사람들은 거기에서 가장 눈에 띄는 증상들이(졸도, 마비, 근육의 경직이나 이완, 의식 상실, 거기다가 '추잡한' 행동 등) '정상적인' 사람들에게서 최면을 통해 만들어내는 것과 아주 흡사하다는 것을 재빨리 알아챘다. 그래서 사람들은 최면을 통해 거의 마음대로 히스테리 환자에게서 그런 증상들을 만들어내고 없애기 시작했다. 파리는 이 분야의 대 스승인 샤르꼬가 하는 것을 보러 온 사람들로 넘쳐났다. 거기에서 그들은 사람에게는 두 개의 '인격', 즉 서로 독립되어 있고 각각은 다른 것의 존재를 모르는 두개의 의식이 존재할 것이라는 가정을 세웠다. 피에르 자네는 이 이론을 발전시켜서 이름 붙였으며, 1885년 로버트 루이스 스티븐슨은 「지킬박사와 하이드씨의 이상한 경우」라는 제목으로 출판했다. 사람들은 조심스럽게 히스테리 특유의 어떤 것을 '만들어냄으로써' 같은 사람에게서 독립된 두 개, 네 개, 여섯 개의 '인격'이나 의식의 존재가 가능하다는 것을 '밝혀내기에' 이르렀다.

1885년 말 샤르꼬의 제자로 있던 프로이트는 최면술에 완전히 사로잡혀서 비엔나로 돌아갔다. 그는 최면을 사용했으나 '자신의' 히스테리 환자들이 샤르꼬의 환자들보다 더 말을 듣지 않는다는 것을 확인한 다음 실망한다. 게다가 그는 인형놀이의 조작자 같은 역할이 거북스러워지기 시작한다. 그리고 자기를 그냥 생각하도록 놔두라는 요청을 하는 한 이지적인 여자 환자의 도움으로 그는 1895년에 두개의 근본적인 가설로써 정신분석의 초석을 놓게 된다: 이 모든 시위들은 가장된 욕망의 실현이다. 왜냐하면 강력한 힘이 선명하게 드러내는 것에 반대하기 때문이다. 그리고 같은 힘이 주체 자신에게 욕망과 그것의 실현의 길을 감추고 있다. 이렇게 프로이트의 무의식 개념은 탄생한다. 그것은 약간의 주의를 갖고 있는 임시적이고 일시적인 무의식이 아니라 욕망과 그것의 실현에 반대하는 갈등을 가리키는 역동적인 무의식이다.

따라서 프로이트가 무의식을 '발견'했다고 말하는 것은 아주 정확한 것은 아니다. 그는 그것의 특별한 번식력이 확인되어 정신분석에서 근본적인 것으로 남아있는 가설을 세웠다. 정신분석가는 역동적이고 분명한 무의식의 가설을 받아들여서 사용한다는 사실을 인정한다.(필요하지만 충분하지는 않은 가설: 심리 조직의 발달 속에서 특히 유아 성욕의 역할은 또 다른 무의식이다.)

이렇게 한정된 무의식은 직접적으로 접근하지 못한다. 그러나 그것이 만들어낸 것, 즉 이 가설의 빛에 의해 의미가 있는 관찰 가능한 사실들 속에 그것에 대한 풍부한 증거들이 있다. 몇 가지 예를 보자.

먼저 실수들. 나는 이전에 한 질문에서 어떤 부인이 "의사가 남편은 내가 원하는 모든 것을 먹을 수 있다"고 한 말을 인용한 적이 있다. 또한 나는 연극 감독이 여왕에게 "마마, 당신의 어리석음이 죽었습니다!(마담, 보트르 푸 에 모르! Madame, votre fou est mort)!"라고 말하는 것으로 그치는 아주 작은 역할만을 준 것에 대해 깊은 상처를 입은 한 젊은 배우의 이야기를 들은 적이 있다. 그는 잔뜩 화가 나서 무대로 들어갔다. 그리고는 이렇게 말하는 실수를 저질렀다: "마마, 당신의 죽음은 어리석습니다!(마담, 보트르 모르 에 푸! Madame, votre mort est fou!)" 여기에 놀라서 그만 당황한 여왕은 이렇게 답했다: "뭐라고! 나의 강함이 나약하다고?(꼼멍, 몽 포르 에 무? Comment, mon fort est mou?)" 당연히 그는 당장 쫓겨났다. 또 하나의 예를 들어보겠다. 그것은 한 대학에서 한 사람이 나이가 지긋한 독신 동료가 수행한 아동의 지적 발달에 대한 괄목할만한 연구를 상기시키는 과정에서 나온 말이었는데, 그가 원래 하려던 말은 "그녀는 근본적으로 유전적인 요소를 강조하는 입장입니다(엘 아 윈느 포지시옹 퐁다멍탈르멍 제네티크. Elle a une position fondamentalement génétique.)"였는데, 그는 "그녀는 생식적으로 광적인 입장입니다(엘 아 윈느 포지시옹 제네티끄멍 파나티크. Elle a une position génétiquement fanatique.)"라고 말했다 … 그는 자신이 크게 혼동했고, 이것은 전적으로 무의식이었다고 해명해야 했다. 정신분석에서는 가장 이상하고 가장 적대적이기까지 한 실수들은 듣는 사람들에게는 웃음을 주지만, 그에 대한 무의식의 의도를 해독해놓고 나면 그 상황은 언제나 살벌하다는 점은 주목할 만하다.

다음으로 망각. 사람은 모두 집요한 방식으로 잊고, 또 고통스러운 계산서나 세금 정산을 진짜로 잊어버린다. 그것을 설명하는 것은 어렵지 않다: 너무 마음 불편한 것은 미루다가 결국 잊고 만다. 그러나 실수의 경우처럼, 그 의도는 주변 정황으로 인해 곧 해독된다. 여자 친구의 생일에 파티를 여는 습관을 갖고 있는 커플이 있다. 그런데 남자 친구가 그녀의 생일 파티를 잊어버렸고, 그 일에 대해 그녀는 사랑이 식었다고, 무관심하다고, 드러내지 않고 자신에게 상처를 입히려는 의도라고 느끼고는 고통스러워한다. 그는 잘못했다는 생각은 해도 자신을 용서해 달라고 말하기는 쉽지 않다.

잃어버리는 행위는 이점에서 아주 할 말이 많다. 물건을 감추는 일은 그것을 준 사람에 대한 거북스러운 감정이라는 점을 의심해 볼만하다. 그리고 봉투를 잘못 쓴 편지가 그것을 절대 봐서는 안 되는 사람 앞으로 가는 일은, 숨기려 했으나 이 '불행한 우연'으로 말미암아 그것을 읽어서는 안 되는 사람의 눈앞에 대령한 셈이 된 이런 사건들에서 무의식이 그렇게 만들었다는 인상을 강하게 받는다. 이런 경우만 보더라도 무의식의 고의성은 말실수나 잃어버리는 행위만큼 선명하게 드러나고, 우리는 의도적이라는 점에서 이것을 성공한 행위로 생각하게 된다.

그러나 꿈은 무의식의 출현들 가운데 말할 것도 없이 단연 최고로 꼽힌다. 무의식에게 강요된 욕망의 표현은 가장 분명한 경우가 된다. 대부분의 성적인 꿈이 그렇듯이 욕망은 거기서 아주 명백한 방식으로 형상화 된다. 그러나 꿈의 분석은 프로이트가 '무의식에 접근하는 최상의 방법'이 된다고 말할 만큼, 꿈은 변장해서 나타나고, 언제나 갈등을 유발하는 분석 작업을 통해서만 물리칠 수 있다. 꿈의 전체적인 방식은 자신의 꿈을 기억하는 사람도 알지 못하게, 즉 꿈꾸는 사람도 모르게 하는 변장 작업이 이용된다. 그리고 이런 분석은 그 방식을 아주 분명하게 드러낸다. 이것은 나중에 다시 설명할 것이다.

실수, 망각, 잃어버리는 행위와 꿈이 관련된 모든 경우에, 우리는 "이건 별 의미 없는 거야"라고 말할 수도 있고 다르게 생각할 수도 있다. 그것이 무의식의 출현, 즉 '억압된 것의 회귀'와 관련되어 있다는 것을 받아들인다면 보다 중요한 것을 얻을 수 있다.

분명한 것은 억압은 이런 모든 것에서 작용하고 있다는 점이다. 억압은 욕망, 공격, 미움 등의 동작을 감독하는 심리 내부의 힘이다. 다시 말해서 의식에 의해 용서할 수 없는 잘못으로 선고된 움직임들이 제거되는데, 실제로 그것은 가능한 일이 아니다. 억압은 다시는 밖으로 나오지 않기를 희망하면서 그런 움직임들을 가둘 것을 명령한다. 그러나 그것들은 약삭빠른 죄수여서 외부로 향해 메시지를 살짝 속삭인다. 이것이 '억압된 것의 회귀'이다. 그러나 억압은 검열이라 불리는 문지기와 동맹을 맺고 있어서 적절하지 못한 메시지가 밖으로 나오지 못하도록 한 번 더 단속한다. 그러나 검열이란 문지기는 순진해서 약간의 변장으로도 충분히 속일 수 있다. 바로 이것이 실수이며, 잃어버리는 행위이고 망각과 꿈이며, 신경증적인 증상들이며, 삶을 성가시게 할 수 있는 모든 것이고, 언젠가는 정신분석가를 만나야겠다는 결심을 하게 만드는 모든 것이다.

17

무의식; 약간, 많이, 열렬히, 전혀?

이전 질문에 대한 답을 읽었다면, 우리는 이렇게 생각할 수도 있다: 나를 벗어나는 심리과정의 일부[무의식]에 대해 나는 잘 알지 못하며, 때로 그것이 어떻게 나를 움직이게 하는가에 대해 전혀 알지 못한다는 것을 인정해야만 한다. 나를 움직이게 하는 것, 즉 내 사랑과 미움, 분노와 슬픔, 기쁨, 흥미와 열정 등의 이유조차 알지 못함을 받아들여야만 한다. 따라서 나는 내게 분명치 않은 모든 것, 즉 내가 몰랐던 그 모든 것의 원인들이 거기에 있었음을 인정한다. 그러나 마침내 내가 누구인가를 잘 알게 된다: 나는 이러저러한 사람이라서 사랑하거나 싫어한다는 것을 안다. 내가 어떤 문제와 활동에 많은 관심이 있다면, 그것은 흥미롭기 때문이라고 알고 있다! 만약 '무의식적' 자아로 있다면, 그 이상은 알 수 없다: 그저 내가 누구라는 것을 알고 있으며, 또한 내가 알고 있는 만큼만 알 뿐이다.

이에 대해 정신분석가는 조심스럽게 유감을 표명한다. 확실히 당신은 아는 것만 안다. 그러나 의식은 놀라울 정도로 착각을 일

으킨다: 의식은 당신이 알고 있지 못한 것을 그대로 놔두게끔 아주 능숙하게 조치를 취한다. 그것은 사물들과 사건들, 그리고 타인들과의 관계에서 요구되는 것들에 적응하는 일을 담당하는 자신의 기능을 완벽하게 수행한다. 인류의 기원 이래 인간이 아주 작은 심리적인 움직임의 이유를 생각하고 설명하면서 살아왔다면, 아마도 지금까지 살아남지 못했을 지도 모른다. 우리가 내부에서 분출하려는 것을 감출수록, 더욱 때로는 비극적인 결과로 이어지는 내부 기제에 방어 없이 굴복하게 될 위험이 커진다. 따라서 우리는 자신을 마비시키는 경계를 게을리하지 않는다. 이게 바로 신경증이다. 무의식에 대한 회의주의자가 묻는다; 무의식은 얼마큼 작용할까? 약간, 많이, 열렬히?

이 질문에 답하기 위해 역사를 찾아보는 게 더 바람직하다.

프로이트는 1890년 즈음에 무지의 이유가 억압이기 때문에 중요하다는 생각을 하기 시작한다. 어떤 것이 의식을 빠져나갈 수 있다는 생각 자체는 그로서는 새로운 게 아니었다. 왜냐하면 히스테리 환자에게 열중하게 되면서부터, 그리고 그가 샤르꼬에게서 배우게 되면서부터 그런 생각에 빠져있었기 때문이다. 게다가 그런 생각과 함께 '억압'이라는 용어 자체도 그로서는 새로울 게 없는 지식이었다. 그는 이것을 고등학교에서 배웠다: 그가 다녔던 '김나지움'에서(그의 고등학교) 접했던 린드너 Lindner 가 쓴 철학 입문서는 헤르바르트 Herbart 의 철학을 적용하고 있었다. 헤르바르트는 1820년 경 대단히 흥미로운 심리학적 이론을 수립했는데, 그에 따르면 '의식의 수준', 즉 눈에 보이는 의식에서부터 근원적인 무의식에 이르기까지 여러 단계들이 존재하고 있다는 것이다. 그래서 고통스러운 생각들은 그가 억압이라 불렀던 힘에 의해 무의식으로 쫓겨나게 된다. 많은 사람의 눈에 역설적이고 매력적인 이론지만 다분히 사변적이다. 프로이트는 히스테리 연구를 통해 그것의 내용에 현실성을 부여하게 되었고, 이를 토대로 정신분석학의 기초를 세우게 된다; 추상적이고 근거없는 사변적이기만 한 것에서 실험의 도구까지 된 것이다.

그러나 초창기의 프로이트는 보통 사람들과 크게 다르지 않았다. 그는 그 과정이 간단하다고 말한다: 당신이 시동생과의 사랑에 빠졌다거나 친구에게서 동성애적인 흥분을 느꼈다고 하는 등, 비난받을만한 어떤 생각이나 욕망이 당신에게 다가온다. 의식은 즉시 이를 나쁜 일이며, 그래서는 안 된다고 하는 반격을 가하고, 따라서 이 욕망은 그 다음으로 이어져서는 안 될 뿐더러, 삭제되는 운명에 처한다. 이것이 의식이 침입자를 내쫓는 방법인 '비난의 판결'이다. 만약 이런 반응이 효과적이라면, 욕망은 의식에서 사라진다. 또한 이것이 보다 더 효과적이라면, 그것을 지우는 과정조차도 잊게 된다. 그러나—이것이 핵심인데—이는 의식에서만 지워졌을 따름이다. 억압된 욕망은 무의식에 그대로 살아있어서 다시 떠오를 날만을 기다린다. 억압은 그것의 출현을 지속적으로 반대하지만, 그것은 어쨌든 변장해서 다시 떠오른다. 이것이 신경증이고, 프로이트로서는 특히 모든 신경증의 모델인 히스테리의 증세들이게 된다.

해결은 간단하다: 적당한 해석을 통해 의식이 예전의 이런 움직임을 되살리도록 돕기. 즉 비난받을 만한 욕망과 함께 그것을 비난했던 판단을 동시에 되살리도록 환자를 부추긴다. 이것은 감정적인 폭풍 없이 존재할 수 없다. 우리가 고결한 인격의 사람이라면, 어떻게 형부와 결혼하기 위해 사랑하는 언니의 죽음을 바

랬다는 사실을, 친구를 바라보면서 성욕을 느꼈다는 사실을 충격 없이 받아들일 수 있겠는가? 그러나 이런 폭풍조차도 '카타르시스'로서 치료의 한 과정이다. 프로이트는 '카타르시스'란 용어와 함께 아리스토텔레스가 주장했던 비극의 유용성이라고 하는 아주 오래된 사상을 취한다: 그에 따르면 비극은 관객들에게 격렬한 감정을 일으키게 되고, 그것은 이 감정이 갖고 있을 수 있는 모든 나쁜 감정도 함께 폭발 시킬 수 있기 때문에 유익한 것이다. 이렇게 카타르시스는 깨끗하게 씻어 내린다. 유능한 의사로서 프로이트가 자신의 히스테리 환자에게 제안한 것은 다름 아닌 깨끗하게 씻어 내리기이다. 경험을 통해 카타르시스의 결과는 벌받아 마땅한 욕망을 포기하는 것이 아니라 오히려 그것으로부터 자유로워지며, 해석을 해야 했던 증상들로부터도 자유로워지게 된다.

1895년 「히스테리 연구」를 출간했던 당시의 프로이트와 브로이어의 입장은 이러했다. 그러나 이것은 초기 이론일 뿐이다. 우선 그것은 히스테리나 신경증 환자 중에서도 아주 적은 수로 제한되었던 연구였고, 게다가, 프로이트가 자기분석을 통해 이런 과정이 자기 자신에게도 작용하고 있는 데 힘을 얻어, 사람들 모두에게서 작용하고 있다는 확신을 갖게 되었다. 왜냐하면 그는 점차 억압이 비난받아 마땅하다는 판단과는 전혀 다른 것임을 받아들이게 되었기 때문이다: 이것은 욕망이 의식에 접근하기도 전에 그것의 뿌리에서 작용하는 무의식의 조작이다. 이렇게 해서 그것은 주체도 전혀 모르는 사이에 이루어진 것으로 착한 의지가 어떻게 해 볼 틈도 주지 않는 가장 효과적인 조작이게 된다: "내가 형부랑 결혼하려고 언니를 죽게 해? 내게 동성애의 욕망이 있다고? 말도 안 돼!"

1900년대에 프로이트는 '지형학적 이론'이라 불리는 첫 번째 이론(첫 번째라고 하는 것은 두 번째도 있기 때문이다)을 제안했다. '지형학'이란 간단하게 '장소, 공간의 대응'을 의미한다. 프로이트는 실제로 심리기제 속에서 세 개의 '지형'을 구분한다: 무의식, 전의식, 의식. 이것은 물론 가상적인 지형이다. 누구도 그것이 어디에 위치하고 있는가를 알기 위해 두개골을 열어볼 생각을 하지는 않는다. 그러나 이것은 편리하고 유용한 가상의 모델이 된다. 사실 상 그는 심리 기제를 두 개의 하위체계로 구분한다: 의식과(모든 사람들이 경험하는 것) 무의식(억압의 '장소'), 그리고 전의식. 이 전의식은 일종의 중계체계로서, 무의식에서 의식으로 들어오고자 하는 시도를(억압된 것의 귀환이나 그 '싹'을) 매개한다. 우리는 어떻게 전의식의 존재를 확인할 수 있을까? 만약 분위기가 마련된다면(억압의 힘에 의해 귀환이 방해받지 않는다면), 그것은 우리가 갖는 언어의 한 토막에서 쉽게 확인될 수 있다. 예를 들면, 남자인 환자가 '이것만 생각하면, 나는 혼란스럽다'고 말한다. 이때 나는 혼란스럽다는 프랑스어로 je suis confus라고 해야 하는 것을 confuse라고 했다.(후자 confuse는 주어가 여성일 때 사용된다. 남성이라면 confus이어야 한다.-역자) … 분석가가 그의 실수를 집어내면, 환자는 웃음을 터뜨리지만, 이것은 그가 환자로부터 여성성을 환기시키곤 했던 좋은 기회가 된다.

이 모델은 현대 정신분석에서도 여전히 핵심으로 자리 잡고 있다. 특히 1920년 경, 프로이트는 첫 번째 이론을 수정하지 않은 채, 그 위에 심리에 대한 두 번째 '이론'을 만들어냈는데, 여기에서 그는 세 개의 체계를 구분한다: 이드, 자아, 초자아. 이드는 충동들의 저장고이며, 몸에서 나온 욕망들과 열정들의 원천이지만,

억압된 '장소'이기도 하다. 따라서 그것은 본래 무의식적이다. 초자아는 도덕적인 지시와 금지를 명령하는 내면의 소리이다. 그것은 많은 강제조약들이 모르게 지나갈수록 효과적이기 때문에 전체적으로 의식적이라고 할 수는 없다. 자아의 일부는 누구나 알고 있는 것처럼 의식적 자아이지만, 심리 조직 안에서 이 모든 것을 조합하는 부담을 지닌 조직으로서 그 이상이 되는 그것의 임무는 고되기 짝이 없다. 이에 대해 프로이트는 이렇게 적고 있다. 그는 '세 주인을 섬겨야만 한다'. 첫째 주인인 외부 현실은 사물들과 사건, 즉 인간의 현실이다. 생존에 필요한 적응의 부담을 지고 있는 것도 바로 이것이다. 둘째 주인인 이드는, 끊임없이 욕망의 성취를 선언하는 폭군이다. 셋째 주인인 초자아는 확실하게 만족을 방해하는 데서 얻는 교활한 쾌락을 누리는 듯하다. 불쌍한 자아가 할 수 있는 것이라곤 이 모순된 질서 사이에 끼어서 이러지도 저리지도 못하고, 또한 이런 불행으로 인해 크게 위축되면서 손을 놓아 버리는 일이다. 이렇게 되면 정신분석가는 이 모든 것을 정돈하기 위해 개입한다. 이는 가여운 자아가 이해하지 못하는 만큼 절실히 필요한 일이다. 이 은밀한 다툼의 본질은 그로서는 이해할 수 없는 것인데, 왜냐하면 자아의 기능 중 일정 부분이 무의식적이기 때문이다. 그렇다면 무의식은 약간만 작용할까? 많이 작용할까? 분명히, 두말할 것도 없이 많이 작용하고 있다.

18

왜 꿈에 관심을 갖는가?

왜냐하면 프로이트가 꿈의 분석을 '무의식에 접근하는 왕도'라고 적고 있기 때문이다.

사실, 무의식적인 모든 것은 용납이 불가능한 욕망들의 원인이 되고 그로 인해 억압의 작업이 은밀히 지속되는 사고(思考)들과 관련되어있기 때문에, 본래 직접적인 접근을 비켜가고 있다. 만약 그 접근이 완전히 막혀있다면, 우리는 어떤 수단으로도 그것을 보지 못할 것이다… 그러나 앞의 두 질문에서 말했던 것처럼, 억압된 것이 의식을 향해 '거슬러 오르기'를 방해하는 검열에는 충분한 구멍이 뚫려있어서 억압된 사고의 '싹'이 빠져나갈 수 있다. 그리고 이 '싹'이 억압된 욕망에 얼마간의 만족을 가져다 준다. 예를 들어서 에로틱한 꿈이나 숭고한 꿈의 경우, 그것의 사고, 이미지만으로는 어디서 왔는지 모르게 모호하게 나타나기도 하지만, 때로 완전하게 나타나서 갑자기 정신을 가로지르며 일으키는 부끄러움과 죄의식, 혐오감 등을 야기하는 경우도 있다. 또 다른 경우, 경찰을 속이는 사기꾼처럼 약간만 변장하면 쉽게 나타나는 수도 있다. 이런 변장에는 두 가지 방법이 있다: 아주 순진한 사람인체 하기, 혹은 존경할만한 사업가인체 하기. 이렇게 변장한 싹은 신경증의 증상으로 나타나지만, 보통은 실수나 잃어버리는 행위, 꿈을 통해 올라온다. 주체가 그것에 대해 우연한 일이며, 관심도 없고, 의미도 없다고 주장하는 것이 '순진한 사람인 체' 하기라면, 온전히 받아들일만하고 칭찬할만한 생각이나 타당한 행동들이라는 판단을 하게끔 방식을 취하면서 거짓임을 눈치채지 못하도록 하는 것이 '존경할만한 사업가인 체'하기이다.

어쨌든 이런 경우들은 모두 공상 속에서 놀라움에 의해서든 자발성에 의해서든 일시적으로 검열이 해제되었기 때문에 돌발된다. 자꾸만 떠오르는 부끄럽고 죄책감이 드는 생각의 경우처럼, 실수와 잃어버리는 행위를 만들어 내는 것도 다른 데 집중하느라 경계가 소홀해졌기 때문인데, 특히 느슨해진 상태가 잠이다.

모든 사람은 매일 꿈을 꾼다. 그리고 이것은 잠에 대한 경험적인 연구들이 밝혀낸 것으로, 잠자는 사람이 잠에서 깨어났을 때 그것에 대한 기억은 극히 부분적이다. 그가 꿈에 대해 기억할 때 취할 수 있는 태도에는 다음과 같은 것이 있다.

— 이것은 의미가 없다. 그래서 표면에 떠오른 작은 이미지 조각들은 정신적 작업의 분할로써 아주 단순하게 설명된다. 이것은 프로이트 이전의 심리학자들 대부분이 채택한 설명이었다.

— 이것은 초자연적인 표시이며, 불가해한 힘이나 정신 등의 대화이다. 이는 어떤 문화에서 확고하게 자리 잡고 있는 확신과도 관련이 있는 것으로, 마법사나 샤먼 등은 꿈을 통해 자유롭고 노련하게 감춰진 힘에 특권적으로 접근하는 사람이다.

— 이것은 좋거나 나쁜 징조이다. 왜냐하면 그것은 예언이기(이는 앞으로 일어날 사건들을 알려준다) 때문이다. 말해진 것을 알게 하고 최선의 결정을 하기 위해 꿈을 꿨던 이 세상의 권력자들은 예언자나 지혜자로 불린다. 이 경우에, '생각의 열쇠'는 그런 꿈과 꿈의 이미지, 바라거나 두려워하는 사건들 사이에 대응들을 설정하는 대단한 평가를 받은 도구이게 된다. 사람들은 현대의 대중문화 속에 잘못 이해된 정신분석의 조각들을 통합하면서 포함된 그러한 생각의 열쇠들을 곳곳에서 발견한다.

— 이것은 만족을 찾는 억압된 욕망이 다소 가장되어 표현된 것이다.

당신은 취향대로 생각해도 좋다… 그러나 정신분석가는 마지막 태도에서 가장 많은 수확을 얻을 수 있다고 생각한다. 왜냐하면 그것이야말로 우리가 꿈꾸는 과정을 이해하는 데 가장 도움이 되기 때문이다. 그리고 실제로 그것은 앞의 세 가지 태도를 모두 통합하고 있다. 때문에 만약 사실상 사고의 작업이 잠자는 동안에만 매우 분리된 방식으로 지속된다면, 이것은 이미지의 단편들을 떠오르게 하는데 필요한 욕망에게 제공된다. 이는 난파된 사람이 해안가에 다다르기 위해 파편 조각에 몸을 의지하는 것과 약간 비슷하다. 꿈은 가려진 힘, 즉 무의식의 시위와도 같은 것이다. 결국 그것은 고백되지 않은 욕망들을 표현하기 때문에 이러한 욕망들의 만족이나 억압을 위해 싸우고 있는 꿈꾸는 사람의 행동에 따른다는 점이 예언적일 수 있다.

꿈의 해석 작업은 꿈 자체의 작업과는 반대의 순서를 밟는다.

꿈의 작업은 무엇인가? 정확하게 그것은 억압을 거부해서 검열의 벽을 슬쩍 넘어가기 위해 이미지를 덧입는 것이다. 처음에 그것은 이동과 압축, 이미지들의 설치라는 세 가지 작업을 이용한다. 이동에서 욕망은 너무 노골적인 이미지가 아닌, 그것의 사촌 같은 좀 더 그럴듯한 이미지를 사용한다. 예를 들면 그것은 의식에 접근을 용이하게 하기 위해서 페니스가 아닌 우산의(혹은 근접한 형태) 다른 대상 이미지를 선택하는 것이다. 꿈에 우산을 보았다고 해서 기분 상해하는 사람이 있다면, 그게 오히려 더 이상하지 않을까? 압축은 뜻밖의 좋은 기회로 인한 행복 같은 것으로 여러 욕망들이 하나의 이미지에 걸려있거나 하나의 욕망이 여러 이미지들을 합성해서 꿈속에 한꺼번에 나타나는 것이다. 간추려서 말한다면 꿈은 일단 선택된 이미지들을 설치하는 것으로, 손질을 거쳐서 설치된 이미지들이 우리 꿈꾸는 사람에게 나타난다.

꿈에서 사물들은 그대로 나올 수 있지만, 꿈 작업을 거치면서 이상한 모양이 되기도 한다. 그러나 꿈의 작업이 계속된다면, 그것은 훨씬 덜 이상하고 덜 망측하면서도 더 잘 들어맞는 것에 걸리는 기회를 갖게 된다. 그리고 그것이 '꿈의 전면'이 된다. 따라서 사람들은 뚜렷한 인물들이 나오면서 시간에 따라 정돈된 일화들로 된 짧은 소설이나 영화와도 같은 꿈을 꾸기도 한다. 우리는 거기에서 직접적으로 눈에 보이는 것과 다른 어떤 것도 이해할 수는 없다는 감각을 가질 수 있다: 이렇게 해서 위조된 것은 대번에 성공을 거둔다…

꿈의 분석은 해체와 같은 절차를 밟는다. 러시아의 번영을 설득하기 위해 사람들이 포템킨 Potemkine에게(1700년대 후반의

러시아의 육군원수, 정치가-역자) 제시했던 것들의 이면을 보듯이, 만약 해체가 이루어진다면, 꿈이 쓰고 있는 가면이 벗겨진다. 그 다음은 이미지의 선택을 주관했던 압축과 전치를 탐구하게 된다: 결정적으로 욕망을 숨기는 것은 이것들이다. 이는 표현된 꿈의 의미로부터 그것의 잠재된 의미를 복원하는 것을 뜻한다.

우리는 어떻게 거기에 가 닿을 수 있을까? 분석의 황금률에 의해서 가능해진다: 꿈의 인물들과 이미지들, 그리고 여러 가지 사건들을 검토할 때, 자발적으로 떠오르는 생각들에 대해 연상이 일어나도록 내버려 두는 일이다. 특히 흥미로운 것은 터무니없고, 이상하며 경악스러운 세부 사항들이다: 이는 최소한으로 가장되는 바람에 잘 감춰지지 못한 것으로 아주 중요한 의미가 있다. 이것들의 해독을 가능하게 하는 연상들 가운데 우선적인 것은 분석가의 것이 아니라(꿈의 이야기를 들으면서 그것에 대해 갖게 되었던, 그리고 아주 자주 해독을 위해 존중할 수는 있어도), 꿈꾸는 사람 자신의 것이다. 이것이야말로, 문제가 되는 꿈이 의미를 분석하기에 더할 나위 없이 좋은 자료가 된다. 분석가는 사람들과 저녁식사를 하던 중에 수수께끼 같고 알 수 없는 꿈 이야기를 하면서 이것이 무슨 의미인지, 이에 대해 어떻게 생각하는가를 묻는 사람을 종종 만난다. 그러나 실상 분석가는 그것에 대해 어떤 생각도 없다. 꿈에 대해 어떤 것을 생각하는 것은 우선적으로 꿈꾸는 사람의 몫이고, 또한 식사 중에 할 얘기는 아니다. 만약 그와 같은 꿈의 수수께끼를 제안한 사람에게 그것을 풀어나가는 방법을 이야기한다고 상상해 보라: 그러면 꿈에 대한 진지한 분석이 이루어질지는 몰라도 아마 맛있는 저녁은 저만치 가버릴 게 분명하다.

꿈을 만들어 낸 사람이 바로 그이기 때문에, 꿈꾸는 사람의 연상이 없이는 아무것도 가능하지 않다. 분석가들 사이에서 우스개로 하는 이야기가 있다. 어떤 부인이 침대에 있는데 갑자기 창문이 열리고 그 문으로 아주 멋진 남자가 아무것도 입지 않은 채로 들어오는 꿈을 꿨다. 너무 당황한 그 부인은 침대 속으로 몸을 움츠렸고,(꿈속에서) 물었다: "내게 무슨 일을 하려는 거지요?" 벌거벗은 그 남자는, 예의바르게 답변한다. "글쎄요. 부인… 잘 모르겠네요. 이건 당신 꿈이니까요."

앞에서 나는 꿈의 분석 작업은 그것의 의미를 밝히는 것을 목적으로 한다고 말했다. 사실, 의미들이라고 말해야만 한다. 일반적으로 의미는 다면성을 지닌다. 이런 연유로 꿈의 분석은 오랜 기간 지속될 수 있다. 처음에 프로이트는 꿈을 마지막 한 방울까지 더 이상 캐낼 것이 없어질 때까지 분석해야만 한다고 주장했다. 그러나 그는 잘못 생각했다. 그것의 의미는 계속 생겨나서 절대 모두 캐낼 수 있는 성질이 아니다. 따라서 '꿈이 말하고자 하는' 바로 그것이 사람들이 생각하고 있는 건지 아닌지를 질문하는 일은 필요 없다.(그리고 우리는 꿈 자체보다 그것과 관련된 이야기가 중요하다는 것을 잊어서는 안 된다.) 우리가 무언가를 생각하는 것, 그것이 꿈의 분석을 있게 하며, 중요한 것은 바로 그것이다.

19

상징이란?

> 이것은 대단히 어려운 질문 같아 보인다. '상징' 이라는 용어는 정신분석가의 언어에 속하면서도, 수학자들과 논리학자, 시인과 역사가, 종교와 신학자, 그리고 특히 언어학자의 언어에도 속하고 있다 …

그러나 나는 정신분석가의 관점에서 그것에 관해 몇 가지 언급하고자 한다.

'상징' 이란 용어는 비록 그것이 정신분석에 한정되어 사용되는 것이 아니라고 할지라도, 정신분석의 기원이 되는 일상의 사고방식들을 표시하는 현대 언어의 단어와 사고들 속에서 형상화되어진다. 만약 당신이 우산 꿈을 꾸었다는 말을 하고 있는데, 우연히도 당신 남편이 우묵한 그릇의 꿈을 꾸었다고 말한다면, 당신과 이야기하던 상대의 얼굴에 묘한 미소가 번지고, 당신은 담박에 외설스러움을 느낄 것이다: 말할 것도 없이 당신은 발기된 페니스를, 당신 남편은 질을 꿈꾼 것이다. 만약 당신이 이런 우스개를 이해하지 못한다면, 대화 상대자인 정신분석가는 긴 것은 모두 페니스의 상징이고,우묵한 것은 질의 상징이라고 설명해줄 것이다.

이쯤 되면 상황은 정신분석가에게 상당히 지루해진다. 극히 작은 것을 표상하고 있는 단어마다 그것에 상응하는 많은 사물들의 목록과도 같은 질문이 이어지지만, 그의 관심은 더 이상 상징, 상징화, 상징의 기능에 대한 캐리커처는 아니다. 환자가 우산으로 형상화된 꿈을 꾸고 난 다음, "이것이 페니스 아닌가?"라고 그 의미를 밝혀냈을 때, 실은 정신분석가도 그 정도 밖에는 할 말이 없다. 그러나 이 꿈은 프로이트가 말했던 대로 '무의식에 접근하는 왕도'가 되는 최고의 운명을 갖게 될 가치가 있다. 중요한 것은 그 꿈의 재생이 있는 상황과, 거기서 이야기되는 그 우산이 그에게 무엇인가라는 점이다. 의심의 여지없이 성적인 의미를 지니고 있는 그 우산이(즉 기억된 꿈에서의 그 우산) 꿈을 결정하는 무의식과 전의식, 의식의 표상들 간의 전체 연결망 속에서 무엇을 의미하고 어떤 자리를 차지하고 있는가? 확실히 중요한 것은 바로 그 연결망이며, 이 불행한 우산은 그것의 위치를 표시하는 지점일 뿐이다.

'상징 symbole' 이란 용어는 그리스어의 '나는 만난다,' '나는 이어 준다' 라는 의미의 동사 '숨발로 sumballo' 에서 유래된 '심볼론 symbolon' 의 프랑스어이다. 사람들은 이것이 원래 두 동강난 어떤 물건의(예를 들면 도자기) 반쪽을 서로 붙여서 알아보는 표시로 사용해왔다고 말한다. 헤어지는 두 친구가 아주 오랜 세월이 지나서 다시 만났을 때 서로를 알아보지 못할 것을 염려한다. 이 때 그들을 도자기를 깨뜨려서 서로 그것의 반쪽을 지닌다. 만약 두 사람이 다시 만나서 두 개의 조각을 맞춰보았을 때, 꼭

들어 맞는다면 이 두 친구는 서로를 알아보게 될 것이다 … 둘로 나누어진 조각들은 그들의 이별의 기간을 형상화 해주고, 이 조각들 중의 하나는 다른 하나를 표상(의미)할 것이며, 다른 조각도 또 다른 하나를 표상(의미)할 것이다. 따라서 조각들의 만남은 친구의 만남을 표상하고 의미한다.

이 아름다운 이야기에서 우리는 상징의 세 가지 특징을 확인할 수 있다.

첫 번째 특징. 상징은 무엇인가를 표현한다. 어떤 것이 모든 사람들이 즉각적으로 알아볼 수 있는 유사성을 지닌(예를 들면 공정성이 전제된 정의에는 저울, 고압선의 위험을 알려주기 위해서는 번개) 덕분에 다른 어떤 것을 표상한다. 혹은 표상하는 것과 표상되는 것이 아무런 상관은 없지만, 어떤 그룹의 사람들 사이에서 공유된 약속이 관련되어 있다: 예를 들면, 삼색기는 프랑스를, 검은색은(혹은 흰색) 상실을, x는 계산해야하는 숫자 상의 가치를, C는 탄소, Na는 나트륨을, 빨간 원 안에 대각선으로 그어진 줄은 금지의 의미를 상징한다. 그런가 하면 많은 상징들은 이 둘이 혼합되어 빚어진다. 즉 그것들은 잘 식별할 수 있는 유사성을 이용하지만, 관습도 전제로 하고 있다. 예를 들면, '남자'와 '여자' 화장실을 표시하는 두 사람은 성의 구분과 관계되어 있으며, 식당이나 영화관에서 화장실에 가려면 자신이 속한 성을 구분해서 표시된 성과 연결할 줄 알아야 한다. 이것은 언어학자 샤를르 피에르스 Charles Pierce가 내렸던 상징 정의의 핵심이다: 상징은 어떤 사람에게서 무엇인가를 표상한다. 정신분석가에게 상징은 어떤 사람이 대체된 다른 어떤 것에 의해서 무엇인가를 표상하는 심리적 산물이다. 왜 대체라고 하는가? 그것은 보여주면서 동시에 감추기 때문이다. 우산에서 페니스를 발견하는 일은 기쁨과 혼란의 전율을 가져오고, 이렇게 우산은 페니스를 드러내면서 동시에 숨길 수 있는 은신처가 된다. 이것이 바로 프로이트의 '대리 형성' 이론의 전부이다. 거기서 명백한 의식적 진술이 금지된 것은 가장된 형태로써 나타난다: 꿈에서의 상징들, 잃어버리는 행위 등. 누구에게 보여주고-감추는가? 상징은 그것을 생성하는 사람에게 보여주고-감추는 것이 가장 중요하다: 우산을 갖고 계속 이야기하자면, 그것은 발기된 페니스를 건드리지 않고도 그것을 상기하는 즐거움을 자신에게 가져다주는 아주 효과적인 방법이 된다. 그러나 그것은 다른 사람과의 의사소통에서도 마찬가지로 기능을 해서 모든 말장난과 이중적 의미가 있는 외설적인 농담들, 익살스러운 이야기, 유모어 등은 복합적인 의미를 갖고 있는 상징들의 용례에 따라 감추고 있는 것 뒤에서 무엇인가가 보여주고 있다.

두 번째 특징. 어떤 것에 대한 상징 symbole은 그것에 대한 표상 représentation과 다른 것인가? 또 무엇인가를 표상하는 représenter 것은 무엇인가를 의미하는 signifier 것과 다른 것인가? 나는 일부러 그리스 동화를 이야기하면서 이 두 용어를 함께 사용했다. 그런데 나는 정신분석에서 필수적인 이 질문이 환상도 표상이나 행동에서의 표상들 전체로 여겨질 수 있는 만큼 그렇게 간단하지도 단순하지도 않다는 점을 고백해야만 한다. 그러나 일반적으로 우리는 충동과 신체, 기원에 대한 환상성에 가까운 '1차' 상징과 각 개인 고유의 개별적인 상징화의 뿌리 자체, 비록 각 개인의 무의식이 자신만의 고유한 기능으로 되어있을지라도 문화적인 관습들에 의해 더욱 많은 형태를 이루게 되는, 이를테면 이질적인 문화 수용에 의한 '2차' 상징들로 구분한다.

세 번째 특징. 깨어진 도자기 이야기가 보여주듯이, 이 모든 것은 분리-만남의 변증법과 더욱 근본적으로는 현존과 부재의 변증법 속에서 작용한다. 두 친구는 서로 헤어진다. 각자는 그에게 부재하는 친구를 의미하는 조각에 의해 묶인다. 그가 친구의 현존과 재회했던 것처럼 그 조각도 다른 조각의 현존으로 완전함을 되찾을 때에만, 그는 그것에서 분리될 것이다.

이것은 정신분석가에게 많은 반향을 일으킨다. 가장 단순한 의미에서 의식의 표상은 부재하는 대상을 상기하는 능력이라고 정의된다.(만약 그 대상이 현존한다면, 그것은 지각이다.) 정신분석가가 넓은 의미로 '표상들'이라고 명명한 것은 언제나 결여된 어떤 것의 현존이다. 욕망의 대상, 그것이 충족되자마자 사라지기 때문에 유지되는 욕망. 다른 어떤 것으로 무엇인가를 표상하는 상징은 부재나 잠재적 성질, 아마도 이 상징에 의해서만 존재하는 추상성의 현존이다.(사람들에게 존재하게 하는 모든 상징들의 일부, 결합), 그리고 이 모든 것의 배후에 있는 것 … 현존이냐, 부재냐? 우리는 그것이 우리들 사이에서 각자 어떤 울림을 가질 수 있는가를 안다. 거기에는 삶과 죽음이 관련되어 있다 …

이 모든 것은 결코 쉬운 일이 아니다. 나는 앞에서 말했다. 상징에 대해 생각하는 것은 상징과 그에 대해 생각하도록 강제하는 것을 전제하는 일이다.(언어로서의 단어, 이 단어에 의해 함축되어 나타난 개념들, 사고, 이론 …) 이것은 쉽지 않다. 그러나 나는 독자들이 이것을 재미있어 하면 좋겠다!

20

환상(fantasme)이란?

모든 사람들이 알고 있는 것은 이것이다: 사람들이 만들어 내고 키우고, 그럼에도 불구하고 얽매이게 되는 것이 공상이다; 언제나 감정이 실리게 마련인 이 가공물은 긴장이 완화되어 있을 때는 좋은 기분을, 몹시 두려운 사건을 주제로 할 때는 불안을 담게 된다. 그것의 가장 빈번한 주제들이 그 자체에 대해 의심스러워하면서도 유혹, 성과 사랑의 만족, 사회적인 성공, 돈과 권력, 경쟁에서의 승리, 난처하거나 창피한 사건을 더욱 만족스러운 것으로 재편집 하는 일 뿐만 아니라, 질병, 심각한 사고, 죽음 등에 대한 두려움이라는 것을 쉽게 목격 한다. 이렇게 환상은 일반적으로 사람들이 욕망하는 것과 두려워하는 것 주변에서 전개된다. 그리고 그것은 위험을 무릅쓰고 대체할 만족을 준비한다. 그리고 자신의 인생을 망칠 가능성이 있는 미래의 위험을 막으려고 노력을 한다.

물론 그것은 아주 일반적인 양식일 뿐이다. 각각의 사람들에게는 일정한 각본에 따라 특별하게 만들어진 끊임없이 반복되는

저 마다의 환상들이 있다. '당신의 모든 꿈을 이루어준다'고 하는 신문과 잡지, 인터넷 사이트 등은 이것을 아주 잘 이해하고 있다: 그것이 무엇이든지, 현실이 되기에는 너무 엉뚱하고 비밀스러울지라도 당신이 원한다면 우리는 아무도 모르게 그것을 제공할 것이다!(이런 광고에 덧붙이는 말: 지불만 하면, 구입할 수 있습니다.) 성과 유혹, 그리고 죽음이 환상의 필수적인 요인들이라는 것은 영화만 봐도 알 수 있다. 왜냐하면 영화는 환상을 문화적으로 표현하는 거대한 장소이기 때문이다. 그리고 그것이 그렇게 된 것은 사람들이—우리 모두가—그것을 요구했기 때문이다. 그리고 그렇게 된 것도 영화가 모든 예술 형태들 가운데서 환상의 근본적인 두 가지 특성들을 가장 잘 만족시키고 있기 때문이다. 일단 그것은 영상을 이용해서 환상들을 움직이고 있다. 당신도 자신의 환상들을 잘 들여다보면, 그것도 영상을 이용해서 이루고 있다는 것을 알게 된다.

정신분석가는 '환상'이란 용어의 이런 의미를 잘 알고 있다. 그러나 그는 의식의 환상들은 일종의 항구적인 동력이자 마르지 않는 샘물인 빙산과도 같은 무의식의 환상 중 극히 일부가 떠올라서 이루어진 것임을 알고 있다. 어떻게 그런 무의식적 환상이 존재한다는 것을 알 수 있을까? 그것이 의식으로 떠오르기 때문이다. 다르게 말해서, 무의식의 환상들에 대한 가설은 심리 생활 속에서 의식의 환상들의 본질과 역할을 이해하기 위해서 필수적이다.

단 몇 줄로 이루어진 환상의 발견은—사람들은 무의식의 환상에 대한 가설의 첫 번째 공식이라고 부르기를 선호한다—인용할만한 가치가 있다. 프로이트는 1895년 경, 모든 히스테리의 원인을 발견했다고 믿었다: 그것은 어린 시절 성적인 외상의—그중에서 가장 심각한 것은 아버지에 의한 근친상간이다—희생자였던 어떤 사람에게(보통은 여자) 돌발하는 현상과 관련되어있다. 프로이트는 이 주제를 포기하기 전 2~3년 동안 거기에 매달린다. 그리고 그는 이후의 저술에서 내게 믿을 수 없는 것을 가르쳐주었는데, 근친상간적인 아버지가 너무 많다는 것이다. 그는 고심의 시간들을 갖게 된다: 극히 영향 받기 쉬운 환자들에게 이런 내용들을 인정하게 해야 하는 걸까? 그런데 그는 자신의 이론을 재정리하게 된다: 그것은 유년기의 실제 사건과 관련된 것도 있지만, 일반적으로 가상적인 사건에 의해 병이 발생한다. 그런데 환자는 그것을 자신의 현실로, 진짜 생생한 현실로 느낀다. 그가 그렇게 믿고 있는 까닭에, 그래서 외상임이 분명한 까닭에, 그에 따른 결과도 그와 같을 수밖에 없게 된다: 그러나 그것은 역사적 현실과는 구분되는 그들의 심리적 현실에 따른 것이다. 즉 그것은 그 사람이 그런 사건들을 '꾸며낸' 것이다. 왜냐하면 그들의 삶속에 있는 심리적 갈등이 그것을 표현하고 있기 때문이다. 다만 이런 갈등에 대한 욕망과 불안의 충전은 환상을 만들어 내고, 그 환상이 집중된 억압 작업의 대상이 된다: 그리고 여기에 무의식의 환상들이 있다. 만약 우리가 그것을 주체들에게 묘사한다 해도, 그는 진짜로 믿고 있는 까닭에 부인할 수 있다. 그러나 그로 인해 의식의 환상들과 신경증적 증상들, 꿈과 실수, 잃어버리는 행위 등이 존재하고 만들어지는 것이 멈추는 것도 아니다. 그때부터 분석적인 치료의 목표는 무의식의 환상들이 뚜렷하게 드러나기까지 거슬러 올라와서 더 이상 병의 원인으로 작용하지 않도록 이러한 산물들이 맞물려 돌아가는 장치를 명백하게 드러내는 것이 된다. 이것이 프로이트가 고심 끝에 재조정한 입장이고, 현대까지도 이 입장은 정신분석학의 본질로서 완벽하게 유효하다.

그러나 사람들이 자기 삶의 과정에서 저마다의 방식으로 만들어낸 것이 무의식의 환상들이라면, 어째서 그토록 다양한 개인의 각본을 너머, 동일한 근본 요소들과 일반 도식들이 존재 할 수 있는 것일까? 말할 것도 없이 그것의 요소들은—성적 욕망, 공격성, 불안, 죽음 등—보편적이며, 모든 사람들에게 단번에, 그리고 똑같이 주어지는 몇 개의 '옷본'과 같은(옷감에 형태를 잡아 재단하는 기술과도 같은) 형태가 있기 때문이다: 바로 이것이 프로이트가 '근원적 환상'이라고 불렀던 것으로, 이는 인간의 고유한 성격으로 그것에서 각 사람의 환상이 주어지고 있다. 이 환상에는 세 가지가 있다: 유혹에 대한 환상, 최초의 장면에 대한 환상, 거세에 대한 환상.

관련된 것이 무엇인가를 이해하기 위해서, 우선 아기와 어머니와의 관계를 생각해 볼 필요가 있다. 생명은 어머니로부터 온다: 어머니의 보살핌과 젖, 사랑. 어머니의 보살핌은 만족감을 주는데, 그것의 구체적인 형태는 고통을 덜어주는 것, 맛있는 젖이 주는 것, 사랑 받는다는 것이 된다. 그래서 어머니의 부재는 아기에게 슬픔과 불안이 된다. 이러다 보니 아기는 어머니의 현존과 사랑을 열렬히 갈망한다. 이것이 유혹에 대한 환상을 만들어 낸다. 다른 누군가와 경쟁 상태에 있음을 느끼는 순간이 오게 되는데, 그 상대가 일단은 아버지이다. 왜냐하면 '낮의 어머니'는 아이를 제쳐 놓은 '밤의 어머니'가 되어 다른 누군가와 있기를 반복하기 때문이다. 어머니가 그를 선택한 것은 만족 때문일까? 폭력 때문일까? 이것은 아이가 오이디푸스의 단계에서 어머니와 아버지가 둘만 있을 때에 벌어지는 일을 상상하는 가운데 비로소 그 형태를 갖는 '최초의 장면'에 대한 환상을 만든다. 그는 더 많이 사랑받는 존재가 되기를 바라지만, 아버지가 화낼까봐 두렵기도

하다: 이것이 거세에 대한 환상이다. 프로이트가 명쾌하게 정리해 놓았던 이 모든 것은 아직도 정신분석학의 중심에 서있다. 그러나 너무 간결한 방식으로 말하는 것은 당연히 비판과 의심을 살 수 있다. 따라서 이점에 대해서 나는 나중에 다시 언급할 생각이다.

그러나 두 경우를 말하지 않고 환상을 끝맺을 수는 없다. 무의식의 환상을 의식의 영상으로 번역하는 일은(경우에 따라서 각본에 의해 체계화된다) 너무 직접적이기 때문에 아주 분명하다: 그것이 바로 꿈과 환각의 경우이다.

분석에서 말하는 모든 꿈은 무의식의 환상이 밀고 올라오는 힘을 기초로 한다. 꿈이 그렇다는 것을 꿈꾸는 사람도 잘 알고 있다. 우리는 모두 어떤 꿈을 꾸는 도중에 '사실 같긴 한데…' 뭔가 석연찮고 '그냥 꿈일 뿐' 이라고 받아들이기에는 깨어있었던 것 같은, 꿈과 생시가 구분이 안 되는 비몽사몽을 경험한 적이 있다. 따라서 꿈 그 자체는 환각(실재한 대상이 없는 거짓 지각을 사실로 믿는 것) 이다. 그러나 깨어난 뒤의 꿈 이야기는 말도 안 되는 소리라고 여겨지기 때문에, 이는 잠정적이고 취소할 수 있는 환각이다.

우리는 그런 환각이 만들어내는 각성 상태를 염려한다: 주체는 혼자서 마주칠 수밖에 없는 괴물로 인해 공포에 휩싸인다. 그는 그것을 진짜라고 믿기 때문에 불안해서 안절부절 한다. 이런 위기 상황에 빠졌을 때, 그럴 필요가 없다고, 겁 먹어야할 어떤 이유가 없다고, 또한 그가 본 것은 진짜 존재하는 게 아니라고 말해 주는 것 등은 모두 소용없는 일이다. 그는 보고 있고, 우리와 마찬가지로 자기 눈을 믿고 있다. 다행히 이런 상태는 예외적이며, 일회성인 경우가 많다; 그리고 오늘 날의 정신의학은 치료에 필요한 모든 장비들을 다 갖추고 있다. 그러나 그런 위기가 돌발할 수 있다는 사실 자체에서 우리는 어떻게 무의식적 환상이 '난폭한 해석'에 의해 야기될 수 있는지를 알 수 있다.

21

충동이란?

우리는 프로이트가 사용한 '미는 힘' 이란 의미의 독일어 Trieb(독일어로 '충동' 이란 뜻)를 '충동 pulsion' 으로 번역했다. 예전의 프랑스어 번역에서는 '본능' 이라고도 말했지만, 그 용어는 다소 복합적인 작용으로 인해 인간뿐만 아니라 동물도 타고나는 본능과 혼동을 일으켰다. 그러나 그것은 실질적으로 '미는 힘이 작용하는 어떤 것이란' 전혀 다른 것과 관련되어있다. 이것은 이동을 일으키는 에너지와 이동의 방향을 염두에 두고 있다. 그리고 그 에너지를 프로이트는 '리비도' 라 불렀다.

실제로 그런 생각의 도입은 절대적으로 필요했다. 앞의 질문에서(무의식-전의식-의식; 이드-자아-초자아) 다루었던 위치는 이를테면 기계구조와도 같이 심리 장치의 해부도를 묘사한다. 그러나 이 기계가 작동하기 위해서는 에너지원이 있어야만 한다: 그것은 충동이 육화된 리비도이다.('육화된' 은 아주 정확한 용어이다. 왜냐하면 그것의 원천이 몸 안에 있기 때문이다.) 도식을 따라가 보기로 하자.

비록 19세기의 사람들은 인정하고 싶지 않았겠지만 인간은 일단 동물이다. 생물학적 기능으로 인하여 신체는 긴장을 발달시킨다: 배고픔과 성적인 필요에 대한 긴장 등. 그 기계는 이러한 필요를 충족시키고 긴장을 해소하기 위한 시동을 건다; 그것은 충동을 밑천삼아 움직인다. 사람들은 생물학적 기능 안에 있는 이 긴장의 원천이 제거될 성질의 것이 아니라는 것과(다른 부작용이 있을 수도 있는 약이나 자연에 의해 증명되지 않은 인위적인 방법을 제외하면) 함께 움직일 수 밖에 없는 유일한 출구라는 것을 알아차렸다. 그렇다면 충동은 몸 안에 있을까? 심리현상 안에 있을까? 둘 다라고 프로이트는(그리고 오늘 날의 대부분의 정신분석가들도) 답한다: 이것은 '경계 개념'으로, 보다 현대적인 용어로는 신체-정신의 '상호 대면'을 구성한다고 표현한다.

여기 충동의 특성을 두 가지로 정의한 것이 있다: 먼저 긴장과 필요의 상태를 만들어내는 몸 안의 생물학적인 원천. 그것의 긴장 해소라는(축적된 에너지의 '방출') 목적. 그렇다면 어떻게 여기에 충동 정의의 세 번째 요소인 '대상'이 개입할까? 이 '대상'이란 용어는 때로 정신분석에서도 가장 흔히 사용되는 물질적 대상을 의미하는 것일 수도 있다. 대단히 자주 그것은 심리현상 자체에서 사람들이나 사람을 표상하는 것을 의미한다. 첫 번째 경우, 사람들은 '외부 대상'과 관련된 것으로 한정할 수 있다. 그러나 타자라는 사람이 관련되는 두 번째 경우, 사람들은 그것을 '내적인 대상'이라 한다. 그것은 특별히 의미 있는 사람, 물론 가장 중요한 사람인 부모에 대한 의식이나 무의식의 표상이다.

충동의 대상은 '우연적'이며, '대리적인' 성격이 있다. 이것의 의미는 충동과 같은 움직임이 사람들에 따라서 그리고 같은 사람이라면 순간에 따라서 다른 대상과 함께, 만족을 찾을 수 있다는 것이다. 성적인 필요에서 이성이나 혹은 동성의 사람과 함께 만족을 추구할 수 있다: 즉 이성을 좋아하는 남자 X는 여자 Y나 Z를 좋아할 수 있다. 그러나 어떤 경우든지 근본적으로 거기에는 같은 원천, 같은 목적이 있으며, 달라진 것은 대상일 뿐이다. 그러나 이 중에서 가장 중요한 것은 대상이다. 왜냐하면 심리 영역에서 '필요'로 넘어가도록 만든 것은 다름 아닌 대상의 등장에서 (사람은 누구로부터, 누구와 함께 만족을 추구한다) 그렇게 되는데, 이는 필요가 대상에 자신을 던짐으로써 욕망을 성취하는 성격을 갖고 있기 때문이다.

흔히 사람들은 정신분석가들은 단 하나의 충동 유형, 즉 성적인 충동만을 인정한다고 생각하는데, 그렇지는 않다. 여기서 약간의 역사를 들춰볼 필요가 있다. 이 역사를 통해서 우리는 정신분석가의 현재 입장을 이해할 수 있기 때문이다.

처음에 프로이트는 '자기보존'의 충동과 성적인 충동이라는 두 가지 충동 유형을 구분했다. 그는 인간이 모든 다른 생명체와 마찬가지로 자기 생명을 보존한다는 것과 후손을 남김으로써 영구히 존속한다는 두 개의 근본적인 목적을 갖고 있다고 믿었다. 자기보존의 충동은 첫 번째 목적을, 그리고 성적인 충동은 두 번째 목적을 수행한다. 사실 프로이트가 훨씬 흥미를 갖고 있었던 것은 후자 쪽이다. 그는(그의 대표작 「성욕에 대한 세편의 에세이」(1905)에서 하나의 충동 움직임 안에 있는 필요는 대상에게 자신을 주는 데서 욕망을 성취하기 때문에 대상적인 충동 발달의 주요 단계들을 대략 아래와 같이 적고 있다.

긴장이 어디에 있는가? 그리고 만족으로 인한 긴장완화는 어디에서 오는가? 둘 다 몸속이다. 그렇다면 몸의 어느 부분일까? 젖먹이에게는 입이다. 좀 더 일반적으로는 음식을 먹는 것과 관련된 체계 전체이다. 그러나 입이야말로 가장 쉽게 젖을 빤다는 긴장과 쾌감을 갖는 것으로 관찰된다. 이렇게 프로이트는 입을 최초의 '성감대'로 지목했다. 여기서 '성감'이란 간단하게 긴장과 쾌감이 있는 장소를 가리킨다. 그 다음은 어디일까? 두 번째 장소는 항문으로 '청결 학습'의 중요성과 이 기능에 대한 아이의 관심, 그리고 이에 대한 학습이 가져올 수 있는 갈등을 유발하면서 성감대가 된다. 세 번째는 생식기 부근으로, 그곳 역시 긴장과 쾌감의 원천이다. 그런데 이곳에는 아주 어릴 때부터 그런 긴장이 있지만,(남자 아기의 성기가 발기된 것을 본적이 있는가?) 뚜렷하게 나타나는 나이는 네 살에서 다섯 살이다. 이것은 신체 부분들로 집중되는 아이의 충동 발달의 세 국면을(우리는 예전에 '단계'라 했었다) 묘사하는 것과 일치한다. 사실 이것은 심리 구조 방식과 관련되어 있다: 때문에 이어지는 순간들에서 중심이 된 대상과의(젖을 먹을 때나 자위, 혹은 성적 흥분으로 인해 대소변이 나올 때, 부모, 그 중에서도 어머니와의) 관계 자체로 인한 어떤 갈등의 유형 주변에서 구조화되는 것이 바로 모든 심리 작용 전체이다. 여기다가 우리는 긴장과 긴장 완화 움직임들에 대한 '부분적 충동'이라고 하는 것을 추가해야만 한다. 이는 어린 아이의 귀여운 관음증과 노출증이지만, 그것이 비정상적으로 어른까지 지속되면 슬프게도 성도착이 된다.

이것이 프로이트가 1914년의 「초심리학」가운데 '충동과 충동의 운명'이란 제목으로 완성한 충동 이론의 본질이다. 그러나 이 천재적인 사람은 자신의 이론의 구조에 대해 절대로 만족하는 법이 없다. 그는 긴장을 가볍게 하는 것으로 정의된 쾌락의 추구가 행동의 모든 축이 된다고 하는 긴장/긴장완화 이론이 어디에나 다 적용되지 않는다는 점에 대해 고심했다. 확실히 사람들에게는 긴장의 팽창을 추구하는 태도가 있다.(성적인 흥분 자체를 추구하는 것이야말로 그런 태도들 중에서 가장 으뜸가는 것이다.) 또한 고통스럽거나 힘겨운 상태를 만들어내는 어떤 행동을 반복적으로 하는 일은 정말 놀랍기까지 하다.

이것이 프로이트가 오랫동안 씨름하게 될 가학증과 피학증의 문제 전체이다. 그는 충동에 대한 자신의 개념을 새롭게 확장하면서 끝맺는다. 실제로 그는 우리들의 많은 행동들이 「쾌락의 원칙을 넘어서」 기능하는 '반복의 강박'에 의해 지배된다는 것을 인정한다: 이것이 1920년 저서의 제목이다. 또한 그는 시적으로 묘사된 에로스와 타나토스에서 삶과 죽음의 본능이라는 근본적인 두개의 충동 본능과 정반대되는 '두 번째 충동의 이론'을 만든다: 그 이론은 에로스를 연결하고 모으고 연합하는 힘으로서, 타나토스를 분할하고 나누고 흩어지게 하는 힘으로 이해한다. 삶의 모든 여정은 그것들의 결합과 다툼으로 지배된다. 그러나 결국 그 여정을 마무리 짓는 것은 분명 타나토스이다. 얼마나 아름다운 투쟁인가!

프로이트 생각은 두 번째 위치 이론이 그 첫 번째를 취소하지 않고 거기에 덧붙인 것처럼, 두 번째 충동 이론도 그 첫 번째를 취소하지 않고 거기에 덧붙였다. 이것은 이후의 정신분석가들 사이에서 격렬한 논쟁과 반대로 이어졌다.

그렇다면 공격성은 이 모든 것 안에 있는 걸까? 이것은 이 문제에 대해 아주 명쾌하게 또 만족스럽게 답하지 못했던 프로이트를 무척 당황하게 만들었다. 그는 모든 사람들처럼 그것이 인간에게 (여자를 포함해서) 집단적으로 존재하고 있음을 인정했다. 그러나 그것으로 성적 충동과 자기보존의 (생명을 위한 싸움, 암컷을 차지하려는 투쟁 등의 관점에서) '부수적인' 양상과 독립적인 양상으로 이루어진다고 하는 것 사이에서 주저하고 있다. 이런 의미에서 그의 충동에 대한 두 번째 이론은 아마도 그의 최고의 실험일 수 있겠다: 타나토스는 깨뜨리고, 나누고 분할하는 공격의 충동이다. 그러나 공격성의 문제는 정신분석 이론에서 여전히 어려운 숙제로 남아있다.

22

방어란?

당신이 앞의 질문을 읽었다면, 정신분석이 심리적인 기관을 영원한 투쟁의 장소로 생각한다는 결론을 내릴 수 있다. 그 생각은 옳다. 그러나 만약 당신이 인정하고 싶지 않은 어두운 양상이 추가된다면, 사정은 달라진다. 현실을 끊어버리는 것은 실제 현실이 불쾌하기 때문은 아니다; 게다가 그 양상이 반드시 비극적인 것도 아니다. 그럼에도 그것이 어떤 사람들에게 현실적으로 그렇게 느껴지는 것은, 그에게는 이러한 갈등이 특별한 폭력성을 갖고 있어서 그로 인해 고통스럽게 되었기 때문이다. 타협의 기술을 갖추고 있어서 그런 일에서 자기 욕망을 절제하고, 부드럽게 대항할 수 있는 어른이라면 별다른 무리 없이 넘어갈 수 있다. 여기서 내가 찬사를 보내는 것은 위선이나 도덕적 관용주의가 아닌, 다만 상식일 뿐이다.

방어는 그런 능력들 중에서 가장 좋거나 가장 나쁜 것이다. 가장 좋은 것은 방어가 정확하게 그것과 인척관계에 있는 생물학적 방어처럼 심리 생활에 없어서는 안 되기 때문이다.(이는 우연이 아니다. 만약 심리적 기관이 살아있는 존재, 즉 인간의 상위조직이라면, 그것은 다른 기관들과 마찬가지로 일반적인 법칙들에 따라야 한다.) 가장 나쁜 것은 특별히 격렬한 갈등들을 굳어지게 하거나 경직시켜서 에너지의 본질을 소모시키기 때문이다.(마치 아픈 사람이 거기에 대항하기 위해 모든 힘을 쏟아 붓기 때문에, 웃거나 사랑하고 생각하거나 일할 여력이 바닥난 것과 똑같다.)

나쁜 방어의 첫 번째는 억압인데, 이에 대해서는 앞에서 이미 말했다. 그러나 우리는 충동에 관해 이야기 했던 것을 염두에 두면서 그 기능을 명확하게 할 수 있다. 만약 당신이 외부의 위험, 예컨대 눈사태나 폭풍우 혹은 싸움을 걸어오는 사람 등으로 위협받고 있다면 무엇을 하겠는가? 만약 당신이 약간의 상식과 용기가 있다면, 당신은 쏟아져 내리는 눈사태의 흐름 바깥으로 달려가거나, 폭풍우를 막아줄 은신처를 찾거나(나무 밑은 아닌!), 싸움을 걸어오는 사람을 피하거나 맞섬으로써 그 위험의 원천으로부터 멀어지려고 할 것이다. 어쨌거나 당신은 위험의 원천과 가능한 한 멀리 있으려고 할 것이다. 그러나 위험의 원천이 당신 내부에 있다면 어쩔 것인가? 이것이 바로 충동의 경우이다. 여기서도 당신은 같은 일을 한다. 그러나 당신은 위험에서 멀리 가는 게 아니라, 내부의 그것을 가능한 한 멀리 외부로 던진다. 이렇게 해서 위험이 없다는 감각을 갖게 되고, 당신은 이 모든 것을 잊어버린다: 이게 억압이다. 물론 이것은 위험을 느낀 타조가 모래 속에 머리를 쳐 박는 행동과 별반 다르지 않다. 그리고 바로 여기서 어려움이 시작된다.

억압은 방어의 전형이다. 그러나 거기에는 다른 방어들, 혹은 '기제들' 이 있다. 이것은 안나 프로이트가(지그문트 프로이트의 딸) 「자아와 방어기제들, 1936」에서 사용했던 충분히 반박의 여지가 있는 용어를(약간 기계적인 느낌의) 따른 것으로서, 그녀는 거기에서 10가지의 목록을 작성해서 열거하고 있다; 약간 카탈로그 같기도 하고 상당히 복잡한 목록처럼도 보인다; 너무 도식적이라는 비판을 무릅쓰고 나도 비슷한 목록을 작성해 보겠다.

방어 방식 중 가장 분명한 것은 부정 dénégation 이다. 만약 어떤 남자가 당신에게 여자가 된 꿈을 이야기하면서, "당신은 그 여자가 내 어머니라고 생각하시겠지만, 그렇지 않습니다. 그 여자는 내 어머니가 아닙니다"라는 말을 했다면, 당신은 그에게 그런 말을 한 적이 없다는 것과 그런 생각을 한 것은 바로 그 자신이라는 점을 주지시킬 수 있을 것이다. 그는 두 개의 작용이 연합해서 그 말을 한 것이다: 생각하고 말하는 것을 동시에 부인하는 부정과 투사가 그것이다.

투사는 인류가 가장 보편적으로 사용하는 방식일 것이다: 그것은 구체적인 실체를 가져다 놓는 것이다. 즉, 나쁜 것은 내가 아니라 다른 사람이다. 자신에게 나쁘게 느껴지는 모든 것은 누군가 다른 사람의 탓으로 돌림으로써, 이를테면 내부의 위험을 외부의 위험으로 변형시킴으로써 제거해버리는 아주 유용한 방식이다. 생명체의 근본적인 법칙에 대한 심리 수준에서의 해석은, 내부에서 나쁜 것은 외부로 던져버린다는 것이다.(이것이 없다면 대사 작용으로 인해 해로운 물질들이 내부에 축적됨으로써 빠르게 생명을 잃게 된다는 것을 단세포동물의 생물학적인 기능에서 관찰하게 된다.) 당신 주변뿐만 아니라 가능하다면 당신 자신에서도 일어나는 일을 관찰한다면, 어떤 부분에서 투사가 기능하고 있음을 알 수 있을 것이다. 충고 하나를 덧붙인다면, 선부른 해석을 남발하지 말라는 점이다. 사람들은 그런 것을 좋아하지 않는다.(예를 들어서 부부싸움 중에 "당신, 그것은 투사야!" 라고 말하지 말라는 것이다. 그것은 일을 해결해 주지도 못하면서, 그렇게 말함으로써 당신도 똑같은 비난을 받게 될 위험이 있다. 즉 불화만 가속된다.)

부인 déni 은 부정 dénégation 과 흡사하지만 이러한 점에서 다르다: 그것을 정의내리기는 훨씬 까다롭다. 전자는 '… 는 사실이 아니다' 라고 말할 뿐만 아니라, 그런 것이 있지도 않았던 것처럼 믿는다. 프로이트에서 그 예를 찾자면, 어린 소년이 소녀에게 페니스가 없다는 것을 발견했을 때 하는 것, 즉 성차에 대한 부인을 거론할 수 있겠다: 소년은 마치 그런 사람이 한 사람만 있는 것처럼 생각하면서 이렇게 합리화한다. "그래 그런 사람이 하나쯤 있을 수 있겠지. 하지만 그것도 너무 작아서 일거야. 곧 자라나게 될 걸…" 그 나이에 이런 생각은 귀엽다. 그러나 그것이 너무 오래 지속되고 일반화된다면 걱정스러운 상황이 아닐 수 없다. 사랑하는 사람의 죽음에 대한 부인도 그 예이다: 흔히 사람들은 사랑하는 사람이 죽었다는 것을 알고 있지만 마치 그런 일이 없었던 것처럼 생각하고 느끼고 행동한다. 이렇게 상실이 불가능해질 때, 이는 삶을 무겁게 짓누른다. 훨씬 심각한 형태로, 현실의 한 면은 그대로인데 다른 한 면 전체가 사라지는 것이다. 이것은 심리적 기관의 '골절', 즉 특정 정신증 안에서 관찰할 수 있는 자아의 분열을 만들어낸다.

퇴행도 흔히 볼 수 있다. 그것은 너무 무거운 현실의 갈등상황에 직면해서 보다 친숙하고, 보다 효율적이며 측정할 수 있는 만족의 원천이라고 생각되는 예전의 상황으로 퇴각하는 움직임을 말한다. 이것으로 우리는 무질서하고 지저분하기까지 한 일부 청소년들의 문화를 이해할 수 있다. 느닷없이 생겨난 생식적 성욕과 너무 뜨겁게 소생된 오이디푸스의 갈등은 그들을 항문기로 퇴행하게 한다. 이는 그들을 부모와 첨예한 갈등으로 대립하게 하면서 보호의 거리를 취하게 만든다. 항문기적인 특징이 분명한 일부 어른들의 음담패설의 취향은 동일한 의미에서의 방어라 할 수 있다. 이 모든 것은 주변사람들로 하여금 그들을 배척하게 만든다. 그 다음에 한걸음 더 나가서, 구강기로 퇴행한다. 만약 당신이 많이 불행하다면, 그런 자신을 달래기 위해 담배를 빨아먹기보다는 달콤한 과자나 맛있는 음식을 먹는 것은 어떨까...

스스로 고상한 사람이고 싶어 하는 사람은 퇴행은 말도 안 되는 소리라고 생각할 수 있다. 그렇다면 모든 것을 뒤집어버리는 형태로 하는 방어인 즉, 첫 번째 움직임과는 정반대로 하는 반동형성이 가능해진다. 당신은 당신과 닮은 사람을 싫어하나요? 그 사람은 당신에게 눈부신 활동 무대를 열어준 은인이며, 자애로움과 친절로 칭송받는 성자 같은 사람이라고 생각한다. 보다 쉽게 말해서 반대로 뒤집기는 다른 방향을 향해 가는 것으로, 어긋난 열정적인 사랑이 미움으로 바뀌는 것과 같다. 어쨌거나 당신은 타인을 공격하는 것 이상으로 자기 자신도 상하게 할 수 있다: 자신으로의 선회는 부당한 자기 비난, 피학대음란증적 사고와 행동들을 이해할 수 있게 한다. 왜냐하면 이것은 언제나 자기 자신을 스스로 벌하는 행동이나, 더 가혹하게는 '그릇된 생각'으로, 채벌의 욕망 등으로 판단해서 확실한 피학적인 행동으로 자신을 벌하기 때문이다.(「타이스 Thaiés」[1]에서 아나톨

1. 아나톨 프랑스의 소설. 「타이스」는 로마가 지배하던 고대 이집트를 배경으로 창녀 타이스가 성녀가 되는 이야기이다. 그녀를 기독교로 개종시키려 했던 수도승 아다네엘이 바로 기둥 위의 성자이다. -역주

프랑스는 음란한 생각이 떠오른다는 이유로 인생의 황금기를 수도원의 기둥 꼭대기에서 보낸 '기둥 위의 수도자'를 잔인한 해학으로 묘사했다.)

만약 당신이 보다 지적이라면, 취소나 고립화, 주지화의 수단들이 가능하다. 취소란 화가 나는 사건에 대한 기억과 함께 가능하다면 심리적인 효과까지도 지워버리는 것이다. 고립화란 표상으로부터 감정을 분리하는 것이다: 사람들은 무언가를 알고 있고, 분명하게 그것이 다시 나타났다. 그러나 주변 사람들은 그것이 강렬한 감정을 일으키리라고 생각하지만 정작 자신은 전혀 아무것도 느껴지지 않는다. 나는 자신이 운전하던 자동차가 사고가 나서 아내와 아이를 잃은 아주 건강한 정신을 소유한 어떤 남자를 알고 있다. 그런데 그 사람은 이 가혹한 사건을 생생하게 기억하면서도 회상할 때 전혀 어떤 동요도 보이지 않는다. 주지화는 정신분석가들에게는 두려움의 대상이다. 왜냐하면 환자는 모든 정서적인 영역에서 갈등의 출현을 통제하기 위해 주지화를 사용하여 관찰하고 분석하기 때문이다. 그는 독서와 문화, 정신분석에 대한 지식을 총동원해서 지적으로 설명하고자 한다. 이는 마치 자기 집이 불타는 것을 바라보면서, 그것의 연소 과정을 사람들에게 설명하는 사람과도 같다.

강박적인 방어들은 충동의 위험에 대항하고 있는 다수의 경계들로 이루어진다: 청결에 대한 지속적인 염려와 세균과의 싸움 등으로 항문기적 만족이 되살아나는 것과 싸우기, 에로틱한 생각을 차단하기 위해 수학적이거나 논리적인 문제에 노상 사로잡혀 있기 등.

승화는 정신분석 이론에서 약간 문제가 제기되는 별도의 위상

을 갖는다: 그것은 리비도 흐름의 방향을 노골적인 성적 만족에서 적어도 외견상으로는 '성적이지 않은' 보다 고상한 목표를 향해 살짝 돌려놓는다. 프로이트는 승화를 높이 평가했다: 그는 그것을 문화의 원동력이라고 말하곤 했다.

이 모든 방어의 방식들은(아주 심각한 형태를 제외하면) '신경증적' 이라고 말할 수 있겠다. 아주 심한 신경증으로(공포, 강박, 히스테리 등) 고생하는 사람들에게서 특별히 작용하는 것이기도 하지만, 실상 모든 사람들에게서 약하기는 하지만 신경증적인 것이 기능하고 있다는 것을 관찰할 수 있다. 따라서 그것이 적당한 정도라면, 그다지 걱정할 필요는 없다.

심리적 기관의 아주 심각한 절단을 초래하는 자폐증적인 방어들과 정신증적인 방어들은 아주 다르게 진행된다. 전자는 자폐아에게서 찾아볼 수 있어서 그런 명칭이 붙은 것으로, 주체는 심각한 위험으로 느껴지는 사람들과의 접촉을 전반적으로 단절해버리는 것이다. 이는 심한 정신증에 걸린 어른들과 어느 정도 유사한 형태를 갖고 있다. 정신증적인 방어들은 보다 복잡한데, 무효화의 경계에 있다: 그것들은 위험스럽다고 느껴지는 충동의 움직임에 의한 침입에 대항해서, 그런 침입이 야기될 위험이 있는 모든 인간관계에 대항한 방어의 장벽이—이를테면 끊임없이 감시받고 공고히 하는—견고하지만 동시에 연약하기 때문이다.

위에 열거된 방어의 방법들은 상당히 요약된 내용이다. 그러나 그런 것들로 인해 걱정된다면, 기억하라. 방어들은 가장 좋거나 가장 나쁘다는 것을…

23

콤플렉스란?

'콤플렉스'라는 말은 아마도 정신분석 언어들 가운데 가장 오래전부터 사용되었을 것이다. 우리가 누군가에게 빈정거림에 공감과 동정을 담은 말투로 "너 그거 콤플렉스야!"라고 말한다면, 이는 대개 금지나 수치심, 죄의식 등에서 유래된 특성이나 화를 내는 행동을 강조하기 위함이다. 그런데 이것은 정신분석가가 이해하고 있는 것과는 전혀 다르다. 정신분석가는 누군가가 보내는 동정이나 빈정거리는 자체에 화를 내지도 않을 뿐더러, 결코 누군가에게 감기나 홍역에 걸렸다는 것과 같은 의미에서의 "콤플렉스야!"라는 말도 하지 않을 것이다. 뿐만 아니라 오이디푸스 콤플렉스와 거세 콤플렉스의 두 경우를 제외하면 '콤플렉스'란 단어 또한 거의 사용하지 않을 것이다.

가장 흔히 사용되는 의미에서, 콤플렉스는(복합체) 어떤 물건의 생산을 목표로 통합된 기업의 '복합적인 공장'처럼 같은 목표, 같은 기능에 협조하는 부분들이나 요소들의 조직체이다. 정신분석가가 이해하고 있는 콤플렉스는 무의식적인 방식으로 어떤 목표에 봉사하기 위해 구조화된 심리적인 과정 전체라고 하는 것이다.

이 용어를 심리 작용을 묘사하는 것으로 사용한 사람은 프로이트가 아니다. 그 당시 이미 정신의학적 언어 속에 존재하고 있었다. 초창기부터(즉 1895년「히스테리 연구」부터), 그는 모든 히스테리의 진수라고 생각했던, 즉 의식과 단절된 심리 과정 전체의 특징을 설명하기 위해 그것을 사용했다. 샤르꼬의 환자에게서 분명하게 나타났고 또한 쟈네가 이론화했던 '제 2의 성격'을 알고 있기 때문에 사상 자체로서는 최초가 아니다. 그러나 프로이트의 사상의 새로움은 변함없이 성적인 성격을 지닌 유년기의 외상적 경험 주변에서 그 잔상으로 인해 인간 상호관계를 넘어서 모든 심리 작업을 까다로운 방식으로 향해가며 형성된 주체 고유의 감정과 표상에 대한 무의식의 총체라고 생각하는 데 있다.

그 이론은 전적으로 혁신적인 것이었다. 그러나 '콤플렉스'란 용어 자체는 충분히 친숙한 것이었다. 그것에 정신분석적인 새로운 차원을 부여했던 사람은 바로 훈련이 잘된 정신의학자 융 Jung 이다. 그때부터(즉 1906년부터) 프로이트는 보다 정확한 내용의 개념으로 그 용어를 특히 '신경증의 핵심적인 콤플렉스'로 생각되어 명명된 '아버지에 대한 콤플렉스'와 관련해서 사용했다. '오이디푸스 콤플렉스'라는 명명은 1910년부터이다. 처음에 그것은 어린 소년이 자신의 어머니에 대한 욕망이 있어서, 아버지는 경쟁자로 인식되면서 그에게 징벌의 두려움과 '거세 콤플렉스'를 가져다 준 존재로서 존재한다. 프로이트는 '콤플렉스'란 용어의 사용을 언제나 아주 밀접하게 얽혀있는 이 두 경우로만—오이디푸스 콤플렉스와 거세 콤플렉스—제한해서 사용한다.

그러나 이 용어는 유혹적이어서 다양하게 번식, 사용된다: 사람들은 이것을 어린 소년의 것으로 한정되었다고 하면서 소년과는 다르게 이루어지는 소녀의 것을 구분해서 '엘렉트라 콤플렉스'라고 부른다. 어린 아들에 대한 어머니의 감정과 관계될 수 있는 그 모든 것을 아울러서 '조케스트 콤플렉스'라고도 한다. 또한 어떤 이는 일본 문화 속에서 중요한 주제로 나타난다는 점에 착안해서 어머니 살해와 관련된 죄의식을 '아자제 콤플렉스'라고 이름 붙였다. 어떤 심리 조직에 대한 자신만의 사상을 주장하는 사람들은 '콤플렉스'와 함께 새로운 명사를 만들어보고자 했다. 그래서 어떤 편집자는 하루 만에 50여개의 콤플렉스를 찾아냈다. 확실히 이런 식으로 어떤 생각이든지 설명하는 것이 모두 가능했다. 그러나 그것에 신빙성을 주기 위해서 어떤 명사로 장식하는 것으로 충분하다고 생각하는 것은 착각이다. 왜냐하면 그런 개념이 쓸모 있기 위해서, 그것은 일반적 가치, 즉 여러 사람들에게서 개인적인 작용 양식 안에 있는 일반적인 특징과 관련된 모델을 상술해야만 하기 때문이다. 이것이 프로이트의 입장이었고, 이런 입장은 그 후에도 지배적이었다.

따라서, 정신분석가에게 있어서 '콤플렉스' 개념은 '구조'나 '체계' 개념에 가깝다: 그것은 자기 자신을 포함한 사람에 대한 지각과 인간 상호간의 교환을 조절하는 심리 작용의 조직으로 심리 발달을 따라 제자리를 찾는다. 즉 주체와 부모와의 관계는—실제적이고 환상화된 관계—콤플렉스의 생성과 작용에 필수적인 역할을 한다.

프로이트와 마찬가지로 우리도 두 가지 경우만을 콤플렉스로 지칭하기로 했는데, 이들이야말로 실제로 아주 보편적인 가치를 지닌 심리 조직이다. 이들은 정신분석에서 아주 유용한 이론으로서, 문화나 개인적인 이력과는 상관없이 모든 사람들이 갖고 있는 심리적 기관의 구조 자체에서도 없어서는 안 되는 것으로 여겨지고 있다. 이런 명제는 많은 논쟁의 대상을 만들어 낸다: 그러한 보편성을 사람들은 '민족중심적인' 순진성, 즉 현대 서구(특히 20세기 초반의 비엔나) 문화에만 가치 있는 것을 모든 사람의 일반 규칙으로 수립했다는 주장을 한다. 또한 저명한 인류학자들은 오이디푸스와 거세 콤플렉스가 다른 여러 문화에서 나타나지 않고 있음을 강하게 주장한다.(그러나 또 다른 저명한 인류학자들은 이 점을 반박하고 있기도 하다.)

이런 논쟁들은 오늘 날에는 사실상 충분히 극복되었다. 그러나 정신분석가에게 콤플렉스의 개념은 그것이 심리 작용의 모형을 정의하고 있는 까닭에 근본적으로 남아 있다. 그리고 이 모형은 개인적 기능의 양식들을 이해하기 위한 도구로서, 일반성에서 특수성으로의 이동이 까다롭다. 사실 전체적으로 어떤 모델로 환원하지 않으면서 이런 저런 개인의 기능들을 설명하는 것이 중요하다: 모두 이해한 척하기 위해 누군가가 '오이디푸스로 인해 고통스럽다'고 말한다면, 이는 몰리에르의 냉소적인 설명 수준에 머무는 것일 뿐이다: '아편은 잠들게 만들지. 왜냐하면 그것이 잠들게 하는 미덕을 갖고 있기 때문이지.' 필요한 것은 바로 이러한 일반 구조가 절대로 다른 사람과 같을 수 없는 그 사람 자신의 역사 속에서 어떤 작용으로 인해 그렇게 특수한 양식을 취했는가를 더 잘 이해하는 것이다.

따라서 가능한 두 가지 발달을 구분해야만 한다: 오이디푸스 콤플렉스는(혹은 거기서 파생된 거세 콤플렉스) 점차 '좋은 형태'를 갖추어서 좋은 심리 작용의 골격 자체를 이룬다는 것 하나와, 또 다른 하나는 다소 심각하고 잘 낫지 않는 질병을 일으키는 효과를 갖는 유난히 갈등을 일으키는 방식으로 이루어진다는 것이다. 사람들은 전자의 경우는 일반적인 것으로, 후자의 경우는 특별한 것으로 생각할 수도 있다. 그러나 과연 그럴까?

24

오이디프스 콤플렉스란?

"아, 그거요? 어린 남자 아이가 엄마와 함께 자고 싶어 하고 아빠를 죽이고 싶어 하는 거잖아요"라고 말한다면, 그것은 맞기도 하고 틀리기도 한 말이다. 맞는 말이라는 것은 프로이트에 이어 정신분석가들은 아이들이라면 누구든지 거침없이 그 같은 행동을 할 수 있음을 인정하고 있기 때문이다. 그러나 틀린 말이라고 하는 것은 이런 것이 더해질 것이기 때문이다: '그러나 그것은 무의식의 환상화된 구조'이다. 따라서 너무 빨리 어른의 표상을 그 위에 덧칠하지 말자: '어린 소년의 욕망의 대상이 아빠일 때, 엄마는 라이벌이 된다', '어차피 세 사람 모두 화목할 수 없다면, 아이하고 보다는 엄마와 아빠가 화목해야만 한다', 그리고 '사람들은 남자 아이에 대해서만 말하는데, 그렇다면 여자 아이에 대해서는 어떻게 말할까?' 당신이 그런 생각을 했다면, 정신분석가들도 그것을 문제 삼아서 열띤 논쟁을 통해 그에 대한 답변을 찾아왔고, 또 찾고 있다.

1900년 경, 프로이트가 엄청난 것처럼 보였던 것을 말했을 때, 그때의 놀라움을 요즈음은 잘 상상하지 못한다: 아이들이, 이 사랑스러운 천사들이 성욕이 있다는 것도 모자라서 그것이 아버지나 어머니를 향한 것이며, 자기 욕망의 실현을 위해서 침입자의 죽음을 바란다는 말이 일으킨 그 당시의 파장은 상상하기 어렵다. 사실 프로이트는 어린아이의 순수성을 짓밟았다는 이유로 또 거기다가 가장 저질의 포르노그라피를 덮어씌웠다는 이유로 심한 비난을 감수해야 했다. 1910년 정신의학자 회의에서 한 연설가는 이렇게까지 주장했다: "이런 종류의 주제는 학술회의에서 논의할만한 가치가 없습니다. 이는 경찰에서나 다루어져야 할 것입니다!" 그 사람은 프로이트의 입장과 덕망 있는 개인적인 삶에 대해 전혀 모르고 한 말이다: 그를 잘 알고 있었던 어니스트 존스는 그의 전기에서 그를 '청교도'라고 했다.

그러나 우리는 어떤가? 만약 네 살이나 다섯 살 난 남자 아이가 이렇게 말해도 우리는 웃을 뿐이다: '난 나중에 커서 엄마랑 결혼할거야.' — '그래? 그러면 아빠는 어떻게 될까?' — '그땐 아빠는 없을 거야.' 또한 같은 나이의 여자아이가 아빠에게 애교를 부린다 해도, 우리는 웃어넘기거나 귀엽게 보면서 예뻐한다. 이제 프로이트의 사상들이 우리 문화를 통과할 때 더 이상 놀라움을 안겨주지는 않는다. 그러나 그것은 이 모든 것을 관류하는 열정과 격정이 있을 수 있는 평범하고 완화된 것으로 만들기 위해 대가를 필요로 했다. 어쨌거나 그런 아이의 말과 행동이 그렇게 순진무구한 것만은 아니다.

본론으로 돌아가자. 모든 아이는 몸을 갖고 있다. 이 몸은 요구가 있게 마련이며, 이것이 충족되었을 때 쾌락을 경험한다. 이러한 요구들 가운데서 가장 으뜸이고 또 가장 근본적인 것은 어머니로 향한다. 왜냐하면 바로 그녀로부터, 그녀의 몸으로부터 젖이

나오기 때문이다.(그녀가 젖병과 같이 젖이 아닌 것을 줄 수도 있다는 것은 이차적인 문제이다. 젖먹이가 경험하는 것은, 그것은 그녀의 따뜻한 온기, 그리고 냄새 등과 함께 어머니의 몸에서 비롯된다) 아기가 자기 욕망의 대상이 되는 어머니에게 자신의 요구를 전한다. 아기가 쾌락을 경험하는 것은 다름 아닌 어머니와의 관계에서이다. 이런 원초적인 관계가 이후의 모든 발달의 향방을 정하는 기초가 된다.(이런 기초가 확실치 않을 때, 사람들은 너무 이른 시기에 어머니의 보살핌이 부족한 것에 대한 심각성을 이야기 한다.) 이전 질문에서도 말했던 것처럼, 사람들은 입을 욕망의 만족에 의해 최초의 쾌락이 나타났던 장소로서, 첫 번째 '성감대' 라고 생각할 수 있다. 그 다음 패권은 항문 주변이며, 그 이후는 생식기 주변이 갖게 된다. 어머니가 욕망의 대상으로 임명된다 해도, 오이디푸스 단계까지 그녀로 인해 갖게 될 만족에 대한 쾌락을 계속 추구한다 해도 놀랄 일은 전혀 없다.

그러나 이 욕망과 쾌락은 양가감정을 갖게 된다. 어머니가 젖을 물어 뜯겨서 항의하는 구강기부터, 시간과 장소를 가려서 '하라' 고 아이에게 강요하면서 생긴 첨예한 갈등의 항문기, 그 다음은 생식기 중심의 오이디푸스 단계도(3에서 5세 사이) 마찬가지이다. 아이는 자신의 페니스가 아주 기분 좋은 감각을 가져다준다는 것을 잘 알고 있다. 그리고 지금까지 내내 만족의 근원이 틀림없는 어머니에게 그것에 참여해 줄 것을 요구하기도 한다: 실은 상당히 자연스러운 일이다! 그러나 어른들은 도대체 그것을 이해하려 들지 않는다. 그들은 야단치고, 벌주고, 비난하고 그것도 모자라서 이런 식으로 협박까지 한다: '너 자꾸 그러면, 병 걸린다' '의사가 그것을 자를거야!' 등. 다행히 자위에 대한 이런 식의 가혹한 탄압은 많이 줄어들었다.(이것도 분명 정신분석 덕분이다!) 그러나 슬프게도 아이와 부모 사이에 그에 대해서는 완전히 모르는 척하는 것으로 일관하는 일도 흔하다: 사람들은 마치 그런 일이 없었던 것처럼 행동한다. 직업적인 정신분석가는 첨예하고 풀리지 못한 갈등으로 인해 씁쓸하면서도 친구들이 일러주는 믿을 수 없는 정보로 인해 한층 더 고통스러운 어린 시절을 보냈던 어른들을 만난다. '어떻게 하면 좋을까?'에 대해서는 다시 이야기할 것이다. 어쨌든 어른들이 어떻게 사랑을 하는가를 아이들에게 보여주는 것은 아니다.(자유주의적 색채가 농후한 부모들은 그것을 권장하기도 한다.)

이것 하나는 확실하다: 아빠는 자기 아들이 부부 침대에서 자기를 내쫓고 어머니를 독차지 하려는 것을 아주 나쁜 눈으로 본다. 그가 그것을 표현할 필요는 없다: 아이는 단번에 그가 욕망하는 것이 어떤 한계 너머에 있다는 것, 금지된 것임을 느끼고 있다.(그리고 아이의 욕망이 너무 간절할 때, '정상적인' 어머니라면 물러서는 것으로 그것을 알려준다.) 따라서 근본적인 것으로 밝혀진 것은 바로 욕망과 금지에 대한 갈등이다. 전형적인 도식에 따라, 그는 이 욕망의 악화로 특징지어지는 첨예한 단계를 지난다. 그런데 가장 적합하다고 밝혀진 벌은 무엇이며, 욕망의 장소 자체를 없앤다는 것은 적당한 벌인가? 이것이 거세 불안이다. 그 잘못이 그렇게 심한 벌을 받을만한 것인가? 아이는 자기 아버지가 없어져서 어머니 옆의 그 자리가 비어있으면 좋겠다는, 게다가 그가 죽었으면 좋겠다는 바람을 가졌다는 것으로 인해 그런 벌이 가해졌기 때문에 두려워한다. 말할 것도 없이 일반적으로 이런 죽음에 대한 염원은 의식에서는 뚜렷하게 나타나지 않는다. 따라서 문제가 되는 것은 무의식의 도식이다.(그러나 실제로 그가 무지하게 화가 났을 때, 아버지의 죽음을 염원할 수는 있다. 그러나 이것도 커다란 죄책감을 가져온다.) 다시 전형적인 도식에 따르면, 이제 갈등은 가라앉는다. 모든 것이 마치 아이가 불안의 타격으로 인해 포기한 듯이 조용해진다. 우리는 이것을 아이가 '잠재기'에 들어갔다고 말한다. 그러나 모든 것은 성적인 성숙과 함께 그에 대한 필요가 절박해지는 사춘기에 다시 시작된다. 만약 모든 게 순조롭다면, 이 소년은 '대상의 교체'에 성공할 것이다. 즉 어머니가 아닌 다른 여자를 욕망의 대상으로, 희망하는 만족의 근원으로 지정할 것이다.(경우에 따라서, 그는 어머니와 닮은 여자를 찾을 수도 있고, 혹은 전혀 다른 여자를 찾을 수도 있다.) 아버지는 이런 발달 과정에서 모델이 될 것이다.

가장 단순한 방식으로 표현되었지만 전형적인 도식은 그와 같다. 그러나 그것은 그 과정을 절반만큼도 보여주지 못하고 있다. 경험을 통해 한 어린 소년이 어떤 순간에는 자기 아버지를 향한 욕망에 사로잡혀서 어머니를 없애고 싶어 한다는 것도 알고 있기 때문이다. 이런 '역전된 오이디푸스' 안에서도 우리는 마찬가지의 욕망과 금지의 갈등을 발견한다. 이상적인 도식 안에서의 전복은 다른 것보다 우위를 차지한다: 어린 소년의 경우도 '긍정적인' 오이디푸스이다. 그러나 이런 균형은 모든 사람에게 고유한 심리적인 양성의 기능으로써 아이들에 따라 또 순간에 따라 상당히 다양하다(이것이 놀라운가? 이에 대해서는 다시 이야기하기로 하자) ; 어쨌든 이런 균형은 나중에 '대상의 선택'과 특히 이성애나 동성애에 대한 조건에서 결정적이 된다.

마침내, 두 사람이 세 번째 사람을 제외하고서 서로 가까워진다면, 이 삼각관계에는 이런 형상일 수 있다: 아빠와 엄마가 함께 있기 위해서 아이를 내쫓는 경우이다. 이때 부모가 아이에게 그가 제외되었음을 분명히 알게 한다면(이제는 잠잘 시간이다!), 아이는 심한 질투를 보일 수 있다: 그가 참여할 권리가 없는 쾌락을 부모는 누리고 있는 게 아닌가라는 짐작과 함께 어머니 위에서 아버지가 난폭한 폭력을 행사하는 것일지도 모른다는 두려움을 가질 수도 있다: '최초의 장면'에 대한 이런 환상들은 커다란 강도와 지속적인 효력을 갖게 된다.

그러면 여기서 어린 소녀는 어떨까? 이상하게도 프로이트는 이 질문을 늘 어려워 했다. 그래서 그는 여자들은 그에게는 '검은 대륙'이라는 선언을 하기에 이른다. 그럼에도 불구하고 정신분석 대부분이 여자 히스테리 환자와 함께 한 작업에서 탄생되었다는 것이 놀랍다. 끝내 그는 결국은 같은 것이지만 뒤바뀌었을 뿐이라고 했을까?: 소녀가 갖는 원래의 오이디푸스 방향은 아버지를 향하지만, '역전된' 오이디푸스는 어머니 쪽을 향한다. 그러나 그는 즉시 단순하지 않다는 것을 인정했다. 우선 어린 소녀가 대상을 두 번 바꾸어야만 한다는 점 때문이다: 소녀의 욕망은 어머니뿐만 아니라(소년처럼) 아버지와도 관계되며, 그 다음에는 아버지가 아닌 다른 남자와도 관계된다. 한편 이미 갖고 있지도 않은 페니스를 놓고서 그것의 상실을 운운하는 거세 불안을 어떻게 설명해야하는가 하는 점 때문이기도 하다. 물론 프로이트는 정확하게 답변했다. 소녀의 특수성, 그것은 어쨌거나 소녀는 소년이 갖고 있는 아주 소중해 보이는 어떤 것을 갖고 있지 못하다는 것이 해부학적인 비교에 의해 태어나자마자 확인되었다는 점에서 선천적인 것이다. 프로이트가 주장하는 바는 이렇다: 소녀는 불완전하게 낳아 주었다면서 어머니를 원망한다. 한편, 소녀는 '그것이 자란다'는 소망을 품게 된다. 그런데 아무런 변화가 없음을 확인하면서 자신이 왜 이런 벌을 받게 되었을까를 곰곰이 생각하게 된다.(이것이 소녀의 거세불안이다.) 페니스에 대한 꺼질 줄 모르는 욕망은 마침내 아버지에게 이런 요구를 하게 된다: 그의 아이를 가짐으로써 자신을 완전하게 만들어 달라. 이것은 충격적일 수 있다. 특히 이 욕망이 실현되어 첫째 아이의 탄생을 체험한 어머니들은 부족함이 없다. 만약 그것이 아들이라면, 마침내 '그것이 자라난' 셈이 되면서 더욱 뚜렷한 만족을 안겨주었다!(어떤 문화권 안에서, 또 일부 어머니들에게서 나타나는 딸보다 아들에게 더 큰 특권을 베푸는 것을 이것 말고는 이해할 방법이 없다!)

사람들은 이러한 도식을 비판할 수 있고, 정신분석가들도 무수히 그렇게 했다.(특히 여성 정신분석가들이 그랬다는 것은 놀랄 일도 아니다.)

어쨌거나 이 모든 것은 근친상간 금지라는 근본적인 명제를 함축하고 있다. 인류학자 클로드 레비-스트로스는 모든 문화권에서 관찰 가능하다고 하는 그것의 보편성을 주장했다. 그 결과는 정신분석가에게 즉각 나타난다. 그들은 오이디푸스 콤플렉스의 보편성을 말한다. 그것이 심리의 '골격'을 이루고 구조화하는 것은 성과 세대의 차이라는 이중적인 차이 속에서 그 기능을 견고하게 정착시키기 때문이다.

사람들은 아버지가 억압의 기능을 전혀 행사하지 않을뿐더러 그런 것을 알고 있지도 못하는 문화라든가 나이든 여자가 '아버지'가 된다는(이런 것이 존재한다) 등의 문화를 인용하면서 그것의 보편성을 인정하지 않으려고 애썼다. 물론 그런 일이 있을 수는 있다. 그러나 이것은 반대를 위한 것으로 본질을 이해하고 있지 못하고 있다고 본다. 오이디푸스가 보편적이라는 것은 욕망과 금지에 대한 갈등이라는 측면과, 성과 세대의 이중의 차이를 받아들인다는 측면, 그리고 특히 두 사람에서 세 사람으로—어머니와의 '이원적' 관계에서 이러한 금지를 명하고 대표하는 제삼자와의 증폭된 관계로—넘어가는 중요한 순간이라는 측면에서이다. 여기서 제 삼자는 생물학적 아버지든 삼촌이든, 형이든 어린 나이에 그를 입양한 양아버지든, 혹은 나이 많은 여자든 중요하지 않다. 중요한 것은 그런 제 삼자와 함께 이 도식의 본질을 기능하고 있다는 점이다.

25

거세 콤플렉스란?

이 용어는 충격적이고 또 공포의 느낌을 줄 수 있다. 그래서 이것을 정신분석가들이 과장한 것이라고 생각할 수도 있다. 그렇다면 여기 아주 간단하게 정리된 것을 보기로 하자.

프로이트 도식의 본질은 거세불안이 긴밀하게 연관되어 있는 오이디푸스 콤플렉스와 관련된 질문에 대한 답변으로 주어졌다: 어린 소년은 어머니를 향한 근친상간적 욕망에 대한 보복으로, 이 욕망의 영향으로 인해 기관 자체가 절단될지도 모른다면서 잔뜩 겁에 질려 있다. 어머니가 "저녁때 아빠한테 다 말하면 어떻게 되는지 알지?"라고 한 말이 단지 협박임에도 불구하고 아이는 그것을 아버지가 주는 벌로 여긴다. 여기서 아이의 생각과 감정, 행동이 이런 불안의 타격 하에서 '콤플렉스'로 구조화되는 것은 본질적으로 무의식적이라는 관점이 흔들려서는 안 된다.

현대의 모든 정신분석가들은 임상적인 경험을 통해 그것의 타당성이 증명되었기 때문에 이 이론을 받아들인다. 그러나 그것의 의미를 이해하기 위해서 약간의 뉘앙스와 보충설명을 가해야 하고, 그것의 어려움도 확인할 필요가 있다.

아이라면 누구나 '성별 간의 해부학적 차이의 발견'이 중요한 사건이라는 점은 의심의 여지가 없다. 예전에는 잔인하고 몰상식한 방식으로 억압해서 이런 차이의 탐구들을 몰래 하도록 하거나 아예 감춰버리도록 했다. 그러나 오늘 날에는 비록 아이에게 함부로 말하지 않을 것을 요구하기는 하지만 모든 가정의 교육적인 태도는 항상 그렇지는 않더라도 일반적으로 상당히 유연해졌다.(이것은 정신분석의 영향이 분명하다.) 그러나 이런 질문—아이는 어떻게 생기나? 그들은 어떻게 태어날까? 등—에 대해 큰 관심을 보이는 경우도 수월찮게 만난다. 이런 호기심은 정당하고 또 건강한 것으로, 그것을 비난하는 일은 대단히 유감스럽다. 왜냐하면 이것은 아이의 눈에 비친 모든 것에 대한 지적인 호기심을 비난하는 위험이 있기 때문이다. 심한 금지로 인해 학업을 실패하는가하면, 불구가 된 아이들을 많이 볼 수 있다는 것만 해도, 이렇게 앎에 대한 금지가—"귀찮게 굴지 마라." "아이는 그런 거 몰라도 된다. 좀 더 크면 알게 된다"라는 식의 말로 직접적인 금지를 대신하는 것까지 포함해서—얼마나 해로운 일인가를 증명하고 있다. 어떻게 처신해야 할까? 이것은 차후의 질문에서 다루게 될 것이다.

먼저 이런 '발견'이 있을 때 전형적으로 일어나는 것에 대해 생각해 보기로 하자. 어린 소년은 심히 놀란다: '저런, 이 소중한 물건이 없을 수도 있구나. 안 됐다… 그렇다면 저것은 혹시 말로만 듣던 사람들이 그것을 없애버렸다는 그 소년 이야기는 아닐까? 이런 벌을 짊어진 그 아이는 무슨 짓을 했을까?' 그 대답을 찾는 일은 어렵지 않다. 그가 자위를 할 때마다, 그 역시도 그런 벌을 받았다. 아이는 그건 너무 치명적이니까 더 이상 무조건 해서는 안 된다는 생각을 한다…(여기서 우리는 부모가 가한 위협이 얼마나 해로운 일인가 하는 것을 알게 된다.) 어떤 아이들은 생애 전체를 통해 지속될지도 모르고 또 성인이 된 이후의 성욕에 심각한 영향을 초래할지도 모를 투쟁이라고(모든 자위에 대해 억압하기, 압도되기 등) 할 수 있는 아주 심한 갈등에 빠지기도 한다. 오이디푸스 콤플렉스는 이런 혼란 가운데 시작되었다. 때문에 그것의 '긍정적인' 경향 위에는 아버지로부터 오는 거세 위협의 무게가 실려 있고, '부정적인' 경향 위에는 욕망이 실려 있지만, 전자도 소녀가 되리라는 생각을 할 것이기 때문에 그 결과는 마찬가지이다.(그런 것은 적어도 고전적인 도식으로 프로이트는 1911년 슈레버 사례를 분석하면서 탁월하게 설명했다.) 불쌍한 소년은 이제 꼼짝없이 갇힌 신세이다. 피할 수 없는 거세 불안의 타격으로 인해 그는 포기하고 잠재기에 들어가면서 '극한 오이디푸스 단계에서 벗어나게 될 것이다' 그런데 소녀는? 프로이트에 의하면, 그것은 뒤바뀐다. 자신에게는 없는 어떤 것이 소년에게는 있음을 발견할 때, 좌절과 시샘, 아버지의 아이를 갖겠다는 욕망으로 일어나는 상처를 체험하는 소녀는 오이디푸스에 들어가서 거세불안을 경험한 정신분석가를 포함한 많은 사람들이 여전히 만족할 수도 없고 또한 그 대칭도 약간은 억지인 그 답변을 찾았고 또 찾고 있는 중이다. 이렇게 소녀는 우리를 난처하게 만든다. 그래서 이에 대해서는 다른 질문에서 답변하려 한다.

어쨌든 그 문제의 중요한 다른 면과 약간은 논란의 여지가 있는 주제로 돌아가자. 만약 이런 것들이 심리 발달 속에서 주요한 역할을 한다면, 그것은 거세 불안이—방금 페니스의 상실에 대한 두려움이라고 강조했던—예전의 불안을 다시 붙들어서, 그것을 중계하고 있으며, 그것을 재조직해서 이후 불안의 모든 상태를 지배하는 것이다. 단계를 따라 불안의 역사를 살펴보기로 하자.

우리들은 프로이트가 했던 식으로 오토 랑크 Otto Rank 에 의해 소개된 생각을 받아들일 수 있다. 그에 따르면 출생은 외상적인 사건으로 '모든 불안 상태의 원형' 이 된다고 한다. 때문에 자궁 경부를 넘어서려는 배출을 위한 수축, 그 격한 수축의 감각과 자궁 내부의 수중에서 공기 중으로의 통과로 인해 자칫 죽음을 각오하게 만드는 가빠진 호흡 등, 비로소 아기가 되는 그 순간에 태아에게 생길 수 있는 모든 가능성은 그 흔적을 남기고, 이런 모든 것들이 감각적이고 정서적인 폭풍을 이룬다.(불안의 커다란 위기는 곧 숨이 막혀 죽을 것만 같은 이해하기 힘든 특징을 보인다는 것을 기억할 필요가 있다.)

이후 주체와 대상으로 분화되기 시작할 때, 즉 아기가 자신과 타자를 구분해서 인식하기 시작할 때 또 다른 불안, 대상의 상실에 대한 불안이 태어난다. 이는 '그녀' 혹은 '그' 가(여기서는 그 누구라 해도 상관없다) 사라졌기 때문에 '나' 도 사라질지도 모른다는 데서 비롯된 탈분화의 위협과 관련된 불안이다. 이것은 아기를 놀라게 해서 통제할 수 없는 울음을 울게 하기도 한다. 분명한 것은 이런 불안은 자폐아의 경우 대단히 큰 무게로 오래도록 지속된다는 점이다.

그러나 주체-대상의 분화가 순조롭게 이루어져서 대상은 변하지도 사라지지도 않는다는 것을 알고 있지만, 그의 사랑만은 아직 확신할 수 없을 때, 세 번째 불안, 즉 대상의 사랑 상실에 대한 불안이 나타난다.(아이에게 "계속 그러면 미워할 거다"라는 말은 절대 해서는 안 된다. 당신과 아이 모두가 그것이 사실이 아니라는 것을 알고 있다면, 그런 마음에도 없는 말을 해서 아이를 힘들게 만들 까닭이 없다.)

아이는 소위 항문기에 들어선다. 그리고 그의 몸으로부터 나온 것에 대해 큰 관심을 보인다.(주의 깊은 부모는 이 말에 어떤 부정도 하지 않는다.) 그러나 그는 혹시 그것이 자신의 일부가 없어져서 자기 앞에 나타난 것은 아닌가라는 걱정을 하며 살아간다. 점잖게 조용히 처리하는 데 익숙해 있는 우리는, 보통 그렇게 생각하지 않는다. 그러나 아이의 고질적인 변비증은 자기 자신으로부터 어떤 것이 떨어져 나가는 것에 대한 거부라는 의미를 갖고 있으며, 이런 점에서 증폭된 부모와의 갈등은 타협점을 찾지 못한다. 우리는 이런 정체(停滯)가 너무 커져서 그로 인해 아이의 생명이 위험하게 된 사례들을 알고 있다.

마침내 다섯 번째 불안의 윤곽이 뚜렷이 드러난다: 죽음에 대한 불안. 일반적으로 아이보다는 부모가 먼저 죽기 때문에 살아가면서 더욱 커진 사랑하는 사람의—어머니와 아버지—죽음에 대한 불안. 언젠가는 맞이하게 될 수밖에 없는 자기 자신의 죽음에 대한 불안. 이런 불안은 막 문제시 되었던 탈분화의 불안에서 조짐이 나타난다는 것과 어린 아이들에서 방어는 대체로 '죽는다=없다'의 등식으로 이루어진다는 것도 알고 있을 필요가 있다. 아빠(혹은 엄마)를 제거하고 싶은 바람은 이런 식의 용납될 수 있는 형태로 나타난다. 그리고 우리의 언어 습관에도 누군가의 죽음을 점잖게 말할 때, 그가 '떠났다'라는 식으로 그 흔적이 남아있다.

따라서 이런 긴 역사 속에, 상실의 불안은 항상 관련되어 있다. 엄밀한 의미에서 거세불안은 계속되는 그 단계들을 의미하고 또 재조직하는 것이다. 그래서 넓은 의미에서 거세 불안을 말하는 것은 다름 아닌 이 모든 역사를 거론하는 일이 된다.

그러나 확장된 의미로서의 거세 불안과 콤플렉스는 결여와 상실, 포기와 관련된 모든 것을 포함한다. 그래서 사람들이 인간으로서 타고난 자신의 한계, 자신만이 갖고 있는 제약과 약점, 할 수 없는 것을 포함해서—자신이 갖지 못한 성을 아쉬워 할 수는 있지만—남자나 여자로서 한정된 성만을 가졌다는 한계를 받아들이는 일은 불가피하고 또 아주 바람직한 일이다. 무엇이든 할 수 있고 될 수 있다고 하는 유아기적인 과대망상에서는 반드시 벗어나야만 한다. 이것이 바로 포기이다. 라캉과 라캉 계열의 학자들은 치료의 목적도 이것을 인정할 수 있게 하는 것에 두었다. 개인적으로 나는 이런 입장에 대해 아주 신중해야한다고 본다. 이런 인정은 자포자기로 변질될 수 있기 때문이다. 사람들은 이런 자포자기로 살아갈 수도 없고 또 그래서도 안 된다. 더구나 그것이 정신분석가에 의해 제안된—강요된?—것이라면 거의 이상화되어서, 피할 수도 없다. 분석가란 얼마나 접근할 수 없는 이상에 뿌리를 내려서 영속하고 싶어 하는지! 라캉학파의 역사 일부는 이런 분위기 하에 자리 잡고 있다.

그리고 이 모든 것에서 소녀는 무엇일까? 여자들은 계속 우리를 곤란하게 한다. 이제 더욱 가까이에서 여자들을 보기로 하자.

26

여자는 누구일까?

오이디푸스와 거세 콤플렉스와 관련된 앞의 질문에서 독자들은 여자에 대해 그다지 만족할만한 답변을 얻지 못했을 것이다. 나 역시도 여자란 무엇인가? 라는 문제에 부딪혔고, 또 부딪히고 있는 많은 정신분석가들과 다를 바 없음을 고백한다. 사실 이 질문은 프로이트가 여자들을 '정신분석의 검은 대륙'이라고 말했던 것으로부터 시작했다. 그런데 놀라운 것은 그는 여자들이 주류인 히스테리 환자와의 작업을 기초로 해서 정신분석을 창시했다는 점이다. 물론 우리는 이것을 그의 인간적인 나약함 탓으로 돌릴 수도 있는데, 이는—그가 측근들에게 고백했던 대로—자신이 갖고 있는 여성적인 부분에 대한 거부로 인해 그 어떤 몰인식의 작업이 그에게 작용했기 때문일 수도 있음을 의미한다. 한편 우리는 그 당시의 문화적 환경도—여자들에게 결코 우호적이지 않았고, 그녀들을 욕망하면서 동시에 두렵게 만들었던 남자에게 예속되어 살아가야하는—생각해 볼 수 있다. 우리를 난처하게 만드는 것은 이런 맥락 속에서 프로이트가 문제시 했던 방식, 즉 우리가 자신을 해방하면서 아파한다는 방식도 일부 기여한다. 그래서 이후의 많은 정신분석가들이 그것을 다시 표현하려고 시도했던 것도 무리는 아니었다. 여자들로는 잔느 랑플 드 그로트 Jeanne Lampl de Groot, 헬렌 도이치 Héléne Deutsch, 루스 맥 브런스위크 Ruth Mack Brunswick, 마리 보나파르트 Marie Bonaparte, 카렌 호나이 Karen Horney, 좀 더 가깝게는 지니 샤스게-스미구엘 Jeaine Chasseguet-Smirguel 또는 자클린 셰퍼 Jacqueline Schaeffer 가 있고 남자들로는 어네스트 존스 Ernest Jones, 그리고 부부로 모니크 Monique와 장 쿠르뉘 Jean Cournut가 있다.

나는 더 읽어 내려가는 독자들에게 상황을 보다 악화시키면서 또한 상당한 충격을 줄지도 모른다.

논지를 벗어나지 말자. 성기의 차이를 발견하는 데로부터 오이디푸스의 갈등을 만드는 데 주역을 담당할 거세 불안이 야기된다. 그리하여 소년은 자신의 페니스를 잃게 될까 봐 두려워하게 되고, 소녀는 그것을 갖고 있지 못함으로 인해 고통스러워하게 된다. 금세 페니스는 탐나는 것이고 또 바꿀 수 없는 것이 되면서, 남녀의 성기 사이에는 일종의 불평등이 존재한다. 즉 어떤 사람은 다른 사람이 갖고 있지 못한 귀한 무엇인가를 갖고 있으며, 그로인해 어떤 사람은 다른 사람보다 더 완벽하다. 우리 문화는 다른 문화와 마찬가지로 이런 불평등을—대체로 남자들은 우월하고, 여자들은 열등하다는 관점에서—다양한 방식으로 인정해 왔고 또 장려해 왔음을 부인할 수는 없다. 물론 요즈음 프랑스에서는 용감한 투쟁 덕분에 이런 관점은 완화되어가고 있지만, 그럼에도 불구하고 여전히 문화 속, 특히 남자-여자 관계 속에 많이 남아있다.

그러나 우리는 이것을 단순히 문화의 차이로만 돌릴 수 있을까? 만약 프로이트와 그를 추종한 정신분석가들이 아이들의 현실에서 일어나고 있는 것을 알고서 그들의 이론과 실제에서 그 같은 불평등을 확인했더라면, 이 문제는 그렇게 어렵지는 않았다. (그렇다고 그 누가 그들을 비난할 수 있겠는가!) 그런데 그 진상을 제대로 알기 위해서 유치원이나 초등학교 운동장에서 일어나고 있는 것을 관찰하는 것으로도 충분하다.(나는 내 생애의 일정 기간 동안 그 관찰을 참 많이도 했다.) 남자 아이들은 잔뜩 허풍을 떨면서 '막대기'를 가지고 놀리고 야단치고 윽박지른다. 반면 여자 아이들은 그런 것들을 두려워해서(그들은 남자 아이들의 이런 야만성을 자주 개탄한다)—남자아이들의 신경을 건드리면서 '검은 대륙'으로 보이는 가장 확실한 방법으로—서로 붙어 앉아 소근 소근 이야기 한다. 그리고는 평균적으로 좋은 학생들이 되는 것으로 복수한다. 이렇게 '양성간의 전쟁'은 아주 일찍 시작되며, 근본적으로 여러 가지 불평등과 관련되어 있다…

이런 문제를 해결하기 위해서 많은 사람들이 생각하는 것처럼 이 모든 것을 개혁하는 것으로 충분할까? 아마도 그렇지는 않을 것이다. 왜냐하면 이 불확실한 전쟁의 상징이며 목적인 페니스가 이런 불평등에 대한 '기표'가 되는 특성을 지니기 때문이다. 그것은 눈에 보이고, 그로 인해 절단의 '벌을 받을 만'하다. 이미 절단이 이루어진 소녀는 두려울 게 하나도 없는데 비해, 소년은 다시 거세불안을 갖는다. 거세불안에 대항해서 안정을 찾는 좋은 방법으로 친구들과 크기 비교로 인해서, 또한 두 가지 면에서—국소 감각과 거의 마음대로 늘어나는 길이—기분이 좋아지는 발기로 인해 거기에 그대로 있음을, 그대로 잘 있음을 확인하는 일이다. 어떤 남자들의 성적인 호언장담이나 허풍들과 엽색 등은

—적어도 말로써 여자들에 대한 무시와 연관된 표현 방식에 의한—여기서 비롯된다. 즉 자신이 남자임을 증명하고 거세불안과 자신에게 있는 어렴풋한 여성적인 측면이 견딜 수 없는 타격처럼 느껴지는 것에 대항해서 안심시키려고 하는 행동들이다. 거기로부터 이런 상황에서 피할 수 없게 나타나는 동성애에 대한 걷잡을 수 없는 공격들도 나온다. 가엽게도 이런 것들은 모두 확실히 문화로 인해 강화될 수 있다. 그러나 그것의 기초는 페니스 그 자체의 특성 안에—눈에 보이고, 발기하며, 잘려질 수 있는—있다. 이런 점에서, 우리는 프로이트의 제안을 뒤엎을 수 있게 된다: 여자들의 상황은 덜 불편하다.(그녀들은 그들만이 갖고 있는 고통의 다른 원천들을 갖고 있기 때문이다.)

따라서 프로이트가 오이디푸스 단계를 '남근기'라고 규정할 때, 현실과 그렇게 동떨어진 것은 아니었던 것으로 나타난다. 거기서 이 모든 것이 악화되고, 어린 소년은 페니스가 있다는 게 자랑스럽고, 소녀는 그것이 부러운 어린 시절이(네 살에서 다섯 살 무렵의) 있다. 바로 오이디푸스 갈등에서 '정점'의—그 강도가 최고조에 달한—순간이다. 어린 소녀들이 많은 힘을 의미하는 페니스를 갖고 있지 못하다는 점을 애석해 하고 그것을 갖고자 열망한다는 것은 전혀 놀라운 일이 아니다. 그녀들이 비록 작지만 기분 좋은 감각을 마련해 줄 수 있는 그것에 견줄만한 어떤 것을 갖고 있음을 확인하면서 스스로를 위로하는 것도, 또한 그것이 작다라는 점을 한탄하는 것도 전혀 이상하지 않으며, 언젠가는 '그것이 자라날 것'이라고 마음에 담아둔 소망이 있다는 것도 그렇다. 그러나 프로이트가 그의 몇몇 저술에서 그 자신도 그렇게 생각하고 있는 것처럼 보일만큼 해부학적인 증거들을 기초로 해서 여성에게는 치명적인 열등함이 있으며, 이것은 양성 모두가 그렇게 생각한다고 하는 것을 거듭 인정하는 방식에 대해서는 우리도 더 이상 그를 따를 수는 없다. 그가 '초기에' 아이는 모든 사람은 페니스를 갖고 있다고 믿고 있으며, 그래서 양성 간의 해부학적 차이의 발견은 사람을 남근이 있는 사람과 거세된 사람의 두 부류로 나누게 한다. 그리고 이런 구분은 남성과 여성의 구분으로 옮겨질 뿐이다. 우선 어린 소년이 생각하는 것: '모든 사람은 나처럼 페니스가 있다.' 그렇다면 소녀는? 결국 프로이트 그 자신도 일종의 '프로이트적인 남근중심주의'가 있는 셈이다; 이는 그것을 비판하는 현대 정신분석가에게 비난의 화살을 잘못 돌릴 수 있지만, 신중한 정신분석가라면 더 이상 그 같은 용어로 생각하지 않는다.

그러면 여기서 무엇을 보존할 것인가? 두 개의 사례를 살펴보자.

첫 번째는 어느 순간부터 힘의 기표와 함께 쾌락의 원천과 장소가 된 페니스가 잘 있는 경우이다. 그러나 그것은 더 이상 신체의 부분으로서가 아닌, 기표로서 매우 중요하다. 우리는 그것을 페니스와 구분하기 위해서 '남근 phallus'이라고 불러 왔다.(라캉은 남근은 '기표들의 원천'이라고 했다) 문화 속에는 매우 사실적인 방식으로—발기된 커다란 페니스—형상화된 남근의 영광에 대한 제사와 축하연이 있다. 고대 그리스에서는 사람들이 환희에 들떠서 성대하게 남근 행렬을 했으며, 인도에서는 의인화되고 미화된 남근을 중심으로 한 제사가 발달되었다. 어쨌든 숭상되었던 것, 그것이 신체의 일부가 아니었음은 분명하다. 중요한 것은 이 '부분' 너머에 있는 권력과 힘, 생명, 그리고 이 모든 것의 원천을 의미하는 것이다. 때문에 쾌락의 장소인 신체 기관으로서의 페니스와 힘과 생명의 상징인 남근을 구분해야 한다.

그러나 이 경우에도 여자는 자신의 여성성 자체 안에 힘을 갖고 있는데, 이는 바로 생명을 창조하는, 새로운 인간을 창조하는 힘을 뜻한다. 고대 그리스와 아주 오래된 문화들 속의 땅-어머니 제사 이래, 문화들이 또 다르게 숭상했던 여자의 힘이 있다. 설사 그 힘이 모호함의(여자는 그 힘을 담당해야만 하고 아마도 자기 어머니에게서 알아내야만 하는) 본보기는 아닐지라도, 많은 여자들은 잘 알고 있고, 은밀하게 많은 남자들은 부러워하고 두려워하고 있다. 이것은 정신분석가들이 그다지 눈여겨볼만한 사항은 아니지만 맞는 말이긴 하다.

27

우리들은 모두 양성적인가?

대부분의 사람들에게서 두 가지 성의 구분은 아주 명확하고 뚜렷하게 고정되어 있다. 만약 당신이 여자에게는 '남성다움'을, 남자에게는 '여성다움'을 부추기면서 그 구분을 무시한다면, 자칫 점잖치 못한 사람으로 보일 수 있다… 특히 이전 질문에서 나왔던 답변들은 모두 완벽한 남자라고 해도 여성스러운 어떤 것이 있고, 완벽한 여자도 마찬가지로 남성다운 어떤 것이 있음을 인정해야만 함을 전제로 하고 있다. 그래서 정신분석은 '심리적인 양성성'을 모든 인간에게 근본적인 것으로 가정하고 있다.

왜 이런 가정이 필요할까? 양친 중 어느 한쪽이 욕망의 '대상'이면, 다른 쪽은 훼방꾼이라는 데 따른 오이디푸스의 갈등은 보완적인 두 가지 '경향' 위에서 전개되기 때문이다. 어린 소년은 신체에 흥분을 가져다주는 부드러운 접근인 어머니와의 결합을 욕망할 때, 남성의 입장을 취한다. 어머니 앞에서 그는 아버지나 혹은 어머니의 다른 남자 친구들의 경쟁자로 자처한다. 그 상황은 사람들이 부모와 분리될 때, 또는 부모가 재혼할 때 현저하

게 복잡해진다: 그는 있을 수밖에 없는 이런 다수의 경쟁자들 사이에서 도박을 할 수도 있다. 그러나 아이는 남자들 사이의 이런 경쟁 속에서 자신이 그다지 유리한 처지가 아니라는 점을 인정해야만 한다. 실제로 자신도 근친상간적 욕망의 실현을 반대하는데, 그것이 단순한 금지 정도가 아니다: 그것은 자신이 가장 불리한 입장이라는 것을 받아들이는 것 말고는 달리 할 수 있는 게 없기 때문이다. 남자로서 그는 가장 뒤쳐진다: 그러나 아이로서 그는 자기 어머니를 압제할 수도 있고, 어머니가 마음먹기에 따라서는 경쟁자를 가장 효과적으로 떼어놓을 수도 있다. 예를 들어서 밤에 대한 공포는 다른 사람을 내 몰고 어머니의 침대에서 잠잘 수 있는 아이가 할 수 있는 가장 확실하고 분명한 방법이 된다.

요컨대 이런 오이디푸스의 순행의 '경향' 위에서, 어린 소년의 입장은 극히 남성적이다. 그러나 '역행의' 경향이 되면 그의 입장이 여성적일 수도 있다. 아버지가 어머니를 선택했다는 것은 그가 여자들을 사랑하기 때문이다. 그를 유혹하는 가장 확실한 방법은 어머니처럼 되는 것이다… 만약 어머니가 아버지와 헤어져서 다른 남자와 살고 있다면, 그럴 가능성은 더 커진다: 그 남자를 더 좋아해서 당신을 '배반했던' 어머니에 대항해서, 대리인에 의해 패배당한 아버지에 대항해서 이 새로운 남자와 결혼하기 등. 우리는 소녀들에게서도 약한 정도이긴 하지만 이것과 같은 움직임을 찾아볼 수 있다. 그러나 소녀들 역시 목표가 아빠를 (혹은 그 대리인) 유혹하는 데 있을 때 여성적인 태도를, 어머니를 유혹하고자 할 때에는 남성적인 태도를 보이는 것을 확인하기란 어려운 일이 아니다. 만약 우리가 그것을 보려고만 한다면 얼마든지 관찰가능하다.

이것이 복잡한가? 그렇다. 인간은 단순하지 않다. 그리고 아이도 인간이다. 더구나 아이가 자라서 어른이 된다. 때문에 이런 콤플렉스의 움직임에서 작용하는 것, 그것은 어른이 된 다음에도 지속되는 '대상 선택'의 방식을 결정한다: 추구하는 인간의 특징과 적대적인 대상의 특징들의 두 경우 모두 인간관계의 유형과 그들의 성을 발달시킨다: 이런 콤플렉스의 움직임들 속에 있는 균형이 이성애와 동성애의 선택에 필수적인 역할을 한다.

그러나 이것이 전부는 아니다. 프로이트는 양성성이 해부학적인 수준에서도 기인된다고 강조했다. 각각의 성은 최소한도로 다른 성의 속성을 갖고 있다: 남자는 납작한 가슴을 갖고 있으며, 여자는 작은 페니스(그는 '위축된' 페니스라고 쓰기도 했다)와 같은 클리토리스를 갖고 있다. 그러나 프로이트는 적극성/소극성, 그리고 남성/여성의 상반된 성격의 쌍에서 발견된 균형을 더욱 발전시켰다. 그는 근본적인 것은 적극성과 소극성의 상반이며, 남성과 여성의 구분도 어느 정도는 거기에 잇대어 있다고 주장했다. 또한 적극성은 남성으로, 소극성은 여성으로 분명하게 단정 짓는다. 이런 이론적인 입장으로 인해 야기된 폭풍에 대해 말할 필요는 없다… 내 입장도 아주 회의적이라고 밝혀둔다.

그러나 감정적으로 몰아가지는 말자. 분명한 것은 그 당시는 남성이 여성들을 지배했고, 억압하기까지 한 세기였던 만큼 그러한 균형에 대한 생각도 그 안에서 만들어졌다고 할 수 있겠다. 우리는 프로이트도 우리와 마찬가지로 기계주의에 넘겨주었던 문화에 의해 조건화되었기 때문이라고 생각할 수 있겠다. 그러나 완벽한 평등의 사회가—결코 이루어지지 않을—이루어진다면, 그런 조화가 사라질 것이라고 단언할 수 있을까? 여자들이 확실한 지배적 위치를 차지하게 될 때, 일어나는 일을 보자. 여성이 '바지를 입는다' 라는 말은, 그들도 남성들과 마찬가지의 적극성을 갖게 되었다는 것이다… 이는 문화 안에 있지만 문화를 만들어낸다는 이치로써 적극성과 남성다움 사이에, 반대로 소극성과 여성다움 사이에 어떤 균형이 있어왔음을 시사한다. 중요한 것은 적극성이 언제나 더 좋다는 선입견을 버려야만 한다. 어떤 '소극성' 은 적극성보다 더 좋을 수 있다: 사람들은 평화를 사랑하는 여자들을 호전적인 남자들보다 더 좋아한다.

단적으로 모든 인간이 타고난 심리적인 양성성에 대한 사상에 대해 단지 그것이 마음에 들지 않는다는 이유로 저항하거나 전혀 불합리한 무조건적 반응들은 어쨌든 없는 것이 바람직하다: 사실, 이러한 저항은 사람들이 자기 자신을 잠재적인 동성애자로 느끼는 것에 대한 저항과 다를 바 없다. 따라서 저항이 클수록 그에 대한 두려움도 더욱 생생할 수 있다… 내 견해에 동의하는 것은 당신 자유이다. 그러나 나는 우리가 말한 그 '반대' 가 더 이상 아닐 때, 다른 성의 어떤 성격이 자기 안에도 있음을 선선하게 인정한다면, 더욱 풍요롭게 될 것이라고 확신한다.

28

모든 것이 성으로 설명될 수 있는가?

사람들은 때로 정신분석가들이 성에 관한 말을 지나치게 좋아한다고 생각 한다. 초창기부터 정신분석 이론을 향해 줄기차게 던져졌던 가장 흔한 비난들 중의 하나가 바로 성욕으로 '모든 것을 설명' 하려고 하는 것을 의미하는, 학술적인 용어로 '범성욕설' 이다.

정신분석가 만큼 자주 그리고 진지하게 성욕에 관한 말을 듣는 사람은 없을 것 같다. 우리는 알게 모르게 혹은 대놓고 지저분하면서도 외설적인 이야기와 외모, 혹은 행동으로 인해 비난을 받고 있는 사람들에 대한 경멸적인 언사, 지나친 허풍 등과 같이 외견상 가장 '자유로운' 듯한 대화가 실은 대단히 무거운 것임을 잘 알고 있다. 사실 그런 '자유로움' 은 악, 혹은 일반적인 불편을 감추고 있다: 떠벌리는 사람은 자신이 그렇다고 주장하는 돈 주앙과는 거리가 멀다. 모든 것이 있을 수 있는 일이라고 믿는 사람은 사적인 일을 세상에다 떠벌이지 않는다. 성욕의 경우, 때로 그것이 격렬함을 간직하고 있는 만큼 고통스러운 비밀이 된다. 정신분석가에게 도움을 요청하러 오기 전, 그것을 '고백' 하기 위한 용기를 갖고자 오랜 시간을 보낼 수 있다. 때로 그것은 끝까지 비밀로 남게 된다. 정신분석가가 그것을 애석하게 여기지만, 그렇게 될 때가 있다. 심문하는 사람처럼 말을 유도해서는 안 된다. 비록 규칙은 '모든 것을 말하는' 것이라고 해도, 환자는 원한다면 비밀을 가질 권리가 있다. 정신분석가가 할 수 있는 모든 것, 그것은 그러한 차단 자체가 중요한 것이 억류되었음을 알려준다는 점을 강조하면서 그것에 대한 자유로운 표현을 돕는 일이다. 그러면 언젠가 환자는 도저히 불가능하다고 여겨졌던 것을 말할 수 있게 된다. 결국 그것이 말로 표현되었고, 그렇게 되면 대개는 홀가분해진다.

그러나 정신분석가가 성에 대해서 말하는 것을 듣는 것만으로는 많이 부족하다; 만약 우리가 단순히 말의 의미(그것이 어떤 것이든 적절한 행동들을 통한 성적 흥분, 쾌락 추구 그리고 성적 만족을 의미하는)만 갖고서 면담 가운데 이루어지는 시간적인 비율을 따져볼 때, 삶을 이루는 다른 모든 것들 즉 사랑과 우정, 경쟁, 희망과 절망, 계획과 후회 등이 차지하는 시간에 비해 시간적으로 아주 작은 비율만이 거기에 할애되고 있음을 경험을 통해 알게 된다. 그리고 공격성이 성욕만큼이나 혹은 훨씬 더 중요한 요소처럼 보인다. 그러나 처음에는 부정되거나 사소하게 여겨지던 성적인 어려움들이 점차 빈번하게 분석 작업의 전면에 떠오르게 됨을 본다.

치료는 그렇다고 해도, 이론상으로는, 성욕으로써 모든 것을 설명할 수 있다고 하지 않았는가라는 반론을 펼 수 있지 않을까?

이러한 반론에 대한 답변은 1세기 전부터 언제나 '그렇지 않다' 는 것이었다. 정신분석은 그렇게 성욕으로 '모든 것을 설명한다' 고 주장하지 않는다. 정신분석은 거기에 대해 이미 많이 설명했다. 그만하면 되지 않을까… 그런 비난이 놀라울 것이 없다는 얘기를 얼마나 되풀이해야 할지! 19세기에서 20세기로 넘어가던 시대를 지배했던 빅토리아 여왕 시대의 도덕은 성욕에 관한, 특히 어린이의 성욕에 관한 프로이트의 초기 이론들에 대해 격렬하게 반항할 수밖에 없었다. 그 이후, 그런 도덕이 유연해졌다고는 해도(이는 그것과 격렬하게 투쟁했던 정신분석 덕택이 분명하다), 아직도 반대 견해는 남아있다. 그들은 이렇게 말한다: 우리 시대의 많은 사람들은 성이 중요하다는 것은 기꺼이 인정하지만, 그들은 성의 노예는 아니다. 그들에게 이렇게 답할 수 있겠다: 기본적으로 당신들이 옳지만 결과는 그렇치 못하다. 그들은 개인적인 삶 속에서 성욕의 중요성을 인정하지 않는 만큼 분명히 성욕의 희생자가 된다.

사실, "임금님이 벌거벗었다"고 말해서 소란을 피웠던 아이처럼, 프로이트도 명백한 사실, 즉 인간이 생물학적으로는 동물이라는 것을 환기시켜주었을 뿐이었다. 아주 엄밀하게 말해서 성욕이 생물학적 기능에서 주요한 역할을 한다는 데에는 이론의 여지가 없다. 인간을 생물학적 존재, 성적인 존재로만 본다고 프로이트를 비난하는 것은 터무니없다. 그는 오히려 한결같이 문화의 중요성을 강조했다. 그의 성욕에 대한 주요 이론들 중의 하나가 가장 야만적인 형태의 억압은 불가피한 것이 아닐 뿐 아니라, 문화 발달의 필수적 원동력이 된다고 하는 것이다.

우리는 정신분석이 '성욕' 을 통해 말하고자 했던 것을 이해해야만 한다. 그것은 심리-성욕 이라는 점을 잊어서는 안 된다. 이를테면 욕망과 그것의 만족에 대한 장애들로(그중 첫 번째가 금지) 인해 생겨나는 갈등상황 속에서 작용하는 심리적 운동 전체를 의미한다. 그런 사실로부터 '성욕' 이란 용어는 일반적으로 쓰이는 것보다는 훨씬 더 넓은 의미를 갖는다고 할 수 있다. 그리고 그것이 '에로티즘' 과 관련 있는 용어라는 점도 분명하다. 앞선 질문에서 나는 연속적인 에로티즘의—구강과 항문, 그리고 남근의—형태를 환기시킴으로써 리비도와 대상적 관계의 발달을 가리키는 큰 단계들을 설명했다. 젖을 먹는 젖먹이가 성인이 생식기에서 경험하는 것과 같은 '성적인' 만족을 취하지 않는 것은 분명하다. 그렇다고 아기가 그보다 덜한 만족을 취하는 것도 아니다. 그런 점에서 '에로티즘' 과 관련된다는 것이다. 이 단계에서 타자와의(어머니나 젖을 주는 사람) 관계를 특징짓는 취하고/거부하는 갈등상황이 작용하기 시작한다. 보유하는 쾌감과 배설하는 쾌감이 작용하는 항문기에도 마찬가지로 아이에게는 갈등상황이 있고, 그러한 사실 자체에서 타자와의 관계는 새로운 차원에 들어가게 된다.(청결을 가르쳐 보았던 모든 부모는 내가 여기서 환기하고자 하는 것이 무엇인가를 알 것이다.) 그래서 생식기로 집중된 쾌감이 무대 전면으로 나올 때, 그것은 초기 단계에서 만들어진 것과 통합될 것이다. 성인의 성적 행동들은 구강 쾌락의 유희나(가장 단순한 것으로는 키스) 많은 논란에도 불구하고 항문 쾌락의 유희로(성적인 동시에 배설적인 농담들이 난무하는 것이 어쨌거나 그것을 증명한다) 되돌아가는 것을 보면 그것을 부인할 수는 없다. 그러나 생식적 성욕은 에로티즘의 초기 형태들과 통합해서 그 이상의 것을 한다. 아주 잘 발달하는 경우에, 성욕은 그것들을 조직하고 그것들을 능가한다.(우리는 그 때부터 에로티즘들이 '생식의 우월성' 아래 자리 잡는다고 말한다.)

끝으로 정신분석이 성으로 '모든 것을 설명한다'는 잘못된 생각을 물리치기 위해서 정신분석이 행동과 심리 생활의 중심 역할을 하는 다른 한 원동력인 공격성을 지적할 필요가 있다. 프로이트는 구강적, 그리고 특히 항문적인 에로티즘의 요소들을 언제나 생식적 에로티즘의 색채로써 되살려 놓은 가학증과(고통을 주는 쾌락) 피학증을(고통 받는 쾌락) 연구하면서 그 문제에 대한 접근법을 세워놓았다. 그럼에도 불구하고 프로이트는 공격성 이론을 성적 충동에 종속된 한 요소로 볼 것이냐, 아니면 성적 충동과 같은 반열에 있는 독립된 충동의 위상을 갖는 것으로 볼 것이냐를 놓고 고심했다. 프로이트 이후에도 그에 대한 논란은 끊이지 않고 있으며, 여전히 정신분석 이론에서 가장 논란이 많은 부분 중 하나이다. 그러나 임상은 공격적 움직임들의 중요성을 잘 보여준다. 그것은 누구에게나 마찬가지이겠지만 특히 공격적 움직임 전체를 자기 자신 안에서 잔인할 정도로 억압하는 사람들, 그래서 겉보기에 아주 평온한 사람들에게 역설적인 방식으로 더욱 그렇다. 아주 흔하게 억압된 공격성은 고스란히 자기 자신을 향해 되돌아오는 대가를 치른다. 그리고 그것은 도덕적 원리에 의해 관용이라고는 찾아 볼 수 없는 자기 비난의 불행한 성향을 갖는다. 이러한 공격적 움직임들이 치료 과정에서 분석되어 나왔을 때, 우리는 언제나 그것과 성욕이 아주 밀접하게 뒤엉켜있음을 확인한다.

29

정신분석가는 어린이를 어떻게 이해하나?

나는 직업을 수행하면서 '안 해본 것 없이 다 해본 다음에' 방향을 잃은 부모들이 전문가의 견해를 듣기 위해 오는 경우를 많이 보았다. 이는 마치 돌아가지 않는 세탁기나 소리가 나지 않는 TV를 전문 수선가에게 맡기는 것과도 같다: 어떻게 좀 해주세요. 이게 당신 일이지요? 우리는 도대체 이해할 수 없네요. '왜 내 딸이 학교에 가기를 죽기보다 더 싫어하는지요? 두려워하는 것 같긴 한데, 도대체 뭐가 두렵다는 건지요. 참 좋은 학교라고 알고 있고, 선생님도 좋으신 분이에요. 딸애도 자기가 왜 그러는지 도대체 모르겠다는군요!' '왜 우리 아들이 갑자기 화를 내는 걸까요? 악몽을 꾸면 그렇게 되나요?' '왜 수업 중에 아무것도 안하는 건가요?' '왜 10살이나 된 아이가 아직도 밤에 요에다 오줌을 싸는 건가요?' 왜 그런 거지요? 왜, 왜, 왜?

이런 질문을 받은 정신분석가는 부모의 혼란스러운 마음을 이해한다. 때로 그는 아이의 고통과 그것의 원천에 대한 그들의 몰

이해에 대해서, 또는 교육적으로 분명히 잘못된 점에 대해서 개탄하기도 한다.(증거로 아이들이 읽기를 배우지 않는다고 한탄하곤 했던 순박한 한 어머니는, 그것을 집안 어디에나 있는 TV 탓이 아니라 '벌로써 아이들에게서 책을 빼앗았다는' 점을 들었다: 그녀는 이렇게 덧붙여서 말했다. 내가 배울 수 없었기 때문에 읽을 줄 알아야만 한다고 생각했다…) 이런 부모를 돕고자 노력하는 것은 물론, 먼저 아이들을 도와야만 한다. 그들은 고장 난 기계가 아니고, 어디까지나 고통스러운 사람이기 때문이다. 그래서 '왜?' 에서 되돌아오는 의문은 밀접하게 연관된 그것의 두 방향에—'어떤 이유에서' 라는 의미와 무엇을 위해서, 즉 '어떤 의도에서' 라는 무의식의 의미—근거해서 풀어가야 한다. 문제를 두 방향에서 경청하고자 노력하다보면, 아이가 말하고자 했으나 그의 짧은 어휘 실력으로는 그 말을 다 할 수 없어서, 다른 방식으로—바로 혼나게 되는 방식—밖에 표현할 수 없었다는 것을 알게 된다. 아이의 고통과 문제에 대한 정신분석적인 접근은 일단 경청이다.

경청은 단순한 듣기가 아니다. 물론 그것은 듣는 것이지만 그 이상이며, 일단은 침묵할 줄 알아야 가능해진다. 질문으로 아이를 압박해서는 안 되며, 경청되기를 바라는 표현이 나올 때까지 기다려야 한다. 거기에는 여러 가지가 있다: 태도, 눈길, 순진한 질문, 부루퉁한 표정, 거절, 화내기, 혼란스럽다는 표현, 불안, 악몽 등. 이런 것들이 거의 나타나지 않는다면, 즉 가장 주의 깊은 눈길로도 더 이상 무언가를 포착하지 못한다면, 상황은 아주 심각하다. 이제 이해받기를 포기한 것일까? 급히 진찰해야 하지만 경청할 수조차 없는 텅 빈 순간이 있음을 인정해야 한다. 이는 공동으로 무언가를 하기 전에 자신을 응시하며, 귀 기울이고 있음을 인정하는 일이다. 바람직한 관계를 방해하는 모든 것을 잠재웠는데 그 잠을 깨우겠다고 라디오나 TV로 시끄럽게 해서 방해하지 말자. 많은 가정에서 아주 좋은 의도로 가중시키는 해야 할 일이나 보충 수업, 테니스나 유도 등 이런 저런 강습들로 방해하는 것은 보다 고상하기는 해도 같은 결과와 같은 목적을 갖는다: 해야 할 것들로 가득 찬 공간 속에서는, 열린 관계를 위한 어떤 순간도 존재할 수 없으며, 경청될 수 있는 모든 가능성은 닫힌다.

만약 사람들이 이런 식으로 은폐를 고집한다면, 아이와의 교류를 많이 두려워하는 것은 아닌가 라는 생각을 해볼 수 있다. 그리고 이런 생각을 해 본적이 없다 해도, 당신의 정신분석가는 질문할 것이다. 그래서 당신의 저항이 적은 어느 날, 아주 조심스럽게 물을 것이다: 내 동료들처럼 나도 이런 질문에 격분한 부모가 "난 그 애를 위해 할 수 있는 것은 모두 했다!"고 항의하고, 다시 아이에게 뭔가 다른 더 좋은 것을 해주겠다는 굳은 결의를 갖고서 다른 상담가를 찾아가는 경우를 보았다. 예를 들면, 그의 잘못된 필체나 철자법에 대한 재교육(특히 성인(聖人)의 세례명에 대한 서자(書字)장애, 정자(正字)곤란, 수셈 곤란 …). 만약 이것이 훌륭한 전문가에 의해 좋아진다면, 그것은 물론 좋은 일이다. 그러나 그것이 학업의 연장선에서 이루어진다면, 아무런 효과가 없거나 오히려 부정적인 결과만을 가져 올 뿐이다. 다행히 재교육자들은 이런 위험에 대해 잘 알고 있다. 항상 더 나은 것, 그 이상을 하는 것과 관련한 태도와 충돌이 지속되는 동안, 경청하고 이해하는 것은 어렵게 될 것이다.

경청하기는 침묵하고 들으면서 아이가 보내오는 놀랍고 예기치 못했던 새로운 것에 흥미를 갖는 일이다. 그러나 이 역시 애정을 갖고 그에 대한 존중과 신뢰를 보일 때 가능하다.

애정은 확실히 자신으로부터 나온다. 그러나 불행하게도 양가감정을 갖고 있는 어머니와 아버지가 그 장면에서 적개심을(때로는 미움) 품는 일이 생긴다. 이는 단순히 대중매체들이 '학대받는 아이들'로 그려 낸 참담한 경우의 아이들만 관련된 것은 아니다. 오히려 어머니의 '신경을 거스르는' 울화와 예측할 수 없는 갑작스러운 벌, 벌로 가장된 아버지의 폭력, 도덕적인 비난, 잔인한 놀림, 교묘한 평가 절하 등으로 이루어진 일상생활이 관련되고 있다. 나는 길에서 절망적으로 울고 있는 네 살 된 아이를 마치 망설이고 있는 작은 개를 끌고 가듯이 그렇게 팔을 붙잡고 가는 이해 할 줄도 모르고, 전혀 이해할 마음도 없는 거친 어머니를 만날 때 마음이 아프다. 이것은 분명 어머니와 아이의 일상적인 마음 아픈 비극의 단면이기 때문이다. 그러나 그로 인해 엉망진창으로 망가지는 것은 다름 아닌 가장 상처받기 쉬운 아이이다. 나는 아무 말도 못하고 가던 길을 가지만, 그 아이를 생각하게 된다. 당신은 이 책을 읽었으니까, 당신 집에서는 이런 일이 생기지 않을 것이다. 그러나 이 모든 인간관계의 불가분의 속성인 양가감정이 부모와 아이 관계에서도 존재하고 있다는 것을 잘 알고 있어야 한다. 이것에 대해서는 다시 이야기 할 것이다.

존중. 이 말이 아이에 대한 어른의 감정에 관계되어 있다면 사람들은 놀랄 수 있다. 그러면서 보통 이런 말은 예외적인 아이에 대해 가질 수 있는 것이라고 생각할 수도 있다. 하지만 그렇지 않다. 8살 '평범한' 아이가 자신을 어린 아기처럼 대하는 사람에게, 그리고 그에게 '엉터리 프랑스어'로 바보 같이 인사하는 한 순박한 여인에게 어떻게 대꾸하는가, 또한 다 큰 남성임을 자랑스러워하면서, 아이가 알고 있고, 생각하고, 만들고, 존재하는 것은 별로 중요하지 않은 것으로 취급해 버리는 남자 앞에서 어떻게 반응하는 가를 보자: 아이는 하나의 독립된 완전한 인격체이며, 또 그러기를 바란다는 것을 존중하지 않는 이런 태도들로 인해 상처를 받는다. 아이는 진지하게 대해야만 한다.('아이들이 거기 있을 때', 상처를 피하는 이 존중은 가정의 분위기에 좋은 영향을 미치게 된다: 이것은 그들을 어긋나게 하지 않는다.) 만약 당신 아이가 '참 사람'이 되기를 원한다면, 그를 하나의 사람으로 대해야 한다.

마지막으로 신뢰. 어른과 아이의 관계에서 신뢰가 있어야 한다는 사실에 대해 이의를 제기하는 사람은 없다. 하지만 그래도 신뢰는 일방적이어서는 안 된다. 만약 당신이 자녀에 대한 신뢰를 갖고 싶다고 말한다면, 당신 생각은 옳다. 그러나 아이도 상호성을 요구할 권리가 있다. 왜냐하면 자기 부모에게 신뢰를 갖는다는 것은 아이에게는 생명이 걸린 필요이기 때문이다. 그가 아기일 때, 이 생명은 말 그대로 생명이란 의미이지만, 나중에는 심리과정이란 측면에서 의미를 지닌다. 아이의 신뢰를 보존하고 견고하게 하는 일은 간단하지 않다. 일상생활에서—아이의 물건을 정리하는 것과 같이—갈등 유발 요인은 흔하고 자주 있는 평범한 일이기 때문이다. 그러나 두 가지 간단한 규칙이 있다: 공정하게 대한다. 거짓말 하지 않는다.

공정하지 않은 것이야 말로 아이들의 마음을 가장 아프게 하는 것으로, 누구라도 그런 대우를 받는다면 상처를 받게 된다. 이것은 모든 사람이 알고 있어야 하고, 또 알아야만 하는 것이다. 따라서 우리가 부주의해서, 잘못된 정보로, 혹은 깊이 생각하지 않은 반응 등으로 공정하지 못하게 대했다면, 최선의 방법은 그것을 인정하는 것이다. 그렇게 할 때, 아이들은 당신을 존중할 것이다.

거짓말. 만약 우리가 그에게 거짓말을 하면, 어떻게 거짓말을 했다고 그를 나무랄 수 있을까? '선의로 했다' 고 말한다면, 그것은 확실히 잘못된 방어이다. 거짓말은 절대 선이 될 수 없다.(우리는 사람을 아이처럼 대하는 무책임한 정치 체제 속에서 이런 저런 핑계를 대고 거짓말을 하는 경우를 본다!) 거짓말을 하지 않는다는 것과 '모두 다 말하는 것' 은 다르다. 우리는 원한다면 말하지 않을 수도 있다. 그러나 이것도 역시 상호적이다. 즉 부모는 아이에게 그럴 수 있으며, 또 어떤 것들에 대해서는 절대 말해서는 안 되는 것도 있다. 그 중 어른들의 현실적인 성적 관계야 말로 가장 중요하게 비밀이 유지되어야 하는 것이다.(이것은 뒤에서 상세하게 설명할 만큼 대단히 중요하다) 그리고 아이들도 마찬가지로 어떤 점에 대해서 절대적으로 비밀을 가질 권리가 있다. 그리고 우리는 그것에 대해 전혀 중요하지 않은 '하찮은 비밀' 이며, 쉽게 알아낼 수 있다고 말하지 말자. 모든 비밀은 그것을 유지하고 싶어 하는 사람에게는 중요하다. 아이에게서 그것을 억지로 얻어내려 하는 것은 폭력이며, 바로 그것이 아이를 존중하지 않고 대하는 일이다. 그런데 그가 감추는 것들 중에는 그를 위험에 빠뜨리거나 다른 사람들을 곤란하게 만드는 것과 같이 좀 더 중요한 것이 있을 수 있다. 그러나 이런 경우, 만약 아이가 어른에게 신뢰를 갖고 있다면, 경청할 줄 아는 어른에게 충분히 비밀이 드러나도록 표시를 보낼 것이다.

청소년기에도 이 모든 것은 필수적이다: 그들이 피할 수 없는 어려움이나 혼란, 불안에 빠졌을 때, 상호 신뢰와 존중이 있는 부모에게 도움을 청할 수 있다면, 이보다 더 청소년을 잘 도와주는 일은 없다. 이때가 되면 비로소 부모도 이런 신뢰와 존중의 가치를 알게 된다. 그러나 반대로 그런 것이 부족하다면, 그래서 부모가 보고도 이해할 수 없다면, 그 청소년은 정말로 위험에 처할 수 있다.

이런 것들은 모두 아주 훌륭한 교육자의 특성과 다른 것이 전혀 아니며, 또한 아이를 사랑해서 그를 돌보는 어른의 행동과 태도가 어떠해야 하는 가를 알려 준다. 그리고 그 안에 정신분석적인 행동과 태도가 고스란히 있다. 타인에 대한 존중과 신뢰에 기초한 듣기의 태도야 말로, 그 기원에서부터 정신분석의 초석 그 자체이다.

그러나 아이나 부모/아이 관계를 돌보는 정신분석가가 수행하는 것은 그 이상이다. 이것은 이론의 차원이지만 또한 치료의 실제이며 어려움에 처한 아이와 가족을 돕는 차원이기도 하다.

이전 질문에서도 충분히 드러난 것처럼, 정신분석은 근본적으로 이야기에 의지해서 심리적 작용을 이해하려는 시도이다. 심리기능, 개별적인 심리 기능의 모든 어려움을 앞에 놓고, 정신분석가는 그것이 어떻게 기능하는가를 확인하고 나면, 어떻게 이렇게 기능하게 된 것인가?란 의문을 품는다. 그는 역사가와 같은 일을 한다. 그가 다시 구조화하는 역사는 사건들에—가까운 사람들의 죽음, 외상적인 사건, 심각한 질병, 이혼 등—대한 역사이다. 그러나 이것은 특히 그의 도움을 요청하는 사람의 심리적 기관의 점진적인 구조화의 역사이다. 유년기의 어려웠던 경험들 속에 있는 해소할 수 없는 아이의 역사이자 그의 가족의 역사이며, 또한 아이의 '선사시대'—부모의 역사, 그가 태어나기도 전의 역사, 할아버지의 역사 등—이다. 역사와 선사시대의 재구조화 작업은 효과적인 행동의 길을 열어 줄 것이다. 이런 섬세한 작업은 시간이 걸린다. 만약 당신이 좋은 분석가를 선택했고 그에 대한 신뢰가 있다면, 또한 당신의 아이가 그를 신뢰하고 있다면, 그에게 이 시간을 주어라. 우리가 다른 시간에 다른 주제들에서 말할 수 있었던 것과 마찬가지로, 시간을 줄줄 알아야만 한다…

30

심리는 어떻게 형성되나?

인간은 미숙하게 태어난다. 도움 없이도 살아갈 수 있는 다른 종의 동물들과 비교했을 때, 아기는 신체 형태는 제대로 갖추고 태어났지만 오랫동안 무능력한 상태에 있다. 유년기의 끝이 성적인 성숙까지라고(사춘기) 하더라도 상대적으로 우리의 어린 시절은 매우 긴 편인데, 하물며 경제적인 것을 포함해서 독립적인 삶을 살아갈 수 있을 때까지라고 한다면 말할 것도 없다. 첫 번째 준거에 따른 유년기는 사춘기가 빨리 오는 까닭으로 인해 짧아진 반면에 두 번째에 따른 어린 시절은 지난 한 세기 동안 꾸준히 길어졌음은 주목할 만하다. 우리는 이런 성장의 간격으로 인해 가족들도 그렇고 젊은 사람들에게서 발생하는 어려운 문제들을 알고 있다.

유년기는 의존성으로 정의된다. 그리고 이 의존성이 끝을 맺는 것은 힘과 지식의 획득에 의해서이며, 이러한 획득이 갖고 있는 전연성에 의해서이며, 사람들이 자라나는 시기가 이러한 것으로 이루어지는 것은 자명한 이치이다. 자라는 것에는 키와 몸무게는 물론이고 심리적 기관도 포함된다. 지적인 장비는—시간과 공간의 범주, 요소들의 논리적인 조작 등—그것을 허용하는 획득과 동시에 성장한다. 그리고 보다 전반적인 성장으로 성격의 구조들이 세워지기 시작한다.

그러나 사람들은 왜 자라나는 것일까? 물론 '그건 이래서이다' 라는 답변에 만족할 수는 없다. 그렇다고 어떤 질문을 교묘하게 피하기만 해서는 절대로 답을 얻지 못한다. 그런데 이 질문은 생물학과 관련 되서든 심리학과 관련 되서든 매혹적이다. 무엇이 고도로 전문화된 기관으로 조직을 구성하기 위해 처음에는 하나로 시작한 세포가 둘, 넷, 여덟… 에서 개체 당 수십억 개가 모여 있기까지 곱절로 증가하고, 또 극도로 분화되고 보충하는 방식으로 전문화 시키는가? 우리는 현대 발생학이 보다 합리적인 답변을 내놓기까지 신의 뜻이라고 밖에는 답할 수 없었던 이 질문과 오랫동안 씨름했다. 이러한 점진적인 분화는 유전인자들 속에 미리 기록된 '형성체' 에 의해 유도된다. 따라서 세포의 구조들과 기능들이 발달의 전 과정과 단계를 구성하고 조정하는 형식들을 결정한다고 정의된다. 이것은 또한 이런 저런 단계에서 '탈선' 할 수 있다. 신생아는 신체적이고 혹은 기능적인 비정상을 보인다. 어떤 것들은 경미할 수도 있지만(너무 긴 엄지발가락과 같이), 어떤 것들은 심각할 수도 있고(양성동체의 경우처럼), 또 어떤 것들은 생명을 단축시킬 수도 있다. 이런 발달은 출생 이후에도 멈추지 않는다. 기관과 기능의 성숙 과정은 전체 어린 시절 내내 계속될 것이다.

그러나 출생 전부터 그 이후에도 발달은 단지 이렇게 타고 난 프로그램에만 의존하는 것은 아니다. 그것은 실현 조건들에 의해서도 영향을 받는다. 자궁내부 환경의 특수성과(만약 당신이 임신을 했다면, 담배를 피워서도, 음주를 해서도, 당연히 약물을 해서도 안 된다) 아기 시절, 유 소년기, 그리고 청소년기의 생활 조건의 특수성에 의해 영향을 받게 마련이다. 나무의 성장을 생각해 보자. 당신은 아주 아름다운 나무가 될 수 있는 흠 없는 건강한 씨앗을 갖고 있다. 만약 당신이 그 씨앗이 자라기 적합한 기후조건을 갖고 있는 비옥한 땅과 좋은 위치에 심었다면, 그리고 적당히 충분한 물을 공급받고, 어린 나무일 때 다른 식물들에 의해 성장이 방해받지 않는다면… 아름다운 나무로 자라게 된다. 그러나 어린 식물이 너무 메마른 토양에 심겨져서 충분한 영양을 공급받지 못한다면, 즉 물도 부족하고 햇빛도 충분하지 못하다면, 그것은 잘 자라지 못한다. 어린 가지가 상처를 입게 되면, 바르게 자라지 못하고 쪼개지기도 한다. 다 큰 다음의 모양은 타고난 씨앗과 발달 조건에 따라 다르다. 적어도 생물학적인 측면에서는 사람도 마찬가지이다.

심리적 작용에서도 마찬가지이지만, 이것은 좀 더 복잡하다. 우리는 오랫동안 심리적 발달의 특수성을 이해하기 위해서 유전과 '환경'이라고 하는 두 개의 원인이 마치 독립된 것처럼 서로 더하는 것으로 충분하다고 생각해 왔다. 달리 말해서, 우리는 오랫동안 어떤 사람의 특수성을 이해하기 위해서 그의 유전 인자와 (아무리 현재 알려진 그것에 대한 연구가 현저하게 진일보 되었다고 해도, 이론적으로 우리가 그것을 현실에 적용하기에는 아직도 멀었다) 그것이 등록되었던 환경의 특성들을 아는 것만으로도 충분하다고 생각해 왔다. 비록 아직도 그렇게 생각하는 사람들이 있다고 해도, 그것은 사실이 아니다. 왜냐하면 사람들은 각자 출생부터 자기가 살고 있는 환경을 수정했고, 또 수정해 가고 있기 때문이다. 사람은 나무가 아니다. 어떤 가정이든지 그 안에서 벌어지고 있는 것을 들여다보면 알 수 있다. 첫째 아이의 출생은 부모 사이의 관계와 그들의 삶의 양식, 특히 그들의 생각과 감정을 상당한 정도로 바꾼다. 둘째 아이의 출생도 세 사람과 관련된 그것들을 바꾸게 될 것이다: 아이는 자신이 삶의 환경을 바꾸는 만큼 그것의 표준이 된다.

이 지당한 말에 대해 그 누가 반대할 수 있을까? 그러나 문제는 어떻게 크는가? 왜 크는가? 이다. 왜 클까?

크게 되는 모든 과정의 원동력인 '생명의 도약' 이나 '성장에 대한 필요', '크고자 하는 욕망' 등의 좋은 기운만으로도 부족하지는 않다. 그러나 이런 논쟁이 엉뚱한 만큼, 그 앞에서면 나는 항상 몰리에르가 "왜 아편은 잠들게 하지?"라고 질문하자 그의 의사가 했던 답변이 생각나곤 한다. "그것이 잠들게 하는 미덕을 갖고 있기 때문입니다"라고 하는. 이것은 '왜?' 라는 질문에 그저 '… 때문' 이라는 형식을 갖춘 것에 불과한 그냥 그럴 듯해 보이는 설명일 뿐이다.

확실한 사실을 일목요연하게 잘 정리 해주는 일반 이론으로 통합함으로써 그 문제에 대한 정신분석적 접근이 보다 흥미 있는 어떤 것을 열어 보이는 것도 바로 이 지점에서이다. 보다 정확하게 말하려면, 아마도 책 한권, 혹은 여러 권이 필요할지도 모른다.(실제로 그런 책도 있다.) 그래서 나는 여기 한 두 페이지로는 서너 개의 주요 사상들을 선별해서 설명할 수밖에 없다.

첫 번째는 앞에서 언급된 환상에 관한 질문과 유사점이 많은 '욕망에 대한 환각적인 만족' 이라고 부를 수 있는 것이 관계하고 있다. 당신이 생후 4~5개월쯤이 되었다고 상상하길 바란다: 당신은 요람에 누워있고, 배가 고프다. 당신은 요란하게 배고픔을 표현한다. 그리고는 '그것이—따뜻하고 맛좋은 젖이—오기를' 기다린다. 만약 '그것이 왔다' 면, 대단히 만족스러워서 잠이 든다. 그런데 불가피하게 '그것이 오지 않는' 경우도 생긴다. 그러면 있는 힘을 다해 배고프다고 아우성을 칠 것이고, 그래도 여전히 그것은 오지 않는다. 그때 당신은 주목할 만한 어떤 것을 한다. 당신은 욕망하는 맛좋은 젖의 맛과 냄새, 온기를 상상해서 상상의 젖을 빨기 시작한다.(똑같은 경우에 있는 아기를 쳐다보라. 그러면 아기가 하고 있는 게 바로 그것이다.) 그리고 거기에서 만족감을 갖게 되고 상상에 의해 배불리 먹고 난 다음, 당신은 곤한 잠에 빠진다. 바로 이것이 우리가 말하는 '욕망에 대한 환각적인 만족' 인 것이다. 환각적이라 함은 문자 그대로 당신이 원하는 것에 대한 지각을 만들어냈기 때문이다. 현실적으로 몸의 배고픔은 사실 상 충족되지 못했다. 따라서 얼마간 시간이 흐르면 당신은 잠에서 깨어나 엄마가(혹은 누군가) 젖이나 우유병을 갖다 주러 오기까지 다시 아우성치기 시작한다. 이런 종류의 경험을 몇 차례 더하고 나면, 당신은 가상의 지각과 만족은 현실의 그것들과는 다르다 것을 알게 되고 그 둘을 구분하기 시작한다: 어머니와 젖의 실재와 가상의 현존을 구분하기 시작한다. 즉 당신은 배고픔을 실재로 가라앉히는 것이 정말로 저기 밖에 있는 것과 정말로 가라앉게 하지 못하는 '여기 내 안에' 있는 것 같은 것을 구분하기 시작한다. 이것이 표상의 탄생이다. 표상은 의지에 따른 외부 현실에 대한 응답으로써, 외부 세계의 공간에 있는 것과는 다른, 단지 심리 공간 안의 '여기, 내부에만' 있는 것이다. 엄청난 획득이다. 그는 자기 자신으로 모든 것을 만들어낼 기적 같은 가능성의 토대로부터—표상들을 만들어내고 그것을 조작할 도구인 언어의 가속화와 함께—거의 모든 심리생활을 형성할 것이기 때문이다. 따라서 때때로 엄마가 다른 일을 하느라, 혹은 아직 시간이 안됐다고 판단해서 오지 않는 것은 대단히 다행스러운 일이다. 따라서 위니캇은 자기 아이의 모든 필요를 언제나 즉각 만족시키는 완벽한 엄마는 환각보다 더 좋은 게 아니라고 적고 있다. 만약 당신이 한심한 '완벽한 엄마'를 가졌다면, 당신은 언제나 아무 문제없이 잠들었겠지만, 표상의 세계에 접근할 기회는 거의 갖지 못했을 것이다.

자, 이제 당신은 한 살을 지나, 두 살, 세 살이 되었다. 그 사이 당신은 이미 엄청난 정복을 했고, 또 계속하고 있다. 이제 당신은 걷는다. 어른이 되었다고 이것이 아무것도 아니라고 생각하지 말자. 13~14개월의 당신이 7~8센티 정도를 이동하기 위해서 서서 평형을 유지하기란! 그리고 당신은 말하기 시작한다: 다른 것이 아닌 바로 그것을 얻기 위해 어떤 소리를 내는 것으로 충분하다는 것은, 그리고 당신이 그 소리를 듣고서 무엇과 관련된 것인가를 알고 있다는 것을 발견했다는 것은 얼마나 놀라운 일인가! (조금만 기다려라. 당신이 언어를 말하는 데서 쓰는 데로 넘어갈 때, 세계 전체가 열릴 것이다) 당신은 사물들을 조작하고, 맛보며 열정적으로 그것들의 냄새를 맡는다. 간단히 말해서 세상은 당신 것이다. 자신이 전능하다는 느낌을 경험한다는 것이 놀랍지 아니한가?(이런 점에서 나는 당신이 행복한 아기라는 생각을 하게 된다. 그러나 때로 불행한 아기도 있다) 사람들은 이것을 두고 아기의 과대망상이라고 부른다. 그러나 차츰 당신은 곤경에 처했을 때 자신은 여전히 힘이 없고 할 수 있는 것이 아무것도 없다는 것을 알아차리게 된다. 또한 당신은 원하는 것을 갖기 위해서 그것을 욕망하는 것만으로는 충분하지 않다는 것과 사람들과 사물들의 그 가혹한 한계에 복종하는 것도 배우게 될 것이다. 이렇게 당신은 '쾌락의 원리'에서 '현실의 원리'가 지배하는 세상으로 넘어가게 된다.(이것은 불행하게도 '당신의 모든 운명을 좌우하는' 어머니나 부모의 도움 없이 생겨날 수 있고, 그래서 그 이후 당신의 주변 사람들과 당신 자신이 그로 인해 고통스러워하게 될 것이다.)

이제 당신은 프로이트가 말한 것과 같이 '작은 오이디푸스'가 될 것이다. 즉 당신은 사랑의 불꽃들과 선택받지 못한 상처로 인한 원망의 순간들을 새로운 모습과 생동감으로 경험하게 될 것이다. 당신은 아버지나 어머니에 대한 동일시와, 여덟 살이나 청소년기 이후 당신이 닮고자 하면서 동시에 능가하고 싶어 하는 당신의 모델이 되어 줄 다른 사람에 대한 동일시라고 하는 전혀 새로운 활동에 의해 어쩔 수 없이 용납하면서 빠져나온다. 이것이 당신을 크게 만들어주는 좋은 역할을 한다.

'무엇이 크게 만드는가?'란 근본적인 질문에 대한 몇 가지 답변을 해 보았다. 우리는 크는 이런 저런 방식에 대해 질문하면서 좀 더 정확한 답변을 할 수 있었다. 다음 질문으로 넘어가자.

31

아이들은 왜 그렇게 호기심이 많을까?

남자아이든 여자 아이든 네 살이 되면 '왜 그런데?' '어떻게 그렇게 됐는데?' 라면서 줄기차게 묻는다.

거기에 답변하려고 애쓰는 것은 절대적으로 필요하다. 사람들은 그러면서 크기 때문에 앎과 이해에 대한 갈증은 그 자체로도 아주 좋은 것이다. 따라서 "귀찮게 굴지 마라… 엄마는 지금 바쁘니까(신문을 읽고 있는) 아빠에게 물어 볼래?… 말도 안 되는 질문 좀 그만해… " 등의 반응은 대단히 곤란하다. 세상에 바보 같은 질문은 없다. 학문은 지난 3세기 동안 아이들의 질문들을 진지하게 생각함으로써 발전했다.(예컨대 왜 물방울은 동그랄까? 왜 물 위에 기름을 조금 넣으면 서로 떠밀어내는 것처럼 보이는 작은 공들을 만들까? 그러다가도 그 공들이 조금 커지면, 자석처럼 끌어당겨서 더 커다란 점이 되도록 자기의 성격을 고칠까?) 따라서 비록 어떤 질문들은(비는 왜 오지? 와 같이) 그 답변이 복잡해지더라도 대답하려고 해야 하고 또 정확하게 대답하려고 해야만 한다. 때로 우리는 그 대답을(예를 들어 물방울 같이) 모를 수도 있다. 그럴 때는 이렇게 답하는 것도 좋다: 난 모르지만, 누군가는 알고 있을 거야. 중요한 것은 사람들은 알 수 있다는 것을 긍정하는 것이다. 그러나 비록 우리가 언제나 대답하려고 애씀에도 불구하고 이 나이의 아이는 각각의 대답에서 새로운 "왜?"의 고리를 찾아내는 데 있어 타의 추종을 불허하는 기술을 갖고 있다. 어쨌든 "귀찮게 하지 말라"… 라는 식으로 물러서면서 항복하지 않도록 노력해야만 한다.

여기서, 내가 말하는 것은 아주 자상한 교사가 말할 수 있는 것, 그리고 이미 알고 있는 것처럼 자기 아이가 자라는 것을 보는 모든 육친의 기쁨과 다른 것을 말하는 것은 절대 아니다. 정신분석가가 더 이상 무엇을 말할 수 있겠는가?

다른 몇 가지들. 먼저 젖먹이가 자신이 던져져 있는 세계를 바라보는 방식을 주목해보자. 출생부터 그는 엄청난 놀라움에 거의 눈을 뜨고 있다: 이게 다 뭐지? 그리고 나를 바라보는 너는 누구지? 이때 아기의 진지하고도 놀란 듯한 집중은 이후 젖을 먹는 동안 아기와 어머니 사이의 눈길의 교환과 접촉에서 이따금 생겨나는 것과 함께 내가 알고 있는 가장 감동적인 것들 중 하나이다. 따라서 우리는 젖과 함께 사랑을 먹는다는 감각을 갖게 된다. 그리고 이것은 사실이다. 1930년대 르네 스피츠는 비엔나에서 버려진 아기들을 데려다 키우는 탁아소의 기능에 관심을 갖게 되었다. 거기서 아기들은 깨끗한 상태에서 잘 먹게는 되었지만 어떤 인간적인 접촉은 경험할 수 없었다. 그들은 거의 자기 자리에서 침대의 하얀 간막이 벽과 하얀 천정만을 쳐다보았다. 그 결과 아기들은 눈에 띄는 발달지체와 스피츠 이후 사람들이 '시설증후군'으로 명명했던 병리적인 증상을 보였다. 이 아이들은 허약하고 비정상적으로 높은 사망률을 보였다. 나도 알제리에서 버려진 어린이들을 돌보는 기관을 연구한 경험이 있다. 그 곳의 특성상 이런 아이들은 모든 사람들로부터, 심지어는 그들을 돌봐주는 보모로부터도 '죄지은 아이들' 처럼 비난을 받았다. 그녀들은 자기가 돌보는 일의 가치를 모르는 단순한 사람들이었다. 뿐만 아니라 그 기관은 사람들의 무관심 속에서 달리 어찌할 방법도 없었다. 몇 년 동안, 그곳에 맡겨진 아이들 중 절반은 맡겨진지 수주일 내에 죽었고, 그 비율은 그 해만도 3분의 2에 달했다.

정신분석가들은 이러한 사실에 주목해서 많이 연구했다. 이론적으로 그것들은 조금씩 자율적인 사람으로, 주체로 되어가는 아기들에 대해서, 그리고 자신과 구별되는 주변 사람들과의 관계를 수립하는, 즉 사랑의 대상들과 같이 사람들과의 관계를 수립하는 것인 '초기 객체와의 관계' 들에 대해 이해하는 좋은 단서가 되었다. 실제 임상에서, 이런 연구들은 수많은 나라에서 아기를 맡게 되는 기관들(탁아소, 병원 등) 내에서 삶의 조건들을 대단히 섬세하게 개선하는 데 일조했다. 이제 우리는 아주 일반적으로 신체의 배고픔과 마찬가지로 교환과 획득의 갈증이라는 면도 아기에게 채워줄 필요가 있다는 것을 절대적으로 인정한다.

정신분석가의 공헌은 여기서 그치지 않는다. 아기가 얼마만한 열정을 갖고서 듣고 알아차리며 맛보고 파괴하고 또 모으기 위해 조작하고 흔들어대는가를 보라. 이렇게 그는 세계를 정복하고 '자연의 소유자와 지휘자' 가 될 준비를 한다. 그리고 2~3세 경, 그는 경우에 따라서 자기 몸으로부터 나오는 것을(오줌, 똥) 만져보기까지 할 정도로 대단한 관심을 갖고 있는 것을 보라. 물론, 그것들로부터 그의 관심을 돌려놓아야만 하지만, 폭력적이어서는 안 된다. 왜냐하면 이것들은 그의 최초의 생산물들이기 때문이다.

좀 더 이후에, 이 관심은 그것을 표상하는 말의 선택으로 포개진다. 유년기는 분뇨담의("똥싸개!") 개화와 함께 환희에 찬 재주를 부린다. 여기서, 만약 당신이 더 적절한 표현으로 아이를 인도하려 한다면, 관대해질 필요가 있다. 그는 세상의 정복을 꿈꾸기 때문이다.

이제 그는 보다 본질적인 신비에 호기심을 보이는 때가 온다. 먼저 그는 성기의 차이에 관심을 갖는다: 어째서 어린 여자애들은 남자애들 같지 않은 걸까? 병원 놀이를 하면서 좀 자세히 살펴보는 것도 좋겠다. 그 다음 아이는 어디서 오는 걸까? 라고 하는 기원에 대한 신비가 생긴다: 분명 어디선가 오는 거 같긴 한데… 그럼 나는 어디서 왔지? 분명 엄마나 아빠가 무언가 한 건 틀림없어. 그러니까 언제나(원칙적으로) 엄마와 아빠가 있는 거겠지. 이게 성기를 다르게 하는 어떤 것일지도 몰라. 그리고 그들 사이에 일어났던 무언가가 아이를 만든 것은 분명해. 그러나 이런 것은 아주 비밀이야… 밤에 때로는 낮잠을 잘 때 부모의 방에 절대 들어가지 못하게 되는 순간들이 있다: 이게 바로 그 일이 벌어지는 거로군. 그렇지만 벌어지는 그건 도대체 뭘까? 여기서 간과해서는 안되는 게 있다. 만약 어른들이 이런 호기심을 가진 아이를 나무라면, 그래서 야단치고 벌주고 한다면, 그것을 알려고 하는 것은 나쁜 일이라는 의미를 전한다면, 모든 인식은 그에게 야단맞아야하는 것으로 보는 태도를 생겨나게 할 위험이 있다. 그래서 집에서처럼 학교에서도 무지한 채로 남아있고자 하는 아이, 아주 어리석은(혹은 바보 같다거나 거의 그것과 다름없다는 것으로 믿어버리는) 어른으로 만들 위험이 있다: 바로 이것이 학업 실패에 한 몫을 한다. 따라서 이런 호기심은 건강하고 정당한 것으로 인정해야만 한다. 그러나 그것을 충족하는 방법에 대해서는 다시 이야기 할 것이다. 어쨌거나 가장 나쁜 것은 어른의 방해로 인해 어린 친구들이 수근대는 너무 액면 그대로의 진실이나 환상들, 소문들로만 앎을 채우는 것이다.

반대로 아이가 갖는 모든 호기심이 좋은 것이라고 믿고 있다면, 모든 것은 훨씬 순조로워질 것이다. 그러나 그것은 때로 즉각적으로 충족되지 못한다는 것도 인정해야만 한다. 그래서 기다리기도 하고 서로 그 방법을 알려주기도 해야만 한다. 소위 '승화'의 그 과정이 그것을 돕게 된다. 성적인 것과 그에게 생명을 준 에너지에 대한 이러한 호기심의 대부분은 보다 '고상한' 대상으로 향하게 되는 것도 바로 이런 과정 덕분이다. 이것이 지적이고 문화적인 정복의 시기일 것이다. 학구적인 어른들은 바로 그런 아이들이다…

32

정신분석가는 학업부진을 어떻게 이해할까?

먼저 두 가지 경우를 구분해야만 한다. 첫째, 아이가 아예 공부를 못하는 경우이다. 즉 어머니 같은 유치원에서 아버지 같은 학교로(공부의 세계가 시작되는) 넘어가자마자 그때부터 학업이 부진한 경우이다. 둘째, 아이가 공부를 잘했지만 나중에 성적이 현저하게 떨어진 경우이다.

첫 번째 경우를 생각해보자. 많은 요인과 조건들이 초등학교 입학 당시부터, 심지어는 유치원에서부터 심각한, 혹은 경미한 학습장애와 학업부진을 유발한다. 가장 흔하게 거론되는 이유는 "아이가 똑똑하지 않다"는 것이다. 그 아이는 "능력이 없고" "그렇게 태어났다." 애당초 부모가 임신했을 때부터 그 애는 똑똑하지 않게 생겨먹었다. 부모가 그렇게 낳은걸 어떻게 하느냐… 라는 얘기다. 그러나 그것은 위험한 생각이다. 사람은 똑똑하게 태어나지 않고, 똑똑하게 되어간다. 흔히 아무개가 똑똑해졌다고 하지 않는가. 그것이 바로 그 증거가 된다.

물론 "기본 능력"이라는 게 있다. 사람들이 지능이라고 부르는 정신적 능력의 아주 복합적인 전체가 잘 발달하고 연마하기 위해서는 대뇌와 감각, 그리고 운동 등의 양질의 생리-해부학적 지원이 있어야 한다. 그러나 뛰어난 장인이 되는 데는 좋은 연장도 필요하지만, 그것만으로는 충분하지 않다. 그것을 사용하는 법을 아주 오랜 기간 동안 인내심을 가지고 배워야만 한다. 만일 부모들이 보잘것없는 연장들을 주었다면, 혹은 그 연장들이 너무 빨리 망가졌다면, 확실히 그 아이는 장애를 갖고 출발하는 셈이다.

그러나 우리의 모든 문화와 통념들의 전체는 '이데올로기적' 일 수 있다.(여기서 이 문제를 길게 설명할 필요는 없어 보인다.) 어쨌든 그런 것들은 천성적인 '능력' 이나 아주 어렸을 때의 요인에 너무 많은 가치를 부여하는 경향이 있다. 학습부진이나 곤란의 대부분은 그것만 가지고는 분명하게 설명되지 않는다. 오히려 많은 요인들이 작용할 수 있다는 것을 알아야 한다.

가장 흔히 강조되는 요인은 사회 문화적 계층의 문제로서, 연구 결과 많은 지지를 확보하고 있다. 만약 아이가 아주 보잘것없는 사회적 조건의 가정에서 태어났다면, 혹은 '최하층민' 의 가정의 아이이거나 이민 가정이거나, 교외의 빈민촌에서 산다면, 그 아이는 차분하게 공부할 수 있는 기회가 아주 적고, 또 공부를 잘하기도 어려워서 많은 교육이 필요한 사회적 지위에 접근할 가능성도 희박하다. 그 아이에게는 부모의 재정적 지원도 없고, 언제나 TV가 켜져 있는 좁은 집에, 대화에서도 학교에서 사용하는 언어와는 아주 다른 빈곤한 언어들만이 오고간다. 그래서 모든 것, 즉 학교라든가 책, 고전음악과 화이트 컬러의 직업 등을 '우리 같은 사람이 하는 게 아니다' 라는 가족들의 태도, 교육과는 상관없는 듯한 태도 전반이 만들어낸 운명 같은 것에 둘러싸여있다.

정신분석가는 이 모든 것을 인정하지만, 거기에 사회문화적 요인들만 작용하지는 않는다고 본다. 정신분석가는 그렇게 정해진 환경 속에서 아주 일찍부터 작동하는 것은, 아이로 하여금 학업의 성취나 모든 '공식적인' 지식에 대해 미온적이거나 거부하는 입장을 취하게 만드는 동일시의 작용들이라고 생각한다. 만약 부모가 글을 읽는 것을 배우지도 못했으면서, 그래서 읽을 줄도 모르면서, 당신에게 읽기를 강요한다면, 과연 즐거움을 갖고서 그것을 배울 수 있을까? 부모가 실패했던 그것을 과연 아이들은 성공할 수 있을까? 쉽지만은 않을 터이다. 이런 상황을 가정해보자. 당신은 프랑스에서 태어났지만, 부모는 이민 온 마그렙으로(알제리, 모로코, 튀니지를 포함하는 북아프리카의 나라) 둘 다 문맹이다. 아버지는 공장 직공으로 일찍 출근하고 늦게 돌아오며, 어머니는 불어를 조금밖에 할 줄 몰라서, 열 살 난 당신이 병원을 포함해서, 그것이 산부인과라고 할지라도 밖에 나갈 때는 언제나 동행해야만 한다. 당신 같으면 이런 상황을 씩씩하게 잘 받아들일 수 있다. 하지만 열 살 먹은 아이가 가족의 외부 문제의 수행자라는 지적인 직무를 수행해야 한다면, 거기에는 많은 용기가 필요하다. 혹, 당신은 그런 용기가 없어서 그 일을 하지 않겠다고 거부할 수 있다. 그러나 당신만 그런 것은 아닐 것이다. 당신 주변에 있는 많은 아이들과 청소년들 역시 당신과 비슷한 처지에서 살아간다. 그들을 보면서 당신은 주변 문화를, 그것의 가치와 행동 규범들을, 그리고 자랑스러움의 코드와 옷을 입는 방식, 유행들과 언어 등을 습득하게 될 것이다. 그래서 당신에게도 학교는 억지로 가는 것이 되고, 아마도 당신 눈에 거슬리는 것을 아주 폭력적인 방식으로 해결하게 될 것이다. 당신이 거부했던 것은 바로 학교와 학교를 지지하는 사회가 당신에게 제시했던 동일시와 모델화의 과정이었고, 당신은 그것과는 다른 과정을 선택했던 것이다. 당신은 '큰 애들'에 대해 감탄하면서, 그들과 하나가 되려고 열렬히 소망하면서—물론 무의식적으로—아주 협소한 그 길을 선택한 것이다. 그런 점에서 이것이 동일시에 관련된다는 것이다.

예외적인 상황들이라고 하기는 어려울 것이다. 왜냐하면 그 상황들은 소위 '선진국'들 속에서 너무 자주 일어나고 있기 때문이다. 학업 곤란들은 그런 유형의 사회 문화적 장애 자체가 없어도 발생할 수 있다. 유년기를 다루는 나의 동료들처럼, 나도 별것 아닌 지적 혹은 학업적 과제 앞에서도 아주 독특한 태도를 취하는 여섯 살에서 열 살까지 아이들을 많이 상담했다: 얼굴은 어두워지고 경직되며 멍해지고, 등은 구부정해지며 어깨는 움츠러드는 등. 그런 모든 태도는 그가 이해해야만 되고 해야 하는 것이 확인되는 순간부터 "이건 아니야. 나는 할 수 없어. 해도 소용없고. 나는 이 상황이 지나가길 기다리는 수밖에. 그럼 선생님도 포기하겠지"라는 말을 하고 있는 것이다. 이 책을 읽고 있는 당신은 그런 경우는 아니었을 것이다. 그러나 이런 사람 일 수는 있다. "수학을 전혀 이해하지 못하는 사람." 그래서 숫자에 대한 질문을 받게 되면 멍청해지는 사람. 간단한 3의 규칙만 봐도 그렇게 되는 사람 말이다. 이제 당신은 내가 말하고 싶은 것, 즉 이것이 모든 지적인 시도에 관련된다는 가정임을 알 것이다.

우리 아이에게로 돌아가자. 만약 그 아이가 지난 2, 3년 동안 학업부진의 상태였다면, 그의 어두운 태도는 어쩔 수 없는 경험에 의해 이루어진 것이다. 우리는 그 아이를 이해하지만, 교사가 화를 내다가 결국에는 아무 것도 할 수 없다는 식으로 포기하기까지 충분히 있을 수 있는 반응 또한 이해한다. 비록 그 아이는 특수 교육을 받아야만 한다는 법률이 있다고 해도, 무기력한 상태 속에 지속적으로 갇히게 된다. 그는 '그렇게 태어났기' 때문에 그에게는 똑똑한 것과는 거리가 먼 '유전적인 요인이 분명히 있기' 때문에 할 수 있는 것이 하나도 없다는 안이한 '설명'들은 아이를 더욱 위험한 그런 운명 속으로 빠뜨린다. 그것은 일반적으로 그가 실패 그 자체라고 다시 한 번 생각하게 하는 것 말고는 아무것도 아니다. 그의 부모들 또한 똑똑한 것 같지 않다는 준거로써 그것이 유전적인 문제라고 생각할 수 있으나 그것은 인과관계의 차원에서 어긋나는 일이다. 거기에는 아마도 유산이(물려받은 것) 있겠지만, 유산은 유전 말고도 다른 여러 가지 종류를 통해 이루어질 수 있다.

이런 표면상의 역설이 그것의 증거이다. 즉, 그의 부모로부터 재산을 물려받아도 그의 성격은 물려받지 않는다. 왜 그럴까? 자기 부모의 성격을 아는 아이가 그 성격을 고스란히 물려받아 똑같은 성격이 될 거라는 걸 예견할 수 있다면, 개인의 성격은 상속된다고 할 수 있다. 그러나 부모를 알고 있는 당신은 아이의 임신 당시에 부모의 재산이 결국은 아이 것이 될 것이라는 건 예견할 수 있어도 그의 성격은 그렇지 않다… 학업곤란이나 부진이라는 점에서 유산이 되는 것은 우선 지식과 배움 앞에서 가지는 태도들이다. 나는 앞의 질문에 대한 나의 대답 속에서, 만약 알 필요가 없는 것들이 있다는 확신을 그에게 유산으로 넘겨주었다면, 아이의 "왜?"라는 질문 앞에서 어른들이 보이는 반응들 가운데(가능한) 해로운 역할을 강조했다.

이제 두 번째 경우를 생각해 보자. 그것은 순조로운 출발 이후, 학습장애가 있거나 학습 부진이 있는 것은 아닐까를 염려하게 되는 일정 기간을 지난 아이의 경우이다. 두 번째 경우는 언제든지 일어날 수 있지만, 여덟에서 열 살 무렵과 청소년기라는 민감한 두 시기가 있다. 두 경우 모두에서 우선적으로 찾아보아야만 하는 것은 가족의, 특히 부부 관계의 긴장 측면과, 아이의 오이디푸스적 갈등이라는 측면을 살펴볼 필요가 있다.

만일 부부관계가 나쁘다면, 비록 부부가 모든 것이 잘되고 있는 것처럼 보이려고 해도 아이는 언제나 그것을 알고 있고, 어쨌든 그것을 느끼고 있다. 아이는 힘들어한다. 더욱이 갈등이 노출되어서 언어폭력이나 그보다 더 나쁜 것들로까지 드러난다면, 그것은 더욱 힘든 일이 된다. 아이는 마치 아무 것도 모르는 것처럼 지낼 수는 있다: 그렇다. 그것만이 그가 할 수 있는 방어이다. 나는 여기서 사이가 나빠서 서로 다른 삶을 사는, 헤어진 부부들에게 죄의식을 갖게 하려는 건 아니다. 더 이상 함께 사는 것이 불가능해졌는데도 '아이 때문에 함께 산다'는 것 역시 좋은 방법이 아니다. 그것도 역시 아이는 알고 있고, 그로 인해 죄의식을 (부모의 불행에 기여했다는 것을 어떻게 달리 받아들일까?) 느낄 수 있는 위험이 있으며, 더 나가서 여러 가지 우회로를 거쳐서 아이에게 비싼 대가를 치르게 할 위험도 있다.

각자 자신이 할 수 있는 것을 하는 것, 그것이야말로 가능한 한 덜 나쁘게 되는 일이다. 따라서 아이를 놓고 씨름하지 않고, 자기편으로 끌어당기지 않으며, 상대방을 나쁘게 말하지 않는 것이 중요하다. 아빠가 엄마를 못된 사람이라고, 엄마는 아빠를 괴물 같다고 말하는 것을 들으면서 인생을 망친 사람들이 많다. 그래서 가라앉기만을 기다렸던, 벌겋게 달아오른 오이디푸스 갈등

관계는 격렬한 공격을 받는다. 결국, 일반적으로 아이는 어느 한 편을 들게 된다. 이 얼마나 비싼 대가인가!

이것은 아주 잘 알려져 있어서, 합리적이고 지성적이며 교육을 받은 부모들은 더 낫게 처신한다. 그러나 우리는 때론 많이 배우고 잘 교육받은, 그러나 뭔가를 아주 잘못 알고 있는 부모들에 의해 아주 나쁘게 다루어진 아이들이 학습에 대한 흥미를 완전히 잃어버리고 나서 치료 받으러 오는 것을 종종 경험한다. 그것은 단지 그런 비극적인 상황에서 그들은 그 일을 위해서라면 더 이상 아무것도 할 수 없음을 의미한다. 그래서 그것이 '부모를 기쁘게 하는' 일이라면, 그런 조건 속에서 '왜 그것을 해야 하는가?' 라며 하지 않는다.

오이디푸스 비극의 재생은 성인의 생식적인 성욕이 기능하기 시작하는 청소년에게 정상적이고 또 흔한 일이다. 그래서, 혹시 그 시기에 부모와의 갈등이 없는 경우라고 할지라도, 우리는 종종 일반적으로 그 같은 이유에서 현저하게, 그러나 다행스럽게도 대개는 일시적인 학력 저하의 경우를 본다. 이는 청소년의 불만과 반항의 태도로써, 비록 좋은 방법은 아닐지라도 그것으로써 더 많은 자율을 획득하게 된다. 청소년에 대한 권위적인 억압은 반항을 부추길 위험이 있다. 반면에 관용을 베푸는 것은 무관심으로 보이거나 불안을 가중시킬 위험이 있다. 바람직한 것은 그들 사이에서 중용을 취하는 일이다. 그것은 쉽지 않다. 그러니까 교육이 어렵다고 하는 것 아닌가?

다행히도 이런 경우는 아주 드물지만 더 시급한 문제가 발생할 수 있다. 즉 청소년이 다른 사람들과 어울리지 않고, 말이 없어지며 창의 커튼들도 다 내리고 바깥 외출을 거부 하는 등, 이런 게 오래 지속되는 경우이다. 이에 대해 우리는 정신분열증적 태도의 한 토막을 상기시키는 '정신적 붕괴'를 의심해 볼 수 있다. 치료 방법을 가지고 있는 우리는 이런 청소년을 돕는 일을 지체할 수 없다.

어쨌든 공부에서 어려움에 처한 아이들과 청소년은 말해야할 필요가 있고, 특히 어머니도 아버지도 아닌 누군가가 들어줘야할 필요가 있다. 이 모든 갈등과 떨어진 중립적인 분위기에서 침묵하고 들어주고 공감할 줄 아는 임상심리학자, 정신의학자 혹은 정신분석가와 같은 누군가가 필요하다. 그러나 그것도 그가 받아들여야만 성공할 수 있다. 그래서 관계되고 있는 것이 무엇인지를 그에게 이해시키는 일은 중요하고, 또한 그런 대화 속에서 문제가 해결되기 시작할 것이다.

33

자기 아이에 대해 모든 것을 알아야만 하는가?

그렇지 않다. 내가 이렇게 간단히 단호하게 대답한 것은 화난 느낌을 전하고 싶어서였다. 그렇다. 나는 이따금 자기 아이의 행동과 몸짓, 그리고 생각과 느낌까지도 모두 알고 싶어 하는, 그래서 마음대로 숨 쉬고 행동하며 생각하고 꿈꿀 수 있는 사적인 공간을 조금도 남겨 두지 않는 부모가 앞에 있을 때 그런 기분이 엄습한다. 당신이 이런 상황 속에 있다고 생각해 보자. 누군가가 끊임없이 당신에 대해 모두 알고자 하고, 그래서 매시간 당신이 하고자 하는 것뿐만 아니라 생각과 가장 은밀한 감정까지도 간섭하고자 한다면, 그것처럼 견딜 수 없는 일은 없을 것이다!

사람들이 "그것은 그를 좋게 하기 위한 것이다"라며 반박할지도 모른다. 그러나 나는 거기에 대해 대답한다. 즉 바로 그런 정당화가 가장 악한 독재체제를 만들 수 있다. 그리고 나는 여기서 또한 그것이 사람들 사이의 관계에 국한되지 않는다는 것을 보여주게 될 것이다. 그런 정당화를 주장하는 것은 이만저만한 독재가 아니다. 그 속에서 사람들은 노예가 된다. 그리고 그런 경우 '국민의 선', 즉 유일한 독재자가 판단하는 최고선을 위해서 독재자는 백성들의 모든 것을 알고자 하면서 백성들을 압살한다. (오웰은 이런 상황을 『1984년』에서 탁월하게 묘사했다.) 백성이 이러한 압제에서 벗어나려면, 격렬한 혁명 말고는 다른 방법이 없다. 그런 독재에 억눌려 있는 어떤 청소년들이 하고 있는 것은 분명 그런 혁명이고, 그래서 우리는 그들을 이해하게 되는 것이다.

그러나 상황에 따라 달리 이야기 할 필요는 있다. 우선 아이의 나이에 따라 달라진다. 이제 막 걷기 시작하는 아이, 그래서 많은 사고의 위험이 있는 아이를 반드시 보호해야만 한다. 그러나 아이라면 커감에 따라서 이러한 보호는 점점 더 신중해져야만 하는 것도 사실하다. 나중에 이것은 성인의 자율성과 책임감에로 접근하는 조건이 된다. 아이는 위험 속을 항해하는가? 물론이다. 인생에는 위험이 내포되어 있기 때문이다.

만약 사람들이 위험을 완전히 제거하고자 한다면, 그것은 인생 자체를 제거할 위험이 있다. 우리는 모든 모험으로부터 지나치게 보호받고 있어서 마치 송장처럼 무기력해져서 꼼짝도 하지 않는 굳어져 버린 삶을 알고 있다. 그래서 나는 어릴 적부터 마치 석고처럼 어디에도 관심을 기울이지 않는 우울한 삶의 양식에서 얻어진 아무것도 느끼지도 욕망하지도 않는, 또한 그 무엇도 생각하지 못해서 그 누구와도 관계를 맺지 못한 채 살아가는 사람들, 계획도 없고 미래도 없는 삶의 소금이 되어줄 어떤 열정도 없는 사람들이 분석에 오는 것을 보았다. 그걸로 인해 숨이 막힌 사람들이지만 아무것도 욕망하지 않는 까닭에 "이것은 해서 뭐하나?" 하면서도 도움을 찾아 분석에 왔다. 이런 경우는 달라지는 데 아주 오랜 시간이 필요했지만, 그래도 달라지기는 했다.

부모가 모든 것을 알고 싶어 하지 않게 된 뒤에도, 아니 그들이 죽고 난 뒤에도 여전히 소외의 압제가 인생을 짓누른다. 왜냐하면 감시와 판단, 어떤 위험으로도 달려가지 말라는 간섭과 보호의 말은("이건 하지 마라, 저것도 하지 마라, 특히 이건 절대 안되고") 내면화되기 때문이다. 다시 말해서 이제 자신을 붙들고 감시하고 판단하고 금지하는 것은 다름 아닌 주체 자신이기 때문이다. 그것은 만일 그렇게 고정된 태도와 습관들이 변하지 않으면 평생 동안 계속될 위험이 있다. 그는 두려움에 사로잡혀서 모든 것으로부터 보호하면서 생기를 잃은 삶을 살아갈 것이다.

아이들에게는 비밀이 있게 마련이다. 그리고 그 대부분은 대단히 천진난만한 것으로 그냥 내버려두어야만 한다. 만약 아이가 원한다면, 친구라든가, 형제, 혹은 어머니나 아버지와 그 비밀을 공유할 자유가 있고, 또 그렇게 공유된 것은 조심스럽게 숨겨져야만 한다. 이런 것이 개인적 공간이고, 당신처럼, 나처럼, 우리 모두처럼 아이도 역시 그럴 필요가 있다.

그러나 단순하게 천진난만의 소치로 볼 수 없는 비밀들도 있을 수 있다. 그리고 그런 비밀들에는 위험이 따르게 마련이다. 가령 여덟 살 난 아이가 집근처의 육교 난간을 걸어가는 두려움을 극복하기 위해서 그것을 연습했다. 그 때는 말 못할 비밀이었지만, 나중에는 자신의 두려움을 딛고 빛나는 승리를 거둔 다음 고백하는 경우가 그에 해당한다. 청소년기에는 위계질서 속에서 자기들만의 영웅 심리와 도덕률로 지배되는 집단들, 그래서 다소 패거리처럼 보이는 집단이나, 경쟁 집단에 대항하기 위한 '갱'

집단과의 빈번한 교제라는 또 다른 위험이 올 수 있다. 또한 리더들의 명성에 매료되어 '그것을 증명하기 위한 데'로 초대되어 아주 좋지 못한 행동을 하게 되는 수도 있다. 그 때가 보통 약물이나 비행 등과 같은 것의 권유에 못이기는 시절이다. 이때에도 장님인 채로 있어야 할 필요는 없다. 그 때까지도 비밀을 존중하는 것으로 일관하는 일은 재난을 방관하는 셈이 된다. 최근 미국의 중학교에서 두 명의 청소년이 사람들을 무차별적으로 죽인 일이 있었다. 그들은 경찰에 의해 사살될 때까지 단지 몇 분 동안에 열두 명의 아이들과 청소년, 그리고 선생님을 죽인 것이다. 신문에 난 인터뷰 기사에서 그들의 부모는 몹시 당황해 보였다. 아이들은 아주 착했고, 그래서 누구도 짐작하지 못했다는 것이다. 그런데 몇 달 전부터 두 청소년은 인터넷과 각자의 방에서 어둡고 난폭한 신-나치 사이트에 빠져있었다. 더군다나 그들의 방에는 믿을 수 없는 무기 같은 것들이 쌓여 있었다.

그렇다면? 사소한 일에 신경을 곤두세우는 '수사관'처럼 감시하는 것은 완전히 상반된 두 운명을 경험하게 되는 위험이—아이나 청소년이 거기에 굴복해서 내가 조금 전에 말했던 생기 없고 슬픈 성인이 될 위험과, 혹은 거기에 반항해서 자신을 금지하는 것에 정면으로 공격해서 달려들 위험—있어서 좋은 방법이 아니라는 것은 분명하다. 이상적인 방법은 없다. 그러나 최선이나 덜 나쁜 방법은 아이, 청소년과 어른들이—제일 중요한 부모가—서로 신뢰하는 관계에 있는 것이다. 아이가 성적인 공격에 희생되거나 끊임없는 강탈로 학대 받는 상황만큼 사람들에게 그것에 대해 말할 수 없는 상황도 역시 힘들다. 따라서 지금이라도 그가 그것에 대해 말하는 것이 필요하다. 그러나 그것도 오랜 기간의 준비를 요하는 일이다.

그렇다면 성욕에 대해서는 어떻게 해야 할까? 대부분의(모두는 아닌) 부모들은 아이들이 성욕이 있다는 것을 알고 또 인정한다. 그래서 그런 종류의 입장에 대해서 간섭하기보다는 신중하고 참을성 있게 처신한다. 정신분석은 그 부분에 있어서 좋은 점이 많다. 그러나 여기서도 지나친 것은 역시 조심할 필요가 있다. 왜냐하면 지나친 신중함은 그것이 어떤 것이든 그로 인해 환기되는 금지에 해당하기 때문이기도 하고, 반면에 정신분석가가 유년기의 성욕을 '해방' 시킨다는 것을 구실삼아 타인의 정사를 엿보는 도착적인 성욕-노출증으로 나쁘게 변질될 수 있기 때문이기도 하다. 그러나 이것은 정신분석가가 권하는 것이 전혀 아니다!

내가 앞의 질문에서 주장했던 것처럼, 심리-성욕은 엄밀한 의미에서의 성적인 만족의 행위와 그에 따른 흥분을 넘어서는 것이다. 그것은 몽상과 환상들로 만들어진 것이며, 거기에는 무의식의 환상도 포함되어 있다. 행위 이상의 이것은 존중되어야 한다. 왜냐하면 아이는 바로 거기에서 자신의 비밀들을 필요로 했기 때문이다. 그리고 그것이 아이의 심리적 삶의 피륙이 된다. 그런데 그것은 약하기 때문에 찢기지 않도록 주의해야만 한다. 그러나 이런 비밀스런 삶에는 불안이 실린다. 이런 경우에 누군가에게 그것에 대해 비밀을 털어놓을 수 있다는 것은 매우 중요하다. 만약 그것이 부모와는 불가능하다면(일반적으로 그들은 그 문제와 아주 밀접하기 때문에), 아이들을 잘 알고 있는 좋은 심리 치료가가 맡을 수 있다. 이것이 그의 역할이다. 일반적으로 아이는 우선은 망설이지만, 거기에서 큰 위안과 삶을 힘들게 했던 증상들로부터 진정을 찾게 된다.

지나친 감시와 금지들, 그리고 그런 행위들과 관련해서 억눌렸던 아이들의 경우로 돌아가 보자. 그들이 반복적으로 빠져드는 몽상의 문화 속에서 자신들의 자유를 찾는 것은 흔한 일이다. 또한 그들은 그것을 잘 알고 있지만 부모는 그것에 접근할 수 없다. 비록 그가 '달나라'에 가 있기 때문에 나무랄 수는 있어도, 또한 그로 인해 학업 상 심각한 곤란이 있어도 말이다. 나는 그렇게 많이 힘들었던 어떤 사람을 알고 있는데, 어른이 된 다음에도 여전히 아주 제한된 삶을 살면서 다음과 같은 시나리오를 만들고 있다: 그는 난파되었고, 혼자 살아남아서 사막의 섬에 다다랐다. 코코아나무로 둘러쳐진 해변에는 그 섬에서 홀로 살고 있는 아름다운 여인이 그를 기다리고 있었다. 그녀는 그에게 팔을 벌리고, 그는 다가간다. 하지만 그의 움직임은 그녀와 불과 몇 걸음 떨어져서는 점점 느려지는 것으로 언제나 끝나고 만다.

그렇다면 아이에 대해서 알려고 하지 말아야만 할까? 아니 알려고 해도 좋다. 그러나 자기 남편(혹은 부인) 보다는 적게 아는 정도에서…

34

진실이라고 다 말하는 것이 좋을까?

경우에 따라 다르다: 문제가 된 진실이 무엇인가? 진실이라고 해서 모두 말하는 것은 좋지 않다: 말할 수 없는 것도 있지만, 혹 말한다면 거짓말을 해서는 안 된다. 아이에게 진실을 말해야 아이도 진실을 말하게 된다.

그렇다면 거짓말한다는 것은 무엇일까? 무언가를 사실이라고 수긍하게 만드는 것으로, 이를테면 어떤 것을 사실이라고 믿게 하는 것이다. 즉 상대방을 속일 의도에서 그것이 사실이라고 믿게끔 만드는 것이다. 이것은 간단해 보이지만 아이들, 특히 가상과 실재를 구분하지 못하는 어린 아이들이 그런 구분을 하기란 쉽지만은 않다. 예를 들면, 꿈은 잠이 깬 이후에도 연장될 수 있고, 이후 아이가 말할 때에도 너무 분명한 사실로 믿고 있기 때문에 사람들도 그것이 상상으로 꾸며낸 것이라고 전혀 생각하지 못한다. 그럴 정도로 그의 이야기는 확신으로 가득 차 있다. 이런 경우, 그는 거짓말을 하는 게 아니다. 만약 그가 속인다면, 그것은 자신도 속고 있기 때문이다. 아이들이 이야기의 가상적인 원천을 창조해서 오랫동안 지속하고 키워가는 데서 사실과 거짓, 실재와 가상을 구분하기는 어렵다: 허언증의 거짓말쟁이가 될까봐 야단치는 일은 삼가야 한다. 때문에 문제는 어느 정도로 아이자신이 사실이라고 믿는가, 다시 말해서 어느 정도로 아이가 이야기 가운데 실재와(실제로 일어난) 상상 사이의 구분을 하는가이다. 아이가 속일 의도를 갖고서(자기 부모는 부자이고 힘도 세며, 그 자신이 이런 저런 높은 수준에 도달했었다는 것 등을 믿게 만들기 위해) '이야기한다'는 것을 아주 잘 알고 있을 수도 있다. 그러나 그는 자신의 이야기를 믿고 있을 수도 있다. 아이는 이 모든 일이 일어날 수 있는 세계에 살고 있기 때문이다. 어른이 말한다면 망상의 증상일 수 있지만, 아이에게는 다행히 덜 심각하다. 그러나 분명한 것은 실재/가상의 구분을 설정하도록 도와줘야만 한다는 것이다. 그렇지 않다면 그의 삶과 주변 사람들의 삶이 힘들어질 것이다.

이것은 반대로 아이와 교환되는 모든 환상이 추방되어야만 한다는 의미는 아니다. 우리가 그에게 주는 책, 해주는 이야기, 그가 좋아하는 비디오 등은 풍부한 상상의 세계들이고, 바로 그 점이 장점인 것들이다. 그러나 중요한 것은 그것들이 '재미있게 해주려는' 것이라는 점을 아는 일이다. 나는 앞 장에서 아이들이 하는 모든 질문에 답하려고 하는 게 중요하다는 말을 했다. 우리도 '재미로' 환상적인 답변을 아주 잘한다.(하얀 소에서 흰 우유를 짜고, 갈색 소에서 초코우유를 짠다 등) 세살에서 열 살 사이의 아이들은 이런 것을 정말 좋아해서, 그렇게 말하는 데 전문가가 되기도 한다. 이것은 위니캇이 정신과 예술의 창조성을 전개하는 '중간 영역'으로 묘사했던 자유 안에 있는 것이기 때문에 좋은 것이다. 그러나 이것은 '재미삼아' 한 것이며, 같은 질문에 주어지는 '진지한' 답변과 구분되어야만 한다는 것을 분명하게 할 필요가 있다.

질문의 내용이 진지해지면 우리는 훨씬 더 귀찮아 할 수 있다. 아마도 진실을 말하기가 어려워서일 것이다.

우리가 아이와의 관계에서 잘못을 저지르는 일은 드물지 않다. 예를 들어서 우리는 아이를 부당하게 혹은 지나치게 나무랄 수 있다. 왜냐하면 우리는 무슨 일이 일어났는지 잘못 이해할 수도 있고, 사건들의 편파적인 관계를 부당하게 믿고 있을 수도 있고, 그들의 의도를 잘못 판단할 수도 있으며, 버럭 화를 낼 수도 있기(이것은 좋은 행동이 아님에도 불구하고 있을 수 있는 일이다) 때문이다. 분명히 아이는 그로 인해 고통스럽다. 왜냐하면 아이에게 있어서 부당한 것만큼 괴로운 것은 없기 때문이다. 나는 사람들이 부당하게 야단치거나 벌을 주었을 때, 상징적인 수단으로 그것을 말하거나 보상해야만 한다고 확신한다. 그것이 위험에 처한 신뢰를 회복하는 유일한 방법이고, 일반적으로 아이는 자기 잘못을 인정할 줄 아는 부모를 존경한다.

우리가 처음에 말하고자 했던 것은 그게 아니었다. 부모들이 모든 정신분석가에게 질문하는 것은 이런 것이다: "만약 그게 사실이라면 어떻게 말해줘야 할까요?" 그리고 그것은 '가정의 비밀'이고 아이 출생에 대한 것이며 어른들의 성생활에 대한 것이라면…

'가정의 비밀'은 '옷장 안의 해골'로, 사람들 생각 속에 묻어두어야만 하는 사건들이다. 이런 점에서 일반적인 규칙은 없다.

너무 어린 아이에게 외상이 될 수 있는 중대한 사건과(예를 들어서 친척이 연루된 살인 사건) 관련되어 있는 것을 밝힐 필요는 없다. 이럴 때는 삼가는 것이 좋지만, 언제까지나 그럴 필요는 없다. 청소년기나 젊은 청년이 되면, 그도 알아야 할 권리가 있고, 알아야만 할 때에는 말해주어야 한다. 그러나 그럴 필요가 있을까? 라는 질문에 대해 분명하게 말하는 것은 쉽지 않다. 나는 아버지(혹은 어머니)의 죽음이 끝까지 감춰졌던 경우를 알고 있다. 사람들은 아버지가 '여행 중' 이라고 말했다. 더 이상 묻지 않겠다는 체념을 하기 전까지 아이는 "그런데 아빠(엄마)는 왜 우리를 보러 오지 않는 걸까?"라고 묻곤 했다. 그가 체험한 것은 버려졌다는 아주 고통스러운 느낌, 사람들이 그에게 무언가 감추고 있다는 느낌이었다: 사람들은 무엇을 감추고 있는 걸까? 보이지 않는 부모는 무슨 죄를 지었을까? 그리고 왜 사람들은 그에 대해서 말하지 않았을까? 만약 누군가 이런 종류의 고통을 갖고 있다면, 진실을 말해주어야만 한다.

아이가 자기 기원에 대해 질문하는 것은 두 가지 수준에서 이다: 누가 내 부모지? 그 사람들은 어떻게 나를 만들었지?

첫 번째 질문은(누가 내 부모지?) 입양된 아이들에게만 관련되어 있다. 이 경우, 아이는 있는 그대로 아는 것이 가장 좋다. 우리가 그를 직접 낳은 아이나 다름없이 사랑하니까, 어떤 차이도 두고 있지 않으니까, 그가 의심하지 않는다면 문제될 게 없으니까 공연히 사실을 말해서 그를 아프게 만들 필요가 없다고 생각하지 말자. 그는 그것에 대해 묻게 될 것이다. 어른들이 어느 순간을 회상하다가 혹은 누군가에 대해 이야기하다가 거북해하면서 회피하는 것 같은 느낌을 파악하게 되고 그는 그것에 대해 의심하게 될 것이다. 그러면 호적을 찾으려고 여기저기 뒤지게 되고, 누군가로부터 듣게 될 것이다. 그러면 그는 사람들이 그와 관련된 것을 감추었다는 것에 대해 아주 고통스러워한다. 가능한 가장 자연스럽게 그가 입양된 아이라는 것을 그대로 말하는 것이 좋다. 생물학적인 부모에 대해 말하기를 피하는 것은 그들이 '진짜 부모' 이고 자신들은 '가짜 부모' 라는 걸 분명하게 하는 일이 된다: 진짜 부모는 그를 사랑해서 함께 살고 있는, 그가 사랑하고 있는 사람들이다.

나는 전형적인 '지중해성' 체격을(작고 다부진 체격에 검은 곱슬머리—역자) 가진 남자를 알고 있다. 그는 어린 시절 금발의 가족들 속에서 주변 사람들의 진정한 사랑에도 불구하고 집요하게 '자기 자리가 아닌' 것 같은 느낌을 가졌다는 게 늘 이상했다. 그는 끊임없이 무엇 때문인지 전혀 알 수 없는 이해하기 어려운 자기 존재에 대한 흑점 같은 느낌을 갖고 있었다. 12살 되던 어느 날, 그는 어머니가 속옷을 넣어두는 장롱의 한 서랍을 뒤지다가 오래 된 편지 한 묶음을 찾아냈다. 그 중에는 그가 너무도 사랑했던 외할머니가 자기 딸에게 그가 태어난 지 몇 달 되었을 때 보낸 편지도 한 통 있었다. 거기에서 할머니는 딸에게 자신은 이 아이를 '진짜 손자' 처럼 사랑할거라고 적고 있었다. 그는 '진짜' 가 아니었다! 그것을 확인한 적은 없었지만 이미 짐작하고 있었던 것이 밝혀짐은 그에게는 엄청난 사건이었다. 게다가 그 힘든 순간에 감춰진 진실을—그가 입양아였다—말해줘야만 하는 부모는 이미 돌아가셨기 때문이다. 그는 이 뿌리 깊은 상처를 달래기 위해 오래도록 분석을 받아야만 했다.

모든 아이들은 이런 질문을 한다: 나의 부모는 '진짜 부모' 일까? 혹시 아니면 어떻게 하지? 입양아들의 부모가 그 사실을 감추기도 한다는데, 그렇다면 나도 그런 것은 아닐까? 이런 질문을 하다가 자신이 첨예한 경쟁 관계에 있는 남자나 여자 형제들과는 다른 훨씬 좋고 멋진 부모를 만들어내는 진짜 '가족 소설'을 꾸며낼 수도 있다. 이런 공상이 단지 아이가 '재미삼아' 하는 것이라면 전혀 문제될 게 없다. 그러나 이 경쟁자가 갑자기 침입해 들어왔다면 어쩔 것인가? 그리고 그게 사실이라면!

대답하기 난처한 질문이 남아있다. 그것은 어른들의 성과 관련된 것이기 때문이다. 두 가지 유형의 곤란한 태도가 있다. 첫째는 하찮은 말로 이야기하는(배추, 장미, 황새 등) 것이다. 다행히도 그것은 그 이상으로 되지는 않는다. 둘째는 질문을 체계적으로 좌절시키는 것으로 그런 질문을 한 아이를 야단치기까지 한다. 아주 순진한 표현들에서도 성에 관련된 모든 것을 송두리째 뽑아버린 집안들이 있다: 이것은 문자 그대로 존재하지 않는다. 나는 주체할 수 없는 자위행위로 인해 너무 힘든 어린 시절과 청소년기를 경험했던 남자들과 주변에서 생리에 관한 이야기는 단 한 마디도 듣지 못했기 때문에 초경을 불안하게 경험했던 여자들, 그리고 성은 나쁜 일이라는 뿌리 깊은 확신으로 인해 제거해 보려했으나 그렇게 되기는커녕 고통스럽기만 했던 사람들이 분석에 오는 것을 보았다: 이런 일이 있어서는 안 된다. 따라서 아이의 질문에는 반드시 대답해 주어야 한다.

어떻게? 공을 던지듯 다른 사람에게 미루어버리는 것으로(그런 것은 아빠(엄마)한테 물어 보라는 식으로), 혹은 성교육에 관한 책을 건네주는 것으로(이것은 그래도 나은 것이긴 해도, 충분해 보이지는 않는다) 만족해서는 안 된다. 일단 나이를 고려해서

답해야 할 것이다. 이제는 모든 아이들이 여자의 배에서 아이가 나오는 것을 볼 수 있게 되었다. 그것을 보고 나면, 아이들은 어떻게 그 안에 아기가 들어갈 수 있었는가를 궁금해 한다. '작은 씨앗' 이야기는 원칙적으로 좋은 답변이 된다. 그렇다고 당신이 제대로 이해 시켜준 것은 아니다. 의문은 꼬리에 꼬리를 물고 나오기 때문이다. 가령 어떻게 그 조그만 씨앗이 거기에 들어갈 수 있었을까? 그것을 그 안에 넣기 위해 사람들은 무슨 일을 했을까? 그 때 아빠는 무슨 일을 했을까? 이런 질문이 계속 쏟아져 나오기 때문이다. 아이가 이렇게 질문을 계속해 나가지만, 의외로 답변을 아이가 갖고 있는 경우도 많다. 따라서 지레짐작해서 앞질러 답하지 말 것을 부탁한다. 이런 경우를 본적이 있다. 여섯 살 난 아이가 엄마에게 이렇게 물었다. "엄마, 성교가 뭐야?" 그의 현명한 어머니는 사람들이 어떻게 아이를 만드는가에 대해 자세하게 설명해 주었다. 그러나 아이는 영 석연치 않은 얼굴로 "엄마도 잘 모르는 가봐"라고 하면서 아이는 자기가 보던 그림책을 가져다가 떠듬떠듬 읽어 내려갔다. '그런데, 고요한 밤중에 사람들은 코요테의 울음소리를 들었다.'

결국 질 속으로 페니스의 삽입과 정액의 생산, 그것이 아이를 만든다는 것을 제대로 설명하게 될 날이 온다. 그 때 이것에 대해 자연스럽게 말할수록 그것은 더 바람직하다. 사실 이것은 아주 자연스러운 일이지만, 어른이 되어야만 가능하다는 것도 덧붙이게 된다. 그러나… 쾌락의 문제가 남는다. '자연과학' 적으로 설명하는 작은 그림이나 도식들조차도 그 질문을 교묘하게 피하는 경향이 있다. 우리는 거기에 쾌락이 필수적임을 잘 알고 있다. 그리고 아이들도 우리가 그것을 알고 있다는 걸 안다. 그러니까 이 부분에서도 진실을 말하는 것이 좋다. 그리고 그것이야말로 가장 좋은 방법이 된다. 물론 그것도 아이가 이해할 수 있는 정도로 하면 더욱 좋다.

35

아이는 무엇을 두려워할까?

아주 많은 것들을 두려워한다. 일상생활의 장면들을 기록한 단편을 본적이 있다. 카메라는 아파트 안에서 자유롭게 돌아다니는 세살 꼬마아이의 움직임들을 포착하도록 항상 지상에서 75cm로(이것은 대략 아이의 눈높이 정도일 것이다) 고정되어 있었다. 여기서 어른을 보는 일은 상당히 인상적이었는데, 특히 짓밟을 것 같은 다리와 신발, 그리고 눈을 드는 것처럼 상향촬영기법으로만 보이는 발이나 손, 바지, 치마가 그랬다. 반대로 개의 머리는 그것과 같은 높이였다. 대상들은 어른들의 눈높이에서 보는 것보다 확실히 크게 보였다. 탁자 위에 놓여있는 것은 그곳에서는 시야 밖이다. 그래서 호기심이 생기고, 보고 싶어서 식탁보를 당긴다. 이런 세계에서 위험은 도처에 있지만 예측은 힘들다. 고통스러운 경험들은 아이를 신중하게 만든다는 점에서 좋다. 그러나 너무 걱정이 많은 어머니는 산재되어 있는 두려움을 악화시켜서 정착하게 만든다.

인간은 불완전하게 태어나서 '끝까지' 그렇다. 인간은 모든 동물들 가운데 가장 불완전하게 태어난다.(볼크 Bolk는 신체 성장 과정에서 출생 시의 미성숙이 고등동물로 올라갈수록 심해진다는 것을 '유형성숙(幼形成熟) néoténie' 이라는 개념으로 정리했다.) 따라서 인간은 오랫동안 의존상황에 놓여있게 되고, 만약 어른들이 돌보지 않는다면 생명은 곧 위기를 맞게 된다. 당신이 '그(녀)가 나를 넘어뜨렸어' 란 말을 한다면, 이는 다른 일을 하고 있는 어른의 품속에서 떨어질까 봐 두려워했던 어린 시절의 마음을 은유적으로 표현하고 있는 것이다. 사람들이 아이를 안고 있는 어머니를 비디오로 녹화했는데, 품안에 편안하게 안고 있는 자세부터 마치 바구니를 들고서 다른 일을 하는 것처럼 아기의 머리는 허공에서 흔들리게 놔두고 아무렇게나 잡고만 있는 자세까지 그 다양함에 우리도 놀랐다. 후자의 경우, 아이의 염려는 어머니의 무심함에 대한 것이다. 요즈음 소아과 의사들과, 육아전문 간호사들은 그 점을 알고 있어서 아기로 하여금 사람들이 자기를 '넘어뜨리지 않을까' 두려워하지 않도록 하는 게 절대적으로 필요하다는 점을 어머니들에게 누누이 강조하고 있다.

그러나 어떻게 해도 아이는 자신이 안전하지 못하다는 것을 생생하게 느낀다. 프로이트는 아주 어린 아이의 삶이 초기 대상관계의(분화가 대충 윤곽이 잡혀질 때의 자아와 타자와의 관계) 본질적인 차원인 '무력함 détress(프랑스어), Hilflosigkeit(독일어)' 속에 있음을 강조했다. 무력함의 경험은 아이에서 타자까지 확실히 다르게 변조할 수 있다: 온건함은 어른들이—우선 어머니가—지나치지 않으면서 사려 깊게 보호하는 데서, 과격함은 어른들의 무관심과 적대감으로 인해(그런데 이런 어른도 있다…) 아이를 우연히 외상적인 경험에 노출시키게 되거나, 혹은 매 순간마다 자신의 두려움을 말하는 데서 비롯된다. 오랫동안 강한 강도로 무력감의 정서를 체험한 아이는 불안전한 감정을 지닌 어른이 되어, 모든 관계 속에서 특히 사랑의 관계 속에서 기대고 의지하는 경향을 지닐 가능성이 있다.

그러나 두려움 너머에는 불안이 관련되어 있다. 두려움은 고통을 일으킬 위험이 있는 어떤 대상이나 사건에서 야기되었거나 인식될 때 체험한 공포이다. 따라서 두려움의 대상은 분명하게 확인될 수 있다. 또한 '대상 없는', 즉 주체 자신이 왜 자신이 두려운가를 말할 수 없는 확산된 두려움의 상태도 있다. 이것은 두려움이 농축되어서 주체를 문자 그대로 공황에 빠지게 함으로써 발작으로 나타나게 된다. 이것이 불안이다. 불행한 남자(여자)는 절박하고도 엄습해오는 재앙의 느낌을 갖고 있고, 거기서 자신의 삶(혹은 사랑하는 사람의 삶)자체가 위협을 당한다. 무엇 때문에? 그(녀)도 그 이유를 알지 못한다. 그것은 전체적으로 불안을 만든다고 의심할만한 사건을 예견할 수 없는 것이 특징이다. 무엇이 관련되어 있는지를 알지 못하기 때문에 대처할 어떤 방법도 마련할 수 없으며, 따라서 그것을 막아낼 수도 없다. 이것은 아주 먼 유년기로부터 유래하고 있다. 불안 발작을 경험한 누군가에게 사리를 따져서 말하거나 설교를 하는 것은 부질없는 일이다; 그것은 이성의 체계에 있는 것이 아니며, 그 자신도 '말도 안 된다'는 것을 잘 알고 있지만, 공황이 있는 걸 어쩌랴. 반대로 할 수 있는 일이라면, 그것은 마치 좋은 어머니와 강한 아버지가 옆에서 자기 아이를 보호해 주는 것처럼 안심시켜주고 보호해주는 감정적인 현존일 뿐이다. 이것도 당장은 효과가 있지만, 누가 이런 보호를 해주면서 살 수 있을까? 보호해 주겠다고 하는 누군가를 찾아낸다는 것도 장담할 수 없다: 이때가 바로 정신분석가를 찾아가야 할 때이다.

불안 발작이 문제이기는 해도, 다행히 흔한 일은 아니다. 그러나 그것은 어느 누구도 피하지 못하는 극히 '일상적인' 불안에서 유래한다. 그것들이 '대상 없는 두려움들'이라는 특성은 있지만, 비록 핑계-대상이라고 할지라도 대상으로 주어질 수 있도록 충분히 제한되어 있다. 이것은 아주 유용하다: 공포처럼(다음에 이에 대해 이야기할 것이다) 우리가 표상할 수 있는 어떤 것을 두려워한다는 것이 더 낫다… 이렇게 공포는 길에서 쥐를 만날 가능성이 아주 희박함에도 불구하고, 그런 일이 생길까봐 어쩔 줄 모르고 불안해 할 수 있다. 비슷한 경우에 불안은 다른 성격과 기원에서 비롯되어, 쥐에게 점차 '이전'되는 것이 분명하다: 적어도 사람들은 자신이 무서워하는 것과 피해야만 하는 것을 알고 있다…

이런 '사소한' 불안들은 주로 아이에게서 나타난다. 악몽은 거기에서 비롯되는데, 가장 전형적인 악몽은 커다란 칼을 가진 악당들이나 괴물들에게 쫓기는 것이지만, 이것은 깨어있는 상태에서도 벌어질 수 있다. 그것들은 잠자는 동안 드러나는데, 거기서 아이는 대처할 방도가 없기 때문에 자기 자신이 상처받기 쉽다고 느낀다. 어떤 아이들은 그에 대해 방어하기 위한 준비 의식을 고안해낸다: 자기만의 방식으로 이불을 정리하기, 대상-물신을 곁에 두기, 어떤 공식을 발음하기, 위험이 다가올 수 없는 벽에 등을 대고 공들여서 장비를 갖춘 성곽을 침대 뒤에 두고 아무것도 없는 쪽으로 얼굴을 향하기 등… 만약 그가 이야기나 달콤한 말을 요구한다면, 반드시 그 순간에 그것이 필요한 것이다: 잠들기 전에 아버지나 어머니와 함께 마음을 진정시키는 계기가 필요한데, 이것들이이야 말로 이런 불안에 대한 최선의 치료법이라는 것은 의심의 여지가 없다. 그러나 잠들기 의식이 너무 길거나 불안이 너무 심각하다면, 치료를 받을 필요가 있다.

그러나 불안을 가라앉힌다고 생각되는 그 어떤 약도, 비록 그것이 어김없이 효과적이라고 해도 그것만으로는 충분하지 못하다는 것 또한 알고 있어야만 한다. 모든 불안은 무의식에 그 근원을 두고 있기 때문에 그것으로는 증상만을 없앨 뿐, 원인은 그대로 있다. 바로 그 때문에 사람들은 무엇을 두려워하는지 모르고 있으며, 생각할 수 없는 절박한 재앙의 느낌을 갖게 된다: 환상화된 무의식의 삶이 폭발해서 통제할 수 없는 방식으로 쏟아져 나오기 때문에 두렵게 된 것이다. 악몽들은 바로 이것에 대한 증거이다. 정신분석가 가운데, 멜라니 클라인은 태고의 불안이 아주 어린 아이의 심리생활을 직조한다고 하면서 상당히 강조했다. 이는 최초의 불안이면서 억압의 작업으로 인해 포장된다. 그러나 음지에서 활동하면서 호시탐탐 주체의 방어가 느슨해진 틈을 노린다. 어린이 정신분석가들은 이점을 잘 알고 있다; 만약 당신의 아이가 지나치게 불안해 보인다면, 그들에게 의뢰하는 게 급선무이다.

36

모든 게 부모 탓인가?

그는 부산하고, 공격적이다. 그가 있는 주변은 늘 어지럽다. 정리하지 않고, 공부도 못하며, '게을러' 보인다. 게다가 거짓말도 한다 등등. 왜 그런가를 자문해보다가 '누구 탓인가'를 생각하다보면 화가 난다. 이 영역의 전문가들과 마찬가지로 나도 이점을 갖고서 서로를 비난하는 부모들을 많이 보았다. 이는 그만큼 더 악화되는 부부사이의 긴장을 보여주고 있으며, 무엇보다도 대상이고 목적이며 책임자인 아이에게 이런 갈등을 보이는 것은 해롭다.

원인을 찾는 일은 크게 두 종류의 '누구 탓인가'를 찾는 일이 된다.

그 첫째가 교육의 책임이라는 것이다. 사람들은 너무 관대하다고 혹은 너무 완고하다고, 아이를 충분히 돌보지 않는다고 혹은 너무 돌본다고, 과잉보호한다고 혹은 충분히 보호하지 못한다고 하면서 서로를 비난한다. 실제로 이런 비난들은 각자가 자신과는 반대되는 상대에게 하는 것이라서 일반적으로 대칭적이다. 부모의 이런 관계의 그늘은 자주 암암리에 혹은 드러내놓고 나타난다. 예를 들어서, 사람들은 너무 관용적인 부모 때문에 아이가 까다롭다고, 너무 까다로운 부모 때문에 아이가 주눅이 들었다고 혹은 엄격한 부모 때문에 엄격한 사람이 되었다고 비난한다: 이렇게 모든 것이 그 재료가 된다. 부부 사이의 갈등 재료는 무수하다. 그리고 아이는 부모에게 자신이 싸움의 구실이 된다는 느낌을 가질 수 있다. 그는 양친에 의해 지명된 희생자일 뿐이다. 실제로 그는 일상의 돌발 사건들과 그 비슷한 경우로 인해 악화되는 오이디푸스 콤플렉스들에 의한 희생자이다; 여기에는 적어도 두개의 수준이 있다. 하나는 아이와 그들의 양친으로 구성된 삼각관계의 수준이고, 그 위에 아버지와 어머니의 부모 각각에게 등록되어 있는 수준이다. 내가 '적어도' 라고 말한 것은, 조부모도 역시 그들의 부모를 갖고 있기 때문이다: 이렇게 '세대 간의' 계승과 전달의 결과는 아이의 교육과 관련된 일종의 가족 문화라는 맥락에서, 그리고 무의식적이기 때문에 암시적이게 된 기반으로 인해 자주 비난의 주요 자료가 된다. 특히 "맞아. 그러나 너를 똑 닮았어. 다른 애는 나를 닮았는데 그 아이는 너를 닮았단 말이야"라는 방식으로 형제나 자매의 존재가 비교와 경쟁을 일으킨다면, 상황은 복잡해지고 전반적으로 갈등이 유발된다.

때문에 두 번째 수준의 '유전적' 책임에 대한 비난이 무대에 등장한다. 특별히 거기에 대해 깊이 생각해 보지 않았던 많은 사람들의 눈에도 확연하게 보인다는 점에서, 개인의 특성이 유전적으로 전달(발생학적 경로를 통해서) 된다는 생각은 대단히 유감스럽지만 이미 아주 오래전부터 우리 문화에 정착해 있다. 사람들은 임신 순간에 유산으로 자기 조상들로부터 이런 저런 것들을 물려받았기 때문에, 아버지처럼 수학에 재능을 갖고 있다거나 어머니처럼 예술가가 되었다든가, 할아버지처럼 공상가가 되었다든가, 혹은 어머니처럼 수다스럽다는 가정을 한다. 그러나 개인의 차원에서 소위 성격적 특성의 대부분을 이렇게 설명하는 것의 타당성은 전혀 없다. 직접적인 유전적 전달과는 다른 양식들에 (문화적, 교육적, 동일시 모델의 역할 등) 대해서는 앞의 질문에 ('정신분석가는 학업 실패를 어떻게 이해할까?') 대한 답변에서 말했다. 그러나 일반사람들의 '유전' 에 대한 믿음은 아주 집요해서, 부모의 아이와의 동일시는 여전하다.("그 애는 날 닮았어, 내 핏줄이니까"라고 말하는 부모가 있는가 하면, 서로 갈등할 때 "그 애는 당신을 닮았어"… 라고 말하기도 한다.) 그런가 하면 분명한 증거도 없이 정신과 치료 대상이었던 삼촌을 떠올리기도 하고 까탈스러웠던 성격의 고모를 떠올린다.

이런 식의 모호한 주장들과 확실한 유전적인 요인들에 기인된 장애와 만성 질병의 진짜 고통스러운 경우들을 구별해야만 한다. 이점에 대해서 우리의 인식은 몇 년 전부터 괄목할만한 진전이 있었다. 이런 경우, 누가 그 병을 전했는가를 아는 것은 가능하다. 따라서—그럴려고 한 것은 아니지만 결과적으로 병을 전한 책임을 갖고 있다면—우리가 부연하지 않아도 그의 짐은 충분히 무겁고, 때로 심한 죄책감에 사로잡힐 수도 있다는 것을 상상할 수 있다. 그런데 일반적으로 이로 인해 놀란 부부는 오히려 상당한 연대성을 보인다는 것도 경험을 통해 알 수 있다.

'누구 탓인가' 라는 잘못된 질문에서 비롯된 책임성에 대한 비난들이 난무한 경우는 모두 프로이트가 분석했던 '안에서' 나쁜 것을 '밖으로' 던지는 보편적 경향의 기제에서 비롯되고 있다. 이 기제는 세포막으로 외부 세계와 분리되어있는 유기체인 단세포 동물로부터 생물학적인 수준에서도 증명된다. 이 단세포 동물의 신진대사는(생명을 유지하고 번식을 허용하는 생화학적 교환들 전체) 자가 해독이 어려워서 축적된 해로운 생산물을 보호막을 거쳐서 밖으로 내보내게 되어 있다. 그러나 또한 신진대사 자체에 필요한 요소들을('먹이들') 밖으로부터 가져와야만 한다. 만약 생명의 환경이 충분히 넓고 영양분이 충분하다면, 모든 것은 순조로워서 보호막은 양방향의 밸브처럼 잘 기능한다. 그러나 만약 이 환경이 극히 제한되어있고 또 개체수가 많다면, 그것들은 썩게 된다. 세포는 자기가, 혹은 다른 것들이 버렸던 해로운 물질을 다시 들여와야 하는 위험을 갖게 된다. 이 내보냄-들여옴의 도박은 고등동물의 생물학적 유기체의 먹기와 숨 쉬기에서뿐만 아니라 심리적인 과정에서도 동일하게 작용한다. 심리적 기관은 자신에게 유리해 보이는 것은 동일시 활동을 통해 들여놓는다. 이것을 '내사'라 한다. 또한 자신에게 불리해 보이는 것은 배출한다. 이것은 자신으로부터 밀어내고 싶은 것을(미움, 공격적 움직임, 분노 등) 나 아닌 타인이 그렇다고 비난하는 '투사'이다. 거기에는 그를 미워하고 공격하는 것은 내가 아니라, 바로 그가 나를 미워하고 공격한다는 확신이 있다. 투사는 인간적 차원과(그래서 우리는 전쟁과 대량학살, 인종학살을 저지른다) 개인적 차원에서 생긴다.

이런 기제들은 아이의 잘못된 것을 다른 사람의 탓이나 책임으로 돌리는 경향으로 나타난다: 부모는 서로 나무라거나(부모 잘못이라고 생각하는) 교사를 비난하는 데 의기투합한다. 그리고 교사와 부모는 사회와 그것의 '체제', 혹은 체제의 책임자 등의 탓이라고 하는 데 의견의 일치를 보기도 한다; 제도 상 종합적인 회의를 하다보면 교육자를 탓하는 의사나 심리학자를 못마땅하게 여기는 교사를 만나는 일은 흔하다.(그러면서 이들은 또한 모든 잘못은 지도자에게 있다고 생각하는 데 의견의 일치를 볼 수도 있다.) 사실 이런 현상은 꽤나 일반적이어서 공동으로 일을 하는 곳의 책임으로 돌아간다.(따라서 사람들은 어려움에 처한 아이들에 대한 책임이 있는 기관이나 제도에 문제를 돌린다.) 그러나 부모들은 치료를 잘못한 의사나 교육자답지 못한 교육자 등의 '잘못'일 수도 있다는 생각을 하기도 한다. 무릇 모든 불평에는 근거가 없는 것은 아니지만, 대개 그것은 사소한 사건이나 모호한 주장에 사로잡혀 있거나 자신의 '잘못'일 수도 있다는 두려움에 대해 거센 방어를 반영하고 있기도 한다. 부모를 상대로 하는 분석에서, 정신분석가의 일은 투사의 작용을 파악하도록 돕는 데 있다.

37

여섯 살에 모든 것이 결정되는가?

정신분석가들이 세 살이나 네 살에, 혹은 '학교'에 들어가는 여섯 살, '이유를 따지는' 일곱 살에 이미 운명이 결정된다고 말했다는 이야기를 자주 듣는다. 사실 거론된 나이는 그다지 중요하지 않다. 따라서 이 말은 이른 시기에 고정된 심리 발달의 효과가 너무도 근본적이기 때문에 심리발달 결정론은 어린 시절에 좌우된다는 데 따른 생각이다.

그러나 이 말을 액면 그대로 받아들여서는 곤란하다. 만약 사람들에게 모든 것이 여섯 살(세살 등)에 결정되고, 더 이상 아무것도 변할 수 없을 것이라는 생각이 지배적이라고 해도, 그것은 정신분석가로서 하는 행동의 타당성을 전적으로 부인하는 것이기 때문에 어떤 정신분석가도 그렇게 생각하지 않는다. 그는 자신이 변화를 꾀한다고 생각한다. 그러나 문제는 이렇다: 무엇을 어떻게 어느 순간에 변화하게 하는가? 무엇을 수정할 것이라고 생각하는가? 어떤 단계를 거쳐서 어떤 양식에 따라 어떤 치료 작용을 통해 할 것인가? 이는 그에게 기술적인 면에서의 저항의 문제와—일반적인 것은 아니지만 특별한 경우마다—이론적인 면에서의 심리결정론, 그리고 인간 자유에 관한 중대한 문제들을 제기한다.

이런 문제들은 아주 오래전부터 제기되어왔고, 수세대에 걸쳐서 철학자들이 그에 대해 논쟁해 왔다. 프로이트는 앞선 심리 과정들은 이어지는 다른 과정에 대해 필수적이라고 하는, 즉 모든 심리 과정은 결정되었다고 하는 급진적인 입장을 취했다. 그는 꿈의 사례들을 갖고 그것을 입증하는 데 매달렸고, 그 결과 낮의 흔적과 욕망의 실현에 관련된 기제, 그리고 변형의 절차를 거쳐서 완성된 형태로써 모든 꿈의 요소를 설명될 수 있다고 주장했다. 입증이라고 말했지만 언제나 설득력이 있는 건 아니었다.「꿈의 해석」(1900)에서 그의 주장을 읽다보면, 사람들은 때때로 그가 약간 '과장한 게 아닌가' 라는 생각을 하게된다. 그러나 이 책이 나오게 된 상황을 참고해야만 한다: 그는 여기서 꿈은 심리생활의 단편들 중에서 '우연히' 분리된 것에 지나지 않는다고 하는 공통된 견해에 격렬한 반론을 제기한다. 그리고 그의 이러한 급진적인 반론 제기 덕분에 심리 생활의 근본적인 기제를 밝혀낼 수 있었다.

그 이후 프로이트는 자신의 입장을 약간 완화시켰다. 그러나 그는 여전히 합리주의자이고 결정론자이다. 생애 말기에 어떤 치료들이 부딪히고 있는 상당한 저항들을 확인하면서, 그는 아주 회의적이 되었다: 무엇인가가 더 이상 아무것도 할 수 없게 되는 지점에서 고정되어 있는 것은 아닐까? 이런 '프로이트의 비관론' 은 개인적인 이유에서 비롯되었다.(그는 턱뼈 암으로 고통스러운 생애 마지막 15년을 보냈다.) 오늘 날 우리는 보다 낙관적으로 보고는 있어도, 그렇다고 문제가 아주 없는 것은 아니다: 그들의 고유한 심리 생활을 수정하기 위해 어떤 주변 인물을 배치할 것인가? 혹은 결정된 심리 생활은 어떻게 자신을 수정할 수 있는 여지를 갖게 되는가?

우리는 거기서 정신분석 이전에 많은 사람들을 몹시 괴롭혔던 무서운 역설에 부딪힌다. 종교적인 언어로 말한다면 이러하리라: 만약 신이 전능하고 선하시다면 왜 천사가 사탄이 되도록 내버려 두었을까? 그래서 왜 악이 세상을 지배하도록 그냥 놔두었을까? 또 왜 인간에게 악을 행할 자유를 주었을까? 이것은 그의 심술이리라! 어떤 것이 육화된 것에 불과하다는 종교와 상관없는 언어로 말한다면, 그것은 지난 세기 초에 이전의 모든 결정론을 극단적으로 피하는 행위로 인해 자문했던 '무보수의 행위 이론가'가 증명하고자 했던 것처럼 우리가 자유롭다는 것을 스스로 증명할 수 있을 것인가? 라는 것이다. 그런데 그 답변이 평범하다는 게 특이하다: 어떤 동기도 없는 범죄로 인해… 심리내적 결정론에 대한 가장 완벽한 몰이해에 잘 따른 것이다!

따라서 이것이 정신분석가가 찾아냈던 바로 그 질문이다. 만약 우리가 '결정론/자유론' 문제를 과격하게 다룬다면, 그래서 그것을 유일한 주제로 여긴다면, 필연적으로 막다른 골목에 이르게 된다. 논리학자 괴델 Gédel은 하나의 체계는 자신만의 방식으로는 스스로를 변화시킬 수 없으며, 거기에는 그를 포함하는 상위 체계의 방식들이 필요하다고 하는 유명한 정리를 발표했다. 이것은 우리 문제에 아주 적절하다. 만약 그 '체계'가 고립된 주체의 심리 생활이라면, 거기에는 자기 자신의 역기능을 혁신할만한 방법을 갖고 있을 확률이 아주 희박하기 때문이다. 그러나 우리는 환자와 분석가가 짝을 이룬 '그 위의 체계'로 개선할 수 있다.

이제 원래 제기된 문제로 되돌아가자. 모든 것이 여섯 살에(혹은 세살 등) 결정되는 걸까? 물론 그렇지 않다. 왜냐하면 아이는 고립된 존재로 자라지도 않을 뿐더러, 그만의 고유한 심리현상을 구조화하게 될 '이마고'를 형성하면서 다른 사람들과의 활발한 상호작용을 갖고서 성장하기 때문이다. 게다가 나중에 심리발달과 그 작용이 어려움을 보이는 경우라 할지라도, 분석가의 개입에 의해서 '그 위의 체계'를 세우는 것이 가능하다.

따라서 변화가 가능하다면, 우리는 무엇을, 어떤 치료 행위를 통해, 어떤 단계를 거쳐서, 어떤 양식으로 변하게 할 수 있을까? 나는 이전에 '심리현상은 어떻게 전개될까?'란 질문에서 했던 나무의 비유로 답변하고자 한다. 만약 사람들이 좋은 씨앗을 비옥한 땅에 좋은 기후와 좋은 장소에 심는다면, 그리고 물도 충분히 공급된다면… 나무는 아름답게 자랄 것이다. 그러나 어린 나무가 물과 햇볕도 부족한 그다지 좋지 못한 땅에 자리 잡고 있다면, 그 나무는 잘 자리지 못한다. 그래서 그 어린 묘목은 손상을 당하면서 부러지기도 하고 혹은 휘어지기도 한다. 이런 손상들 가운데 어떤 것들은 더 이상 바로잡아질 수 없지만(나무의 전체 구조), 식물의 생활 조건을 개선한다면 나아질 수 있는 것도 있다.

이것으로 심리 생활도 설명할 수 있다. 절대로 수정할 수 없는 것, 그것은 기초로 부여받은 것들이다. 설령 내가 앞에서 이미 말했던 것처럼(특히 '정신분석가는 어떻게 학업부진을 이해할까?'라는 질문에서) '타고났다'란 생각을 남용하지 않는다고 해도, 확실히 출발 조건은 있다. 따라서 우리는 갓 태어난 아기가 근육의 탄력성과 일반적인 활동 수준과 관련해서 아주 섬세하게 다르다는 것을 보여줄 수 있다. 이는 장차 발달의 특징들을 미리 알려주는 것이 된다. 그러나 이 경우조차 유전적인 명령으로써 서둘러서 주장할 필요는 없다. 자궁 내의 발달 조건들은 이후에 일어나는 것을 설명하기 위해 중요하다.(우리는 어머니가 약물중독이나 니코틴 중독일 때를 잘 알고 있다) 그러나 심리 발달의 특징들은 태어날 때부터, 혹은 어린 나이에서부터 고정될 수 있다. 따라서 세살에 겪은 심리적인 외상은(어머니의 죽음 등과 같은) 심각한 결과를 초래할 수도 있다. 이런 모든 이유들로 인해서, 우리는 뒤틀리게 자라는 나무가 될 위험이 있다. 그러나 대체로 정신분석은 지나치게 외향적이라든가 꼼꼼함, 혹은 대드는 경향 등의 '성격적인' 특성들을 절대 고칠 수 없다고 생각한다. 물론 분석은 주체에게 유전(결정)인자와 그 기능을 보다 잘 알 수 있게 해주고 또 그 작용이 완화될 수 있도록 해준다. 그러나 본질적으로 그것들은 존속하게 마련이다. 물론 분석 주체들은 치료 초기에 분석으로 인해 '변질된' 자신을 보게 될까봐 두려워한다. 이런 두려움은 근거 없는 것으로, 근본적으로 사람은 변하지 않으며, 또 그 편이 더 좋다.

그러나 변화가 가능하다면, 그것은 심리 기관의 발달 조건들과 발달 그 자체의 과정들과 단계들로 되돌아가도록 허용하는 것일 뿐이다. 어린 시절 내내 사랑받지 못했거나 혹은 그가 바랐던 만큼 사랑받지 못했던 어떤 사람이 지독하게 느꼈던 고통의 문제는 일반 조건들에 관련된다. 세 살 때 어머니가 돌아가셔서 필요한 '애도의 과정'이 없었던 것과 같이 심각한 유아기의 외상적 타격에서 벗어나지 못한 어떤 사람의 경우처럼, 이는 어린 시절의 주요한 순간들에 관련된 것일 수 있다. 그러나 단순히 외적인 조건들만 문제가 되는 것은 아니며, 보다 근본적으로 심리 역사

자체가 문제이다. 우리는 이 역사를 손질할 수 있다. 이것에 대해 나중에 다시 이야기하기로 하자.

38

유아 자폐증이란?

앞의 질문들은 아이에게 관심이 있고, 아이가 있어서 돌보고 있거나, 혹은 갖고 싶어 하는 모든 사람들이 알고 싶어 하는 내용이었다면, 여기서 다루는 것은 다행히도 극히 소수의 사람들만이 직접적으로 관련된 문제이다. 왜냐하면 자폐아는 만 명당 두 명 내지 네 명 정도의 비율로 태어나고 있기 때문이다. 그러나 이런 추정은 상당히 불확실한 것이라는 점을 덧붙여둔다. 왜냐하면 이것은 사람들이 자폐증이나 자폐아를 어떻게 정의하는 가에 따라 달라질 수 있는 것이기 때문이다.

그렇다면 자폐증, 혹은 자폐아는 무엇인가? 문자 '자폐증'은 '완전히 혼자'를 의미하는 그리스 단어에서 만들어졌다. 고립된 존재를 뜻할 의도로 만들어졌던 '바보'에서 나왔다는 것에 주목할 필요가 있다. 사실상, 1943년에 칸너 Kanner가 유아 자폐증을 기술하기 전까지, 우리는 일반적으로 자폐증 환자들을 지적 능력이 심하게 손상된 바보와 혼동했다.

칸너는 자폐아들의 기본적인 특징들을 묘사하면서, 그 증후들을 따로 모아놓았다. 1) 모든 인간적인 소통으로부터 주체를 단절시킴으로써 고립 속에 가두는 태도. 2) 불변성에 대한 요구: 주체는 그가 세심하게 그것의 현존과 장소를 증명하고자 집착해서 사람과 대상에 관해 완벽하게 안정된 환경만을 견딘다. 모든 환경의 변화와 예기치 못한 사건에서 그는 강한 불안을 일으킨다. 3) 상동행동: 이상하고 극도로 반복된 목소리 내기와 동작들. 그러나 그것들은 틱과는 근본적으로 다르다. 관찰자는 의미가 없는듯하면서도 동시에 어떤 것을 표현하는듯한 행동 앞에서 이상한 인상을 경험한다. 사실, 이러한 표현들은 불안한 순간에, 특히 사람들이 주체를 격리시키고 있는 장벽을 억지로 열고자 할 때 더욱 심해진다. 4) 언어적 접근이 심각하게 지체 됨, 혹은 불가능함. 가능하다 해도 인칭대명사의 혼동과—자기 자신을 지칭하는 '나' 대신 '너'를 사용한다—반향언어와 (남의 말을 메아리처럼 되풀이해서 말하는 증상—역자) 같은 특수성을 보인다. 그래서 언어는 가까운 사람만이 알아들을 수 있는 일종의 창조된 '새로운 언어'이다. 5) 일반적인 지능 발달의 중대한 지체.

이제 우리는 자폐증에서 지능의 지체와 관련된 목록들을 일반적인 경우와 가장 심각한 경우 사이의 여러 가지 차이들을 고려해서 거의 완벽한 수준으로 보안해 놓았다. 거기에는 분명 언어의 지체와 장애가 수반된 소통불가라는 사실로 인해 필연적으로 문제가 된 '사회적'이고 관계적 지능의 모든 것과 상징적 기능들이 관련되어 있다.(그래서 이것은 분명히 그것을 기초로 하고 있는 지능에 영향을 미친다.) 그러나 '어떤 영역'이 비정상적으로 발달되는 방식으로 지적 가능성이 존재하는 경우도 있다. ('달력의 날짜를 계산하는 사람'과 같이 1937년 6월 3일이 무슨 요일인가를 즉시 말할 수 있거나 전화번호부를 통째로 암기할 수도 있다.)

그 목록들이 더욱 복잡해져서 미묘한 차이까지도 고려하고 있다고 할지라도 이러한 설명은 아주 고전적인 것이다. 그러나 이러한 미묘한 차이들 자체가 오히려 우리가 여러가지 자폐증들에 대해 말할 수 있게 되면서, 심각한 이런 상태들을 다른 형태들로 세분화시킨다. 자폐의 증후들이 아기에게서 한꺼번에 나오는 '조발성' 자폐증은 이런 특징으로 나타난다: 자극에 대한 무관심. '눈과 눈'의 마주침이 없음. 웃음이 없음. 아기를 안아보면, 마치 헝겊 인형을 집어든 것 같은 느낌처럼 자세의 조정이 없거나 경직되어 있음. 빨기나 잠자기 곤란 등. 한편 그런 장애들이 생후 두 번째나 혹은 세 번째 해에 돌발하는 경우를 '이차' 자폐증이라 한다. 이는 초기 발달은 분명히 순조로웠는데, 점차 자신에게서 물러서서 접촉을 단절하고 냉담해지고 무기력해지거나 반대로 극도로 흥분하거나 불안해하는 경우이다. 이때 아이는 끝없이 새로워지는 어떤 지각들에(소리, 영상, 촉감이나 후각) 사로잡혀있는 것 같다. 자폐는 아이가 방어적 갑옷 안에 갇혀있는 듯이 보이는 소위 '딱딱한 껍질로 된' 형태와 융합을 추구하는 '아메바와 같은' 형태로 구분된다.

유사정신의학자, 심리학자, 정신분석가 등의 수많은 저자들은 이러한 임상적 연구에 공헌했다. 거기로부터 불가피하게 저자와 특히 핵심이 되는 두개의 질문들에—왜? 무엇을 하려고?—따라 나누어진 학파들마다의 잘 구분된 병리론적인 결과가(체계화된 목록) 나온다.

병리론적으로 자폐증은 앵글로 색슨계통의 학자들과 프랑스 학자들 사이에 분명한 차이가 존재한다: 전자는 단수의 자폐증을 말하면서도 심각한 질병으로 여겨지는 상태에 따른 부분적 단위를 인정하고 있으며, 정신분석의 영향을 받은 후자는 장애들의 극단적인 다양성을 강조하면서도 유아 정신증의—비록 그것이 일반적으로 알아차릴 수 없을 정도로 밖으로 드러나지 않는 장애로부터 생겨나서, 그것의 출현은 보다 지체될 수 있다고 해도—넓은 범주 안에 자폐증을 포함시킨다. 이것은 단순한 목록이 다른 것, 그 이상이다. 그로 인해 두 가지 문제에 관한 근본적인 조건들이 들어있기 때문이다: 원인에 대한 것과 사로잡혀있는 정도에 대한 것.

원인에 대한 문제는(원인론) 말할 것도 없이 가장 큰 관심을 일으키는 것으로 거기에는 TV 프로그램이나 신문의 기사라는 간접적인 수단을 이용한 일반 대중들의 것도 포함된다. 우리는 이 주제에서 초보적인 논거를 갖고서 주장하는 사람들의 몰이해의 정도에 따라 때로는 불꽃 튀는 논쟁으로 전개되는 것을 보았다. 우리는 '왜 그렇게 되었을까?' 에서 불가피하게 나오는 질문 '누구 탓인가' 로—내가 앞에서 답변을 시도했던—전개되면서 그 양상이 격해지는 것을 관찰한다면 그 논쟁에 대한 관심을 더 잘 이해할 수 있다. 20여 년 전 정신분석의 이름 하에 아이에 대해 교육과 애정의 입장에 있는 부모를 직접적인 책임자로 그것의 원인으로 삼으려 했던 사람들이 있었다. 요소들의 유형을 생각해 보게 했던 바로 그것은 브루노 베텔하임, 멜라니 클라인, 마가렛 말러 등의 업적처럼 중요하고 인정받을만한 것들로 인해 사라졌다. 그러나 지나친 '이론가들' 은 만약 아이가 그렇게 되었다면, 그것은 그의 어머니가 그가 필요로 했던 사랑이나 혹은 그 어떤 것을 그에게 줄줄 모르거나 줄 수 없었거나, 그가 그렇게 되기를 무의식적으로 원했기 때문에 그렇게 될 수밖에 없었다는 결론을 이끌어냈다. 그래서 그는 어머니들에게 그것을 말하기 위해(그 이상을 말하지 않기 위해) 서투른 전문가가 되었다…

나는 여기서 분명하게 밝힌다. 어떤 경우에 어머니-아이 관계 양식들이 자폐증의 문제에 영향을 줄 가능성은 있다. 여기서 우리는 빨래바구니처럼 아이를 들고 다니거나 아기의 어려움에 대한 신호에는 무신경한 채 잡지책을 훑어보거나 TV를 보는 어머니들을 생각할 수 있다. 그러나 아이에게 해가 될 수 있는 이런 경우조차 다행스럽게도 대부분의 유아 자폐증을 유발하지 않는다. 비록 이런 요인들이 자폐의 출현에 공헌할 수 있는 것처럼 보일 수 있어도, 그것만으로는 절대 그렇게 되질 않는다. 더구나 우리는 자폐아의 어머니나 부모 모두 나무랄 데 없는 경우도 종종 확인할 수 있다. '다른 사람들과 같지 않은' 부모들은 항상 아이에 대한 자신들의 별난 행동과 태도들로 인해 이런 비극이 만들어진 것은 아닌가 하는 생각을 하지만, 사실 그런 상태를 갖게 한 원인은 다른 결과를 가져올 수도 있는 것이다.

어쨌거나 전문가의 입장에서 그의 자녀가 자폐일 때, 그것은 '무의식적으로 그렇게 되길 욕망했기' 때문이라고 어머니에게 말하는 것은 언어도단이다. 이미 너무도 고통스러운 경험을 한 여자에게 그 같은 비난을 할 수 있을까?: 이런 말을 들은 어머니의 태도는 두 가지로 나뉜다. '의사가 말했기' 때문에 인정하기. 그렇다면 그녀에게는 얼마나 무거운 짐이 더해지게 되는 것일까? 혹은, 나쁜 의사라고 생각하면서 전면적으로 거부하기. 이것이 내게는 더 나아보이고, 더 진실에 가깝다. 만약 전문가가 어머니-아이의 나쁜 관계를 생각할만한 충분한 이유가 있다면, 그것에 대해 비난을 해서는 안 된다. 다만 그런 견해를 혼자(아니면 그와 함께 일하는 팀원들끼리) 간직하고서 그것의 개선에 힘써야 할 것이다.

그러나 전에는 실제로 이런 잘못들을 저질렀다. 이제 우리는 더 잘 설명된 것들로(일반적으로 싸우는 사람들이 잘 몰랐던 것들) 인해 자폐증과 유아 정신증에 대한 정신분석적 접근이 목표로 삼았던 아주 생생한 거부의 반응들을 더 잘 이해한다. 그러나 그것들은 말할 것도 없이 이런 역사 없이도 전개되었을지 모른다. 사실 부모들의 삶도 비극이기 때문이다. 그들은 자신들에게 일어난 일에 대한 원인을 깊이 생각하면서 '누가 잘못인가' 란 질문 앞에서 의심의 함정에—혹시 내 탓은 아닐까? 그를 사랑하는 내 방식에 문제가 있는 것은 아닐까? 그러나 나는 그를 사랑하는데… 어떻게 된 걸까?—대항해서 싸운다. 이런 고통스러운 질문들 앞에서 신체 기관이 원인일지도 모른다는 가정은 하나의 해결책이 된다. 즉 거기서 심리현상은 아무 상관이 없으며, 그것의 원인은 몸 안, 즉 아이의 몸 안에 있다는 가정이다. 그러나 그는 일찍 닥친 재난으로 인해 고통 받고 있는데, 엄밀히 말해서 그것은 유전으로 인한 것이며, 유전은 아이를 향한 그의 사랑보다 책임에 있어서 훨씬 가볍다. 따라서 사람들은 이런 가정으로 안심시켜줄 다른 치료가를 찾을 것이다. 그러나 이에 대한 가장 진지한 태도는 지금으로서는 알 수 없다는 것이다.

현재 우리는 모른다는 게 맞는 말이다. 많은 작업들이 20여 년간 이 질문을 다뤄왔다. 다행히 우리는 세로토닌과 카테콜라민, 엔돌핀의 역할이라는 생각으로, 뇌파검사의 결과로 분석된 유전적인 인자들과 효소의 비정상을 연구했다. 그러나 우리는 자폐아에게서 병의 원인으로 추정할만하게 나타나는 어떤 인자들도 찾아내지 못했다. 물론 이런 연구들은 계속되어야만 한다. 사실 나 같은 정신분석가에게는 사람들이 병의 원인으로 신체 기관에서 그것의 가능성을 찾아내고, 또 그것으로부터 필요한 치료를 추론해 내는 일이 참 다행스게 느껴진다. 그러나 문제는 당장 우리는 그것의 원인을 모른다는 사실이다.

이런 아이가 있다면 무엇을 해야 할까? 접근의 차이를 반영한 두 가지 태도가 가능하다. 하나는 병의 원인을 신체 기관에 두는 가정과 연합된 것으로—비록 그 관계가 분명하지는 않을지라도—교육의 활동을 강조하게 된다. 매우 개인적인 활동을 하게 되는 소그룹으로 구성된 어린이들에게는 어떤 훈련을 목적으로 하는 교육적인 기술이 이용된다. 이는 자기 아이가 '정상이 될 것'이며, 어쨌든 그의 장애를 조금씩 줄여나갈 것이라는 희망을 간직하고 있는 부모들에 의해 지지되고 있다. 사실 이런 활동은 잘만 인도하면 성공할 수도 있다. 그러나 화려한 훈련으로 덧칠하는 위험이 도사리고 있다는 점, 그리고 진정한 자율로의 접근을 열어주지 못할 뿐더러, 그로 인해 증상의 의미도 이해하지 못하게 만든다는 생각이 드는 것은 어쩔 수 없다.

자폐증에 대한 처음 설명으로 되돌아가자. 깊은 우울증이 거기에 내포되어 있고, 아이는 딱딱한 껍질에 갇혀서 움직이지 않는 환경에 안심하고 일상적인 절차들로 자신을 보호하면서 절망적으로 그것과 싸운다. 동정심 많은 어른이 이 껍질을 뚫어보겠다고 하는 예기치 못한 사건이 돌발해서 이런 보호 기제들이 실패할 때, 불안이 엄습한다.

어째서 불안이 엄습할까? 유아 정신증과 자폐증에 대한 정신분석적인 접근과 '정상적' 아이의 초기 발달에 대한 접근은 우리에게 이런 점에서 많은 교훈을 안겨 주었다. 신생아의 심리 상태는 '자아'와 '다른 것' 사이의 구분이 아직은 없는 모호한 감각과 정서로 표상된다. 그것의 분화는 4개월에서 8개월 사이에 점차 자리 잡게 되지만, 아주 약하다: 분화되는 것은 오랫동안 탈분화되는 위험에 처하게 할 것이다. 바로 이것이 생생한 불안의 근원으로, 때문에 재합병된 것으로써 어떤 것 속에는 타인을 사라지게도 하지만 동시에 자신을 사라지게도 한다; 죽음에 대한 불안(이것은 아직은 존재하는 것은 아니지만, 나중에 자라게 될 것이다), 그것은 아무 것도 아닌 것이 되는 데 대한 불안이라는 점에서 더욱 좋지 못하다. 모든 아기들은 이것을 알고 있지만 일시적인 것으로 지속적인 효과는 없다. 어떤 아기들은 존재와 비존재 사이의 견딜 수 없는 상태를 계속해서 오고간다. 그것으로부터 자신을 보호하기 위해, 그들은 내가 요약했던 기제들을 발달시킨다. 이 기제들이 공고해져서 아주 지속적으로 고착될 수 있다. 이것이 일종의 준비단계에 있는 유아 정신증이다.

미묘하고 어려운 개념과 임상이 포함된 이 증상들에서 미묘한 차이를 느껴야만 한다. 그래야 우리는 이런 아이들을 다루는 정신분석가들이 권장하는 활동 양식을 더 잘 이해할 수 있다. 증상의 의미와 불안의 부담을 확인하기, 아이의 보호 기제를 존중하기, 그것을 발달시키기, 가능한 모든 방법을 동원해서 아이의 자아-타자의 분화를 강화시키는 역할을 하는 안정성을 지닌 사람과의 관계 만들기, 교육적인 활동을 무시하지 않기, 그것이 힘든 작업인 까닭에 팀으로 일하기, 거기에서 지지와 희망을 찾는 부모와 지속적으로 협력하기 등.

희망에는 한계가 있음을 인정해야만 한다. 가장 순조로운 경우에, 아이는 자폐증이든 유아정신증이든 진짜 불리한 상태에서 훨씬 덜 손상된 신경증의 상태로 발전할 수 있을 것이다; 그렇지 못하다면, 그 진행은 보잘 것 없다. 책임 있는 연구 차원에서 필요한 활동을 발달시키는 것만큼 중요한 것은 없다.

39

신경증이란?

신경증은 현대 언어 가운데 오래된 용어이며 게다가 '신경증에 걸린 여자'와 같이 형용사의 형태로 사용된다. '조증' 이나 '편집증'과 같은 표현이 양성 모두에 사용가능해 보이는 데 반해, '이 여자는 히스테리 환자다 c'est une hystérique' 와 같이,(프로이트는 히스테리 연구를 통해 정신분석학을 창시하게 되었고, 정신분석학의 관심은 신경증이었다. 그런 이유로 여기서 신경증을 설명하면서 히스테리를 다루고 있다) 일상화된 용법에서 그 용어는 왠지 여성에게만 사용할 수 있는 것 같아 보인다. 인간 상호관계의 행동 양식과 그것으로 성격의 면면들을 기술하는 이런 표현들 전체는 정신의학과 정신분석이 혼합되어 나온 것이다. 그러나 그것을 사용하지 않는 정신분석가는 그 자신이 사용하는 개념에 대해 확신을 갖지 못하는 먼 친척 정도로만 그것들을 인정한다. 따라서 몇 가지 점에서 명확하게 할 필요가 있다.

'신경증'이란 용어는 신경이나 보다 일반적으로는 신경체계의 손상에서 기인되었다고 가정된 질병을 기술하기 위해 아주 오래

전에(18세기) 만들어졌다. 그리고 이것은 병리학적으로—소화불량에서 정신착란에 이르기까지—모든 잡다한 것들을 쓸어 담는 커다란 주머니가 되어 왔고 사람들은 그 안에서 필요한 구분을 했다. 특히 사람들은 신경학의 대상이 되는 신경과 중추신경에 기인한 질병과, 신체적인 원인은 간접적이거나 극히 미미하고 혹은 전혀 상관이 없는 정신의학의 대상인 심적인 장애를 구분할 줄 알게 되었다. 그러나 이상하게도 '신경증'이란 용어는 심리적 장애의 측면을 기술하는 것으로 남아있다. 신경 그 자체는 거기에 아무런 상관이 없음을 잘 알고 있음에도 말이다. 만약 우리가 그것을 알고 있다고 해도, 그것은 순전히 복고적 취미로 큰 지장은 없다. 그러나 그것을 알지 못한다고 해도, 예를 들면 어떤 사람의 우울증 상태를 묘사하기 위해 그는 '신경이 아픈 사람'이라고 말하는 것처럼, 평범한 남자나 혹은 여자의 대화 속에서도 그 용어가 나타난다.

19세기 말엽, 프로이트는 정신의학에 진짜 혁명을 일으켰다. 그 결과 그는 히스테리 장애들이 신경체계의 손상이나 비정상으로가 아닌 심리내적 갈등이나, 방어의 작용으로 인해 억압되었던 욕망의 '귀환'을 증명하는 관찰 가능한 증상들이라고 설명한다. 히스테리 사례에서 출발해서, 그는 히스테리 외에도 공포신경증이나(혹은 '불안 히스테리') 강박신경증과 같은 것을 '방어의 정신신경증'이라고—심리적 장애들과 관련되었음을 분명하게 하는 '정신'이란 단어가 추가 됨—부르면서 이 명제 전체를 일반화했다.

거기서 문제는 주체와 그 주변 사람들의 삶 속에 중대한 어려움을 만들어 내고 징후학적으로도 그것의 기제를 잘 설명할 수 있는 심각한 장애이다. 아직은 성인 정신신경증이 갖게 되는 특징들이 나타나고 있지 않더라도, 어린시절 속에 자리잡고 있는 '유아신경증'은 나중에 겪게 될 어려움의 최초 근원이 된다. 유아 신경증을 밝히게 되었던 정신분석적인 치료는 분석가와 전개되는 관계 속에서 그것의 재연을 필요로 하고 있다. 따라서 치유를 위해 '전이신경증'은 어쩔 수 없는 과정으로 자리 잡게 된다. 이상은 프로이트에 의해 전개된 도식을 아주 간략하게 요약한 것이고 현대의 신경증에 대한 이해에서도 핵심으로 남아있다. 그러나 프로이트는 신경증의 중심에서 직접적으로 이 도식을 통해 지적되지 못했던 다른 범주의 장애들을—오랜 기간 성적인 박탈이나 잘못 유지해온 경우처럼 심리적인 신체 기관에 과도하게 할당된 긴장에 기인된 '실제 신경증'—구분했다. 이때 약은 견디기 힘든 이런 상태를 아주 간단하게 해결해 줄 수 있다. 따라서 현실적인 신경증의 개념은 정신신체적 질병에 대한 연구가 그것에 어떤 현실성을 다시 가져다주기까지 반쯤은 효력을 잃게 된다.

반대로 다른 구분들은 프로이트 이후에도 근본적인 것으로 남아있으면서 널리 연구되었다. 사실 정신신경증과 성도착, 그리고 정신증과 경계선 상태는 구분되어야만 한다.

'성도착'이란 용어는 '비정상적' 성욕과 폭력을 특징으로 하는 상식적 범위를 벗어난 행동을 지적하고 있다. 그런 정의는 일반 사람들 속에서 그런 행동의 희소성과 도덕성이라고 하는 두 개의 준거를 토대로 하고 있다. 우리는 이런 사실 자체에서 '성도착'의 개념이 한 세기를 거치는 동안 많이 달라졌다는 것을 알게 된다. 요즈음 우리는 성도착이 가장 나쁜 타락으로 가는 길로 인도해서 결국 불행을 초래한다는 명목으로 의사와 도덕, 사회 집단이 어린이나 청소년들의 자위행위에 대해 가하는 억압의 폭력을 상상하기 어렵다… 이렇게 요즈음에 와서는 법을 어긴 것도, 또 죄를 범한 것도 아니며, 어른들 상호간의 동의하에 은밀하게 이루어진다는 조건으로 허용되는 그 밖에 여러 다른 성적인 행위들이 100년 전에는 비난의 대상이었다. 그렇다고 그러한 허용이 모든 것을 정당화 시켜주면서, 성도착의 개념에 어떤 실효성이 없음을 의미하는 것은 아니다. 다음과 같은 세 가지 특징을 지니고 있을 때, 우리는 그것을 성도착 행위라고 생각한다: 첫째, 반복성. 성도착 행동은 자신이 찾는 쾌락을 얻기 위해 끊임없이 재현해야만 하는 형벌로 된 각본의 노예처럼 보일만큼 반복된다. 둘째, 유아 성욕에의(특히 항문기) 고착. 셋째, 파트너의 비인격화. 파트너가 단지 쾌락을 서로 교환하는 도구로서만 인정됨. 따라서 성도착 행위의 기준이 되는 이런 것들은 그 자체만으로도 심리적인 메커니즘의 희생자로(혹은 그것들에 동조하는 기제들의 희생자로) 나타난다. 그러나 이런 행동들을 넘어서 우리는 어떤 개인을 그 같은 삶의 양식으로 이끌어간 심리 과정 전체를 밝히기 위한 '성도착 구조'의 개념을 고려하게 된다.

정신신경증은 심리 작용의 다른 양식들을 표시하면서 흔히 말하는 정신의 질병이라고 할 수 있 정신증과는 구분되어야 한다. 이것의 증상 가운데 어떤 것들은(헛소리, 환각 등) 아주 뚜렷해서 종종 주변사람들을 근심하게 만드는가 하면, 어떤 것들은 눈에 덜 띄어서 똑같이 심각해도 '조용히' 존재할 수 있다. 그러나 정신증으로 분류되는 것은 무엇보다도 심리 작용의 양식에 의해서이다. 그것은 주체가 다양한 기제로 환원을 시도하는 어린 시절의 매우 오래된 불안을 재연한 심각한 불안을 특징으로 하는데,

그 때 주체는 사물과 사람, 그리고 주변 세계의 현실을 심하게 왜곡해서 박해자나 괴물 등과 같은 것으로 느끼게 된다. 때로 이런 위험스러운 공격적 행위들은 자신이 심각하게 위협당하고 있다고 느끼는 주체의 방어 반응의 산물이기도 하다. 정신증의 경계 영역에서 특히 그 작용의 일반적 구조는 정신증과 같지만 어느 정도 신경증적인 상부구조로 덮여 있는 '경계적인 사례'들을 정신분석가들은 이삼십년 전부터 연구하고 있다.

어쨌거나 우리가 알고자 했던 것은 심리구조의 개념이다. 성도착이나 정신증적인 구조들이 이런 갈등체의 '이면'에서 생겨나는 데 반해, 신경증적 장애의 특징들은 오이디푸스 갈등으로 인한 교란에서 비롯된 구조들에서 생겨난다. 따라서 너무 추상적일지 모르지만 나는 다음 질문에서 더 자세하게 말하고자 한다. 그러나 신경증 개념의 확장에 대해 마지막으로 한 마디만 더 하겠다. 앞에서 나는 아주 특징적인 장애들이면서 인간 상호관계와 일상생활을 아주 민감하게 교란시킬 수 있는 '신경증의 주류'에—히스테리, 공포, 강박신경증—대해 언급한 바 있다. 그러나 신경증의 구조들이 오이디푸스의 갈등으로 인한 교란을 특징으로 한다는 것과 같은 이유로 이런 교란들이 다소 강조될 수 있는 것은 자명한 일이다. 그때부터 '정상적인 성격을 갖는' 경계들은 대단히 모호해진다. 명백한 강박신경증과 단지 세밀하게 검증을 하고자 했던 사람들, 고전적인 전환 히스테리와 사소한 잔병치레지만 정서적으로 커다란 부담을 갖게 된 성격 사이의 경계들이 그렇다. 그래서 정신분석가들은 심리적 기능이 오이디푸스에 의해 조정된 모든 경우들을 포함시킨 '신경증적인 구조'에 대해 말하게 된다. 거기에는 가장 '정상'인 사람은 물론 정신분석가 자신들도 포함되어 있다.

40

히스테리란?

19세기 말엽의 파리는 히스테리 환자들로 인해 열광의 도가니였다. 샤르꼬는 당시에 그곳에서 히스테리 환자들을 치료하고 있었다. 히스테리 환자들은 최면 하에서 모든 사람들이 존경하고 칭송해 마지않는 샤르꼬의 요구에 따라 구경거리가 될 만한 증상들을 만들어냈고, 그것에 대한 보고서를 읽은 유럽의 많은 사람들은 파리로 몰려들었다. 마비, 무감각, 부들부들 떠는 발작, 아치형으로 구부러지는 자세, 그리고 에로틱한 동작과 움직임 등은 대단한 구경거리를 제공했다. 그런데 앞서 열거한 모든 표현들은 몸 자체가 아닌 (예를 들어 동력전달체계와는 전혀 상관없는 마비처럼), 자신의 몸이 그렇게 될 거라는 환자들의 생각에서 비롯된 것이 분명했다. 따라서 생각에 따라 그렇게 할 수도 있고, 또 그렇게 하지 못하게 할 수도 있음이 분명했다. 샤르꼬 자신도 거기서 연구와 증명의 도구를 보았다. 1885-1886년에 그의 열렬한 청중 가운데 한사람이었던 프로이트는 치료법을 발견했다는 믿음을 갖고 비엔나로 돌아왔다. 그래서 그는 최면을 통해 히스테리 환자를 낫게 하려는 시도를 했다 그러나 그는 자신의 생각을 접어야 했다. 최면을 포기한 이후, 정신분석이 탄생을 한 것은 이러한 시도와 각성에 기인한 것이었다.

프로이트가 확인한 바는 최면이 성공적이어도 아무것도 할 수는 없다는 것이다. 환자에게는 의미있는 것들이 무의식으로 남는다. 결국, 그의 도움을 필요로 했던 증상들 자체는 최면에 의해 만들어질 수 있는 것과 성격이 같은 것처럼 보인다: 히스테리를 예측할 수 있는 어떤 환자에게 자발적인 '자기 최면'을 일으켜야만 할까? 브로이어가 생각한 것이 바로 이것이다. 프로이트는 먼저 그와 함께 연구했지만, 이내 그의 생각이 약간 부족하다는 것을 알게 된다. 그에 따르면 브로이어에 의해 야기된 '최면 상태'란 억압된 욕망을 가장해서 표현하는 데 필요한 조건일 뿐이다. 거기서 증상들은 일종의 '몸의 언어'를 구성한다. 히스테리 환자는 억압된 성적인 욕망과의 심한 갈등으로 인해 한 손으로는 자기 옷을 벗으면서도 다른 한 손으로는 자기 몸을 얌전하게 가리고 있는 사람이다.

프로이트는 이 도식을 다른 정신신경증 뿐만 아니라—공포의 증상이 주된 '불안 히스테리'와 강박신경증— '일상생활의 정신병리' 안에 포함된 다른 표현들에까지—말의 실수, 망각, 꿈 등에서 관찰 된 바는 억압된 욕망을 가장하는 표현이라는 것이다— 일반화 시킨다.

따라서 히스테리 환자들은 정신분석을 존재하게 해 주었다. 그러나 요즈음은 샤르꼬가 보여주었던 것 같은 구경거리가 될 만한 표현들은 더 이상 없다.(우리가 더 이상 없다고 하는 것은 그 같은 표현들이 19세기 말엽을 휩쓸고 지나가 버렸다는 점에서이다) 그렇다고 히스테리가 사라진 것은 아니고, 다만 그것의 표현들이 대체로 훨씬 얌전해졌다는 말이다. 그러나 같은 환자에게서 신체 부분과 이런 저런 기능들이 갖고 있는 유동적이고 고정되지 않은 곤란들과 씨름하는 거의 모든 의사들이 알고 있듯이 히스테리들은 아주 불리한 조건에 처해 있다. 의사에게 인내의 한계를 느끼게 만들 수 있는 이 영원한 환자들은 이 의사에서 저 의사로 옮겨 다닌다. 그러면서 '아무도 내가 아픈 것을 알지 못하기' 때문에 씁쓸해 하면서 계속 찾아다닌다. 그런 환자에게 '아무것도 아니다' 라고 말해주는 것은 결국 자신의 고통을 알아주는 사람이 없다는 데로 돌아오는 것일 뿐이기 때문에 의미가 없다. 사실상 그는 그의 심리 작용으로 인해 고통을 받고 있다. 신체적 어려움은 그것에 대한 표현일 뿐이다. 따라서 가장 난처한 일은 그에게 거짓이라고, 즉 깊이 생각해서 만들어 낸 거짓말이라고 비난하는 일이다. 만약 거기에 '거짓' 이 있다면, 그것은 완전하게 무의식적이라는 점이며, 만약 환자가 누군가를 속인다면, 가장 먼저 자기 자신을 속인다.

이 같은 사례들 가운데 우리를 놀라게 하는 것은 그 장애나 불평들이 소란스럽다는 점이다. 그러나 이것 또한 요구의 본성이자 강도라 할 수 있다. 만약 우리가 노여움이나 거부의 몸짓에 굴복하지 않는다면, 환자가 '나를 돌봐줘요' 라든가 '나를 좀 보세요. 나는 아이처럼 정말로 마음을 편하게 해주는 사람에게 가고 싶단 말이에요…' 그리고 보다 근본적으로 '나를 사랑해주세요!' 라는 의도를 아주 직접적인 방식으로 표현하고 있다는 것을 알아차리게 된다. 이러한 요구는 예전에 그가 바랐던 것만큼 그렇게 사랑받지 못했기 때문에 받았던 깊은 상처나 혹은 원한을 품게 만들었던 누군가로 인해 생겨난 것이기도 하다. 여기서도 오이디푸스 갈등은 끈질기게 남아서 작용하고 있다. 만족되지 못한 욕망은 몸으로 흘러나오는 심리적 긴장을 만들어내고 또 유지한다. 뒤얽혀 있는 몸과 마음은 이런 저런 기능을 뒤틀리게 할 정도로 아주 가깝다.(신경 체계와 내분비계통의 해부-생리학적 측면에서 이 점은 잘 알려져 있다.) 물론 우리는 그것을 부분적으로 정리할 수 있지만, 원인을 그대로 갖고있는 그 조직은 다른 곳에서 균열을 만든다. 프로이트에 의해 도입된 '전환 히스테리'라는 개념은 여기서도 여전히 유효하다. 그것은 심리현상의 측면에서 잠재워지지 못한 심리적 긴장이 신체기관의 증상으로 '전환' 된다는 생각이다.

그런데 여전히 생생한 오이디푸스 비극을 중심으로 하고 있는 심리적 갈등은, 동일하지만 다른 형태로 표현되기 때문에 신체 증상이 주가 아닌 경우도 있다. 어떤 여자들에게서 '히스테리적인 복수' 라고 하는 특징적인 행동들이 나타나는 것이 바로 그 경우이다. 그런 여자들은 옷과 화장, 그리고 행동이 대단히 유혹적이다. 그녀의 여성성은 혼탁한 자신의 요구에서 성적으로 개방된 듯한 것을 끄집어낸다. 남자들은 이런 유혹에 반응하게 된다. 그러나 그녀가 그에게 자신의 불만을 소리치는 때가 되면, 그런 것들은 어디론가 사라져 버린다. 그녀가 요구했던 것은 그것이 아니란다. 그렇다면 그녀는 무엇을 요구한 것일까? 실은 그녀 자신도 모른다. 그러나 그녀가 알고 있는 것은 동물처럼 성욕으로밖에는 반응할 줄 모르는 이 세련되지 못한 사람이 그녀를 실망시킨다는 것이다. 이런 일은 연인이 바뀌어도 변함없이 반복되며, 바로 이점에서 정신분석가의 도움이 필요하게 된다. 따라서 분석은 예전에 그녀가 원했던 것처럼 응답하지 않았거나 응답하지 않으면 어쩌나 하면서 마음 졸였던(이것이 갈등의 본질이다) 아버지에 대한 복수가 개입되어 있음을 밝혀준다: 이러한 복수는 언제나 연인에게 전이되고, 그로 인해 언제나 똑같은 상처를 받는다: "너는 내가 원하는 것을—여자로서가 아니라 아이로서 사랑 받고 싶은 것, 아버지와의 근친상간과는 다른 사랑—줄 수 없구나. 내가 원하는 것은 네가 아니야… "

여자에게는 어머니와의 초기 관계가 어떻게 펼쳐졌는가를 보여주는 '소극적인' 오이디푸스가 중심이 된 다른 경우들도 있다. 청소년기에 어머니와의 연합이 의심되는 모든 닮은 것과의 관계를 단절하기 위해 치명적이고 덧없는 노력을 하느라 식욕부진이 생겨나고, 그로 인해 극단적으로 탈 여성화되는 경우가 되어버린 몸이—비쩍 마른 몸, 생리부재 등—바로 그 경우이다. 히스테리의 주변에는 이런 것으로 점유된 사례들도 분명히 있다.

지금까지 여자가 문제였는데, 그렇다면 남자는 어떤가? 옛날 의사는 히스테리를 오로지 여자들만의 병으로 여겼다. 히스테리란 말 자체도 '자궁'을 의미하는 그리스 단어에서 유래하고 있다. 아주 오랜 기간 동안 인용되었던 히포크라테스에 의하면, 히스테리는 '돌아다니는' 자궁의 성격으로 설명된다. 즉 자궁은 몸의 이곳저곳을 돌아다니는 열정에 사로잡힌 기관이라는 것인데, 따라서 히스테리 환자들을 관찰해보면 그것의 문제가 거기에서 유래되고 있다는 것을 알게 된다고 한다. 물론 19세기 말엽에 그렇게 생각하는 사람은 하나도 없었다. 그러나 이 시기의 많은 정신의학자들은 여전히 히스테리가 여성들만의 질병이라고 주장했다. 샤르꼬를 떠나 비엔나로 되돌아 온 프로이트는 전혀 그렇지 않다는 것을 증명하고자 남자 히스테리 환자를 찾는 데 많은 시간을 쏟아 부었다. 그러나 찾아 내지 못했고, 따라서 그의 「히스테리 연구」의(1895년 브로이어와 공동 연구) 사례들은 온통 여자들로 되어있다… 오늘 날에도 여자들에게서 더욱 빈번하게 히스테리의 구조를 찾아볼 수 있긴 해도, 주의 깊게 임상에 임하다보면 남자들에게서도 관찰된다고 하는 견해도 있다.

'정신신체적 질병'은 어떤 관련이 있는가? 그 용어는 표현의 간명함으로 인해 아주 흔히 사용되고 있다. 히스테리의 기능은 오이디푸스의 진수이자 원인으로서 갈등으로 인한 긴장 정도를 표현하는 무의식적이고 전 의식적이며 의식적인 표상과 환상의 작업 전체로 이해되는 갈등을 전제하고 있다. 그 같은 부담이 존재하고 있는 경우들, 혹은 히스테리의 경우처럼 그 부담이 '몸에서 넘쳐나는' 경우들도 있다. 그러나 이것은 '짧은 회로' 덕분에 히스테리 안에서 작용하는 환상과 표상에 의한 이동 없이 심리적 긴장이 직접 몸의 질병으로 나타난다. 심리적 작업에 의해 흡수, '대사' 되지 않는 부담으로 인해—일부 알레르기와 천식, 위염, 출혈성 대장염 등과 같이—신체적 질병으로 나타나는 것은 심각할 수 있다. 다행히 오늘 날에는 이런 경우를 담당하는 의사와 전문 정신분석가로 된 팀이 있다.

41

공포증이란?

그리스어의 공포 phobos는 두려움, 전율을 의미한다. 공포증은 어떤 사물, 동물, 사람, 상황 등을 직접 마주친 것으로 인한 강박적인 두려움을 특징으로 하고 있다. 두려움은 단순히 어떤 사건을 상기하는 것만으로도 아주 생생하게 느껴져서, 주체는 그것을 피하기 위해 무엇이든 한다. 어떤 공포는 아주 작고 평범하다. 사람들과 함께 살고 있긴 하지만 만날 기회가 극히 적은 쥐나 뱀 따위를 무서워한다는 게 그것이다. 다른 것들은, 즉 살아가는 동안 매일 마주칠 수밖에 없는 밤과 같은 어두움이나 버스 같은 대중운송기관, 승강기 등을 무서워하는 것과 같은 것들은 좀 더 힘이 들기도 한다. 보다 심각한 것으로는 광장공포증이나(군중 앞이나 열려있는 장소에 있다는 것에 대한 두려움) 그것과는 명백하게 반대 성격을 띤 폐쇄공포증(닫힌 공간 속에서 갇혔다는 생각으로 인한 전율) 같은 것이 있다. 그래서 사정 상 두려워하는 상황에 놓일 때, 주체는 까닭 모르게 엄습하는 공포와 불안에 사로잡히게 되고, 그것을 피하기 위해 많은 힘을 쏟아붓게 된다. 나는 승강기에 오르지 않으려고 매주 분석가를

> 만나러 14층이나 되는 계단을 오르내리는 사람을 알고 있다. 공포는 두렵게 만드는 위험에 직면해서 지원을 확보하게 한다. 예를 들어서 광장공포증을 가진 사람은 동반자가 있을 때에만 집에서 나오는 데 동의한다. 어쨌든 주체는 이런 갑작스러운 공포에 사로잡힐만한 모든 상황을 피하는 것을 중심으로 해서 살아가며, 그러기 위해서 주체 자신이 창피하다고 느끼는 나약함 앞에서 주변 사람들을 기만하는 합리화로 가장해서 고안된 전략들을 발달시킨다.

공포증 환자는 일반적으로 자신의 두려움이 근거 없는 것이라는 점을 잘 알고 있다. 스스로 이건 터무니없는 일이라고 말하는가 하면 도대체 두려워할 이유가 없다고 말하기도 한다. 그가 두려워하는 상황 속에 까닭모를 공포가 엄습해서 두려워하고는 있지만, 그를 두렵게 하는 것은 아무 것도 없다. 불안이 존재하려면, 그것도 아주 강하게 존재하려면, 거기에는 그럴만한 이유가 있어야 하는 법이다: 확실히 무의식적인 것, 그것이 가장 나쁘다.

원칙적으로 분석은 두려움의 명백한 동기 뒤에(근거 없는 것이라고 선언한) 극도로 두려워할만한 사건들과 관련된 다른 것이 있음을 밝혀준다. 그러나 이것들은 아주 적극적인 억압의 대상이 되며, 적극적인만큼 그 사건은 더욱 큰 두려움을 주게 된다. 진짜 대상과는 단절된 채 두려움만 존재한다. 그래서 그것은 아무런 근거 없이 떠다닌다. 첫 번째 경우, 그것은 그럴듯한 대상에—예를 들면 쥐—고정된다. 따라서 두려움은 원래 대상에서 대체된 대상으로 이동한다. 그렇게 만들어진 상태가 고통스럽기는 해도, 그 대상에 의해 확인될 수 있는 두려움이 그 근원을 알지 못하는 불안보다 더 낫기 때문에 방어가 작동한 것이다. 아주 빈번하게 그 작동은 불완전하게만 성공한다. 따라서 두려움과 함께 불안도 느끼는 주체는 자신의 두려움 뒤에는 무엇인가 알지 못하는(예를 들어서 쥐와는) '다른 게 있다'는 감각을 어느 정도 간직한다.

뒤에 있는 것은 환상으로, 다시 말해서 두려운 사건이나 행위를 상징하는 표상이나 표상들 전체이다. 프로이트는 말에 대한 공포증을 갖고 있었던 다섯 살 난 아이의 사례를—어린 한스—분석하면서 이 기제를 잘 설명했다. 이 아이는 말을 만나게 될까봐(1905년의 비엔나에서 말은 요즈음으로 치면 차와 같다), 그 말이 넘어져서 소란을 피울까 봐 두려워했다. 결과적으로 그는 밖에 나가기를 거부하고 창가에서 돌아다니는 말을 홀린 듯 바라보곤 했다. 프로이트는 오이디푸스의 한 가운데 있는 이 아이가 부모의 성적인 관계와 착상, 임신, 출생에 관한 환상들과 오이디푸스적인 흥분으로 인해 생겨난 거세 불안에 연루되어 있다는 것을 밝혀냈다: 말은 그를 두렵게 했던 아버지의 격노를 대신하고 있었다.

우리는 모든 공포증 뒤에 그러한 환상들이 자리하고 있다는 그럴듯한 주장을 할 수 있다. 따라서 여자에게서 광장공포증은 모르는 사람들과의 접촉이 가져다주는 성적인 모험과 실패, 더불어서 매춘의 환상을 두려워한다고 말할 수 있다. 혼잡함과 신체적 접촉이 있게 마련인 대중운송 기관에 대한 공포도 마찬가지로 설명할 수 있다. 닫힌 공간 속에서 보호해주는 사람 없이 고작해야 당신을 바라보는 게 전부인 남자와 함께 잠깐 동안 가깝게 있어야 한다는 것을 두려워하는 승강기 공포증도 그렇다. 어쨌든 이것은 사건이 만들어 낸 욕망과 만들어내지 않은 두려움의 혼재, 즉 억압되어있는 강렬한 갈등임이 분명하다. 우리는 욕망하고 또 욕망하는 것을 자책하는 만큼 두려워한다. 따라서 이것은 억압의 작업과 같은 근원에 속한다.

충동에 대한 두려움은 각별한 불안을 가져온다. 주체는 무시무시한 행동을 할 것 같은 생각에 사로잡혀서 갑작스레 불안해진다: '나는 창문으로 뛰어내릴 거다', 혹은 '허공으로 몸을 날릴 것이다', '칼을 집어 들고 그것으로 어머니, 혹은 남편을 찔러 죽일 것이다', '매춘부와 교살된 사람을 보러 갈 것이다', '내가 길에서 만나는 첫 번째 남자에게 나를 내어주기 위해 접근할 것이다' 등. 불안의 절정에서, 주체는 이 동작을 초래할 수 있는 맥락에만 있는 것이 아니라는 느낌을 갖는다: 창문이 열려있고, 칼이 손에 들려있으며, 매춘부가 손님을 기다리고 있다. 다행히도 이런 경우에 행동으로 연결되는 일은 극히 드물고,(신문에서 크게 다루는 이해할 수 없는 어떤 범죄나 살인들은 이런 불안 상태의 결과이다) 겁에 질린 주체는 보통 불안 발작이 지나가기를 기다린다. 그러나 다급하게 "나 좀 어떻게 해주세요!" 라고 애원하면서 의사나, 정신의학자, 정신분석가를 찾아오는 일도 드물지 않으며, 이럴 때는 잠깐 동안 병원에 입원하는 것도 안정을 찾는 데 도움이 된다.

이런 경우도 종종 있다. 그다지 위급하지 않은 형태의 공포가 꽤 빈번하게 일어나는 경우이다. 그러나 이 모든 경우에서 원인이 되는 갈등을 둘러싸고 방어 기제를 가동시키면서 성격이 형성된다: 우리는 이 방어가 가장 뚜렷한 경우와 아주 타당하지 못할 때를 가리켜서 '공포신경증'이라 하고, 그 조직이 보다 신중하고 그것의 결과가 사회적이면서 정상적인 관계를 갖는 삶과 양립 가능한 경우를 가리켜서 '공포증적인 성격'이라 한다. 여기에 정신분석적 치료는 아주 적합하다: 원인이 되는 기제를 설명하면서, 환상들로 밖에 나타나지 않는 공포에서 환상화의 원천들을 밝힌다. 그렇게 되면 불안이 가라앉는다.

42

사람은 자기 자신을 학대할 수 있는가?

그렇다… 레이디 맥베드가 좋은 예이다. 그녀는 범죄의 주동자이자 공범자이면서 몽유병 환자이다; 그녀는 잠자면서 걷고, 또 핏자국을 지우기 위해 지칠 줄 모르고 손을 닦아댄다고 말한다.(이 말도 역시 잠자는 가운데 한 것이다) 그러나 헛일이다: '어디에서나 나는 피 냄새, 아라비아의 향수는 이 작은 손을 가만히 놔두지 않는다.' 이렇게 그녀는 죄에 대한 벌을 스스로 내린다. 그녀가 스스로에게 가하는 고통에서 벗어나는 길은 오직 죽는 것 밖에는 없다.

이 이야기에서 레이디 맥베드는 실제로 죄를 지었으며, 그 이후 그녀는 자책감에 사로 잡혀서 스스로를 벌하는 형 집행자가 된다. 그러나 어떤 사람들은 우리가 알고 있는 한 의식적인 어떤 죄도 범하지 않았음에도 불구하고 그렇게 한다. 특히 그들은 주변사람들은 별 일 아니라고 생각하는 약간 나쁜 행동의 동기들을 비난하는 일로 세월을 다 보낸다. 프로이트는 천재적으로 자신의 행동이 초래할 수 있었던 것에 대해, 그리고 그가 실제로 행동했던 결과를 놓고 양심의 가책을 느끼면서 끊임없는 자책으로 인해 힘겨운 삶을 살아가는 젊은 청년 '쥐 인간'의 사례를 통해 그것의 원인이 되는 기제를 분석했다. 여인과의 사랑에 빠진 그가 산책하던 중 길 한가운데 놓인 돌을 보게 된다. 여인의 차가 거기를 지나가다가 전복될 수 있다는 생각에서 그는 그것을 집어서 길 가장자리에 갖다 놓지만, 이내 차가 옆으로 비켜서서 이 새로운 위치의 돌 위로 지나가다가 전복될 수도 있다고 생각한다. 그는 군대에서 또한 약간의 돈을 동료에게 빌렸지만 갚지 못했는데 그 동료와 헤어졌고, 그는 자신의 상황에서 어떻게든지 빌린 돈을 갚기 위한 모든 방법을 찾아보았다. 그렇지만 돈을 갚는 일이 여의치 않게 되자, 그는 큰 잘못을 저질렀다는 느낌에 사로 잡혔다. 문자 그대로 그는 그런 생각 때문에 고통스럽게 되었다. 그는 어떤 행위를 떠올리기만 하면, 그 일은 반드시 해야만 한다는 절대 수행의 의무감도 함께 갖게 된다. 프로이트는 이렇게 적고 있다: '만약 네 목을 베라는 명령이 떨어진다면? 이런 생각이 들기가 무섭게 그는 그렇게 해야만 한다는 생각에 휩싸인다. 그러면서 곧장 면도칼을 가지러 장롱 쪽으로 간다. 그러나(또 다른 생각이 든다) 아니지. 이것은 그렇게 간단한 게 아니야. 우선 여행을 떠나서 노파를 죽여야만 해.' (그가 사랑하는 '여자'는 나이 많은 숙모를 간호하러 가기 위해서 비엔나를 떠났다.) '그리고는 무엇에 관한 극심한 공포에 휩싸이더니 쓰러졌다.'

이것은 강박신경증에 대한 전형적인 예이다. 대체로 이런 경우 중요한 것은 주체가 자신에게 가하는 비난들이 지나치다는 것도, 또한 그의 가책도 과장되어 있다는 것도 아주 잘 알고 있다는 점이다. 하찮은 일들로 일생을 망치고 있다는 말에 그도 동의한다. 그는 정말로 더 행복하게 살고 싶고 이런 모든 것들로부터 벗어나고 싶어 한다. 그러나 어쩌랴. 그럴 수 없는 것을… 따라서 두려운 상황이 일어나지 않도록 할 수 있는 것을 하는 수밖에 없다. 그는 주도면밀하게 공포증 환자처럼 그럴 것 같은 상황들을 피한다. 방어를 예상한 표현이나 행동들로 위험을 꾸미는 노력을 한다. 이렇게 해서 쥐인간은 마치 생각만하면 그것을 마술처럼 할 수나 있는 듯, 자신의 떠오르는 생각을 재앙을 일으키는 것으로 위험스러워 한다. 그는 마술적인 반대 능력 자체를 사용할 때 '말도 안 돼!' 라고 말하면서 그런 의미를 가진 부정의 손동작과 함께 그것을 예방하고자 한다. 따라서 그는 자신의 생각을 방어하기 위해 기막힌 표현들을—'Gigellsamen' 혹은 'Gleijisamen' (이는 그가 만들어낸 새로운 단어로 프로이트조차도 거기서 'semen', 즉 sperme(정액)을 쉽게 알아차리지 못할 정도였다)—사용했다. 그러나 이것은 언제든지 다시 시작될 수밖에 없는 아주 보잘것없는 경계에 불과하다. 이런 양식의 방어를 설명하면서 프로이트가 강조한 것은 이것이 환자에게 대단히 완고한 엄격성을 지닌 어떤 종교처럼 일종의 '개인적인 종교' 로 뿌리박게 된다는 점이었다. 때로 환자는 이런 것들에 대항한 모종의 조치를 취할 수도 있겠지만, 그의 방식으로는 성공할 수 없는 일인지라 상황은 언제나 제자리에서 맴돌면서 악화되어 갈 뿐이다.

물론 그런 것이 항상 잘못되는 것만은 아니다. 우리는 자주 어떤 부분에서 '광적' 이라고 부를 수 있는 점을 지닌 사람들을 만난다. 우리는 그들이 질서와 청결을 고집하며, 삶의 틀이 달라지지 않을 것과, 모든 일은 주도면밀하게 진행되어야 할 것, 그리고 시간 엄수 등과 같은 규칙을 가지고 있음을 확인할 수 있다. 또한 돈에 대해서도 엄격해서 알뜰하게 잘 관리할 뿐 아니라 저축도 많이 하는 사람이 드물지 않다. 지적 관심에서도 그들은 완전무결한 논리적 사고방식, 즉 흠 없는 이론을 지향한다. 그래서 이것은 칭송받는 기술자나 연구자가 될 자질을 부여한다. 그런데 이런 것을 '강박증적 성격' 이라 부른다.

그러나 이런 성격이나 순수한 강박 신경증이 어떤 것과—어지럽히기, 더러움, 시간 낭비, 사고의 해이 등—싸움 중이라는 인상을 받게 된다. 그리고 그것이 방어의 형성과 관련되어 있다는 근거도 충분하다. 그렇다면 무엇에 대한 방어일까? 우리는 단지 어지럽히기, 더러움 등이라고 답하는 것에 만족할 수 없다. 이것은 확실하게 정확한 지적이 아니기 때문이다. 그러나 다른 사람들은 무던하게 넘어갈 수도 있는 부분이 유독 어떤 사람에게는 그것에 대항한 싸움이 왜 그들 삶 전체를 조건지울 만큼 그렇게 집요하게 된 것일까?

나는 공포의 사례에서 표상에 자신의 본래 두려움을 이동시켰다는 말을 한 적이 있다. 예를 들어서, 무서운 아버지가 원인이 되어서 생긴 거세 불안이 억압되어서, 말에 대한 두려움으로 분출하는 어린 한스의 사례가 그것을 말해준다. 기제 자체도 그렇고 나타난 불안이 정작 무엇과 관련된 것인지(불안이 유래되는 것이 바로 그것인데도) 알지 못한 채,(아이의 말에 대한) 두려움은 거기에 무언가 두렵게 하는 것이 있다는 것이 거세 불안과의 결합을 통해서 나타난 것이다. 우리는 강박증의 구조 속에서도 같은 유형의 도식을 내세울 수 있다: 일단 거기에는 '죄' 가 있다. 그러나 거기에는 주체가 자신을 비난하는 잘못이 관련되어 있는 게 아니라, 그 비난에 대한 표상만이 있을 따름이다. 그렇다면 어떤 죄가 문제일까? 분석에 의해 밝혀지게 될 환상들이 그것을 증언할 것이다.

똥-오줌에 대해 말하기보다 성욕에(대중적인 의미에서) 대해 말하는 것을 훨씬 쉽게 받아들인다는 것이 사실인 만큼 나는 여기서 연약한 개인들을 놀라게 할 위험이 있다. 특히 그것이 바로 문제가 되기도 한다. 연약한 개인들은 항상 이런 과정을 건너뛸 수 있다…

가장 분명한 증상들을 살펴보도록 하자: 청결에 대한 염려, 어지러워지는 데 대한 공포, 사물들을 적당한 시간과 장소에서 '깨끗하게' 만들어야 한다는 요구, 사고의 해이함이 괄약근의 이완처럼 느껴진다는 사실, 그리고 '향기가 없다'고 부당하게 말했던 돈에 관한 관심 등, 이 모든 것은 두 살 경 '청결에 대한 엄격한 교육'이 이루어질 때 아이에게 주입되었던 것을 잘 기억하고 있다가 나름대로 아주 까다로운 방식으로 다시 나타난 것일 수 있다. 이러한 면만을 다시 취하지 않도록, 우리는 아이에게 아무 데서나 혹은 아무렇게나 똥과 오줌을 누는 것이 아니라 때와 장소를 가려서 할 것을 요구한다. 부모들이 이것을 원하는 데는 다 그럴만한 이유가 있어도, 심하게 요구하지는 않는다. 그렇게 되면 아이도 나중에 자기 자신에게 덜 심하게 요구할 것이다. 그의 심리 기관 안에는 감시하고 있는 어떤 것이—초자아—있다. 이 초자아는 심리 현상 자체에 부모의 요구가 머물게 되면서 형성되는 것이다. 그것은 실제 부모의 모습보다 훨씬 더 엄격한 것이 될 수도 있다.

그것은 잔인해 질 수도 있다. 따라서 그것은 박해자이다. 쥐인간은 잔인한 초자아에 의해 박해 당했다. 이런 종류의 사례를 만났다고 해도, 내가 말해줄 수 있는 것은 그것이 집요하다는 것과 주체가 그런 감각을 가지고 있는 만큼 거기서 그런 명령을 부드럽게 하다가 변질되도록 내버려두는 분석에 많은 시간이 걸린다는 것 정도이다… 그러나 그것은 또 다른 저항의 원천이 된다는 사실이다. 모든 것은 마치 주체가 둘로 나뉘어져 있는 것처럼 이루어진다: 형 집행인과(초자아) 희생자로(자아) 나누어져 있긴 하지만, 하나는 가학적 쾌락을 다른 것은 피학적 쾌락을 찾아내는 까닭에 서로 떨어질 수 없는 관계에 놓인다. 따라서 이 지독한 연결을 떼어놓기란 쉽지는 않지만, 그렇다고 불가능한 것도 아니다.

43

정신증이란?

질병을 지칭하는 접미사 'ose'와 함께 조어(造語)된 정신증 psychose이란 용어는 19세기 중반 정신의학분야에서 나타났다. 따라서 정신증은 말 그대로 '영혼의 질병'이다. 오랜 작업을 통해 주요한 질병들을(편집증, 정신분열증, 정신증, 조울증, 망상 등) 분류해 내기에 이르렀다. 그러나 그 진단분류표는 연구가와 시대, 국가와 학파에 따라 미묘한 차이를 보인다. 심리 작용의 깊은 장애를 특징으로 하는 이것은 신경증이나 도착보다는 훨씬 심각한 상태로 구분되어야만 하며, 사회적, 인간적 관계에서 심각한 부적응을 동반한다. 따라서 만성상태가 되지 않기 위해서 정신의학의 도움이 필요하다. 과격한 행동으로 인해 경찰이 개입해서 환자의 정신 상태를 확인하자마자 곧 정신의학자에게 의뢰되는 일도 생긴다. 정신증은 일반적으로—그러나 항상 그런 것은 아니고—일반인도 쉽게 구분해 낼 수 있다. 왜냐하면 이 환자는 불안에 떨고 있고, 전혀 납득할 수도, 그렇다고 주체할 수도 없는 가까운 사람들에 대한 공격성으로 인해 두려워하고 있으며, 자신의 모든 불행의 원인으로 누군지도 모르는 사람을 박해자로 여기며 원망한다. 또한 그런 일들을 설명하기 위해서 망상체계를 만들어 내거나 혹독한 고독 속에 자신을 가두고, 이해할 수 없는 환각에(그는 다른 사람은 지각하지 못하는 것을 보고 듣는다) 사로 잡혀서 새로운 언어를 사용한다. 대개의 경우 신경증과 도착증 환자는 주목받지 않을 수 있거나 혹은 '이상하게' 보이는 정도에서 그치지만, 정신증 환자는 광증으로(이 용어는 오늘 날 너무 포괄적이어서 폐지되었다) 분류된다.

일단 그 병에 대한 책임은 정신의학이 갖고 있다. 그러나 이 상태에 대한 정신분석적인 접근은 그것에 대한 이해와 한계가 있긴 해도 그것을 치료함에 있어서 대치될 수 없는 그것만의 접근방법을 제공한다. 프로이트 자신도 처음에는 그것을 정신분석 분야 밖에 있는 것이라고 생각했다. 그러나 대략 1910년부터 그는 정신증에 관심을 갖게 되었고 이에 대해 먼저 융 Jung과 대화를 나눴고 그 다음에 독립된 방식으로 자신의 견해를 발달시키게 되었다. 심리기제의 원인에 대한 어떤 설명은(특히 그가 1911년에 해설한 슈레버 의장의 사례인 편집증에서) 확실히 정신분석 이론을 풍요롭게 해주었다. 그 결과 정신증은 예측 가능한 치료의 장 속으로 들어가게 된다. 프로이트로부터 시작해서 많은 정신분석가들과 대부분의 정신의학자들이 이 분야에서 계속적인 발전을 이루었다.

이 모든 상태에서 가장 특징적인 양상은 다름 아닌 불안이다. 물론 불안이 정신증만의 고유한 것은 아니다. 그러나 그것은 정신증에서 아주 특별한 강도와 질, 그리고 영향력을 갖고 있다. 항상 문제가 되었던 것은 아주 오래 된 불안이다. 이는 어린 시절 초기 유년기부터, 어린이가 심각하게 공격받았다고 느낄 뿐만 아니라 자신의 대상을(정신분석적인 의미로, 즉 사랑하는 사람, 원칙적으로 어머니) 위험에 빠뜨리는 공격에서 경험했던 극도로 고통스러운 감정의 침입이 있는 순간을 암시하기 위해 멜라니 클라인이 '편집-분열적'이라 불렀던 단계부터 있었다. 만약 그러한 경험들이 깊은 불안에 빠지게 한다면, 그것은 대상과 주체 자신의 죽음이라는 이중의 불안으로 인해 파멸시킬 위험이 있기 때문이다. 멜라니 클라인이 그것에 대한 묘사를 약간은 드라마틱하게 과장했을 수도 있다; 아주 어린 아이는 이런 종류의 감정 상태를 겪는 동안에도 전혀 의심치 않는다. 대상과 주체 자신이 서로 대화를 통해서 그들만의 규칙들로 인해 조금씩 안정되어감에 따라서 보통은 그런 것들로부터 빠르게 벗어나기 때문이다. 그러나 태어나는 주체가 너무 약해서 자신을 가두는 방어의 수단들로 둘러싸이게 되는 경우도 있을 수 있다. 이것이 바로 내가 앞의 질문에서 말했던 유아 자폐증이며 정신증이다.

우리는 모든 사람들이 조심스럽게 축소되고 '캡슐로 싸여진'이 오래 된 불안들을 갖고 있다고 생각할 수 있다: 일상적인 방어가 고열에 시달리며 악몽을 꾸거나 알코올이나 약물로 인한 중독 상태 등에서 보호의 수위를 낮추게 될 때 이것들은 되돌아온다. 만성적인 지독한 마약 중독 속에서도 일반적으로는 단 하나의 사건만이 관련되어 나타난다.

그러나 캡슐에 싸여있고 분명히 드러나지 않는 이런 오래된 불안들이 어떤 사람들에게는 특별히 생생하게 남아있다. 심리현상이 돌연 자신의 내부의 힘에 의해 동요될 때, 그리고(혹은) 외부에서 그에게 가해오는 강제들로 인한 시련에 장기간 노출될 때, 그것들은 각성되어 힘을 발휘한다. 따라서 그 과정은 신체가 약해져서 그때까지는 칩거하고 있던 비 활동성의 코크 Koch 박테리아가 활동할 수 있는 조건이 마련될 때 폐결핵이 발병하는 것과 비슷하다. 사춘기의 충격들로 인해 청소년기에 시동이 걸린 혹독한 심리 작업은 '정신의 붕괴'를 가져올 수 있는데, 거기에서 불안에 사로잡혀 갇히게 된 주체는 모든 접촉을 거부하고 망상과 같은 것을 키운다; 아주 자주 그 무게에 힘입은 다시 막힌 일회성 사건들만이 관련된다. 그러나 문제는 나중에 같은 유형의 새로운 사건들을 겪게 될 위험이 있는 나약한 주체들이다.

사실, 심리현상의 중심에 이런 유형의 분명치 않은(주변 사람들은 물론 주체 자신에게도 종종) 강력한 불안이 있다면, 그것들을 가두는 데는 거대한 방어 작업이 필요할 수 있다. 물론 청소년기 이후, 이런 방어들이 무너지는 것과 같은 예외적인 환경들은(상실, 분리, 어떤 사람과의 갈등, 외상적인 사건 등) 심리 기관을 작업의 과잉에 굴복시킬 수 있고, 따라서 사람들은 정신의 붕괴를 경험한다.

이렇게 불안은 엄습한다. 자아는 외적 위험과 함께 그보다 더 심한 내적 위험들과—오랫동안 억제되었지만 족쇄로부터 벗어나 자유롭게 될 위험이 있는 충동의 발동에 대한 것들—매우 오래된 불안의 동반으로 인해 심각하게 위협당하고 있음을 느끼고 있다. 프로이트가 말했던 것처럼 자아는 '세 주인을 섬기는 하인'이다: 충동의 저장고 이드, 충동의 만족을 준엄하게 반대하는 초자아, 그리고 금지와 강제가 결코(초자아보다) 덜하지 않은 우리들 모두가 알고 있는 '외부 현실'이 그것이다.

불쌍한 자아는 모순된 요구들로 인해 이러지도 저러지도 못하고 갈래갈래 찢어질 위험에 처하게 된다: 이것이 '자아의 분열'이다. 이렇게 되면, 자아의 일부는 자기 욕망에 따라 가상의 세계를 만들어내는 환상에, 즉 정신착란의 환각 속에서 거짓된 만족에 자신을 내준다. 그러나 다른 부분은 그럭저럭 '모든 사람들의 현실' 속에 삽입되지만 그에게 불쾌했던 것이 거기에 없다는 사실이 놀라울 뿐이다. 따라서 그것은 아주 간단하게 존재하지 않는다.(이것이 부정이다.) 이것이 당신에게 추상적으로 보이는가? 그렇다면 무슨 일이 일어났는지 살펴보자: 정신증 환자는 그 자신에게는 현실이지만 당신에게는 그렇지 않은 세계 속에 살고 있다. 거기에 비극이 있다. 물론 만들어진 세계가 위협적이고 위험하고 환자의 눈에 신속한 방어 대책이 필요하다고 보인다면, 이것은 비극적인 결과를 초래할 수 있다. 즉 그가 공격적이 될 수도 있다는 것인데, 이것은 주변사람들로서는 이해할 수도, 용납할 수도 없는 일임에도 불구하고, 그로서는 자신을 방어하려고 한 너무나 정당한 일이 된다.

정신증 환자에게 원시적 방어의 동기를 가져다 준 것은 자신의 생명이 아주 심각하게 위협받고 있다는 느낌으로, 이는 거짓이 아니다. 그가 있는 힘을 다해 싸웠던 아주 오래된 불안들이 그의 심리 생활을 실질적으로 위협했기 때문이다. 그러나 그것들은 기괴하며(엄격한 의미로 그것에 대한 적절한 단어가 없다), 표상할 수도 없다(표현될 수 있는 두려움의 원인을 표시할 수 없다고 하는 불안의 특성 자체에 기인된다). 자신의 내부에서 그것의 근원을 찾지 못한 그는 그것이 외부에 있다고 상상하게 된다: 이것이 환자가 아주 명백하게 현실적으로 자신이 위협당하고 있다고 지각하는 박해의 정신착란이며 환각이다. 물론 이것이 정신증의 모든 형태를 설명하는 것은 아니다. 정신 착란의 다른 형태로는 과대망상이나(그런 사람들은 자신을 공화국 대통령으로 생각하거나 그의 측근이라고 생각한다) 색광증 환자가(그런 사람은 혼자서 당신에 대한 사랑에 빠진다) 있다. 이런 경우 대부분은 어린 아이의 '이상적인 자아'가 자신을 전능하다고 생각하는 단계로 퇴행한 것과 관련되어 있고, 또한 그동안 씨름해오던 오래된 공포에 대한 방어이기도 하다. 조울증은 행복한 전능의 상태(조증)와 깊은 우울의 상태 사이를 다소 짧은 기간 동안에 오고가면서 나타난다.

눈으로 보지 못하는 증상들도 있음을 언급할 필요가 있다. 실제로 우리는 정신증의 체계로부터 유래된 증상을 보고 있지만, 만약 '정상적인' 적응의 층으로 덮어서 잘만 감춘다면 이런 증상들의 주요한 측면들이 나타나지 않을 수도 있다. 그래서 환자는 기껏해야 비사교적이고, 은둔생활을 좋아하며, 손댈 수 없는 일상의 의식과 생활 규칙에 집착하는 정도 등으로 비친다. 따라서 이것은 일생동안 지속될 수도 있고, 정신의학적 개입을 필요로 하게 만드는—방어들이 무너져 내림으로—정신적 붕괴가 야기될 수도 있다.

사반세기 전부터 정신의학은 이런 모든 사례들을 맡는 것과 관련해서 대단한 진보를 이루어냈다. 오늘날, 그것은(특히 정신착란을 끊고 불안을 완화하기 위한) 풍부하고 효과적인 처방전을 갖추고 있으나, 그것을 다루기가 까다로워서 반드시 전문가의 지도를 받아야만 한다. 화학적인 치료 작용이 효과적이라는 사실 자체는 정신증의 원인이 신체기관에—중추신경계의 기능 교란에 의한—있는 것은 아닐까 라는 의구심을 들게 만든다. 그러나 진행 중인 연구들이 성공적임에도 불구하고, 우리들은 오늘 날

완치를 보장한다면 어떤 처치들이라도 허용할 수 있다는 수준의 의견에 준해서 절대로 결정하지 않는다. 따라서 치료의 다른 형태들에 대한 작용들과 결합시켜야만 한다. 고립에서 벗어난 환자가 삶의 한 그룹에 속하게 되는 제도적인 활동이 대표적이다. 그래서 사람들은 심리극이나 신체 치료, 가족 구성원 모두가 책임이 있다고 하는 가족치료 등을 제안할 수도 있다. 또한 사람들은 일반적으로 정신의학자와 함께 연관되어 일하고 있고 이런 경우를 잘 이해하고 있는 정신분석가가 이끄는 심리치료도 생각할 수 있다.

우리가 알고 있어야 하는 것, 그것은 어떤 경우에 개입이 필요한가라는 것이다. 그런데 개입이 쉽지 않은 일이 되는 것은 박해당하고 있는 사람들이 거기에서 자신들의 두려움을 확인하게 되기 때문이다. 다루기가 너무 어려워져서 강제적인 힘을 빌리게 되기 전인 초기에, 중재를 통해 환자의 동의를 얻어내는 일이 가장 바람직하다.

44

상실에 직면해서

우리들 모두는 극도로 고통스러운 경험에 직면한 적이 있는가하면, 또 앞으로 그렇게 될 수 있다: 나는 아직도 사랑하고 있는데, 그(녀)가 죽었다. 이는 당신도 죽어버리고 싶을 정도로 당신의 마음 아주 깊숙한 곳을 아프게 할 수 있다. 이런 일은 종종 생긴다. 우리는 나이 많은 노부부의 한쪽이 죽자 더 이상 살아 갈 소망도 힘도 다 잃어버린 다른 한쪽도 금방 이어 죽는 경우를 본 적이 있다. 그러나 대부분의 경우 상처는 천천히 아물고, 사람들은 새 출발을 한다. 사람들은 흔히 2년의 시간이 필요하다고 말하지만 훨씬 많은 시간이 필요한 경우도 있다. 이 기간 동안 무슨 일이 벌어진 것일까? 가장 쉽게 말하는 것으로는 잊는다고 하는 것인데, 그것도 정확한 말이 아니다. 우리는 깊이 사랑했던 사람을 절대 잊지 못한다.

사실 거기에는 치유와도 같은 어떤 것이 일어나고 있다. 중병 이후처럼, 심한 충격이 가라앉으면서, 식욕이 돌아오고, 힘도 생긴다. 그리고 우리는 외출도 하고 사람들을 만나며, 어떤 것에 관심을 갖고 싶은 마음이 다시 생겨나는가 하면, 웃고 있는 자신을 발견하게 되고, 누군가에게 애착을 갖기도 한다… 즉 그 죽음을 넘어서 살고 싶은 마음이 다시 생겨난 것이다. 이것이 순조롭게 진행되는 것은 아니다: '이런! 내가 웃고 있다니… 말도 안 돼!' 그러나 마치 겨울을 지나 산에 꽃이 다시 피는 것처럼 그러면서 삶은 조금씩 다시 시작된다. 땅 속 깊은 곳에서 완전히 가려진 작업을 통해 벌레와 새들이 부화하고 장차 꽃과 곡식이 되기 위한 발아가 준비되고 있는 것과 마찬가지로 마음 깊은 곳에서 상실의 작업이 일어난다.

이런 상실의 작업, 즉 그것이 포함하고 있는 과정들은 사랑하는 존재의 죽음으로 인한 것과는 아주 다른 경우일 수밖에 없다: 그것은 옳건 그르건 간에 우리가 결정적으로 두려워하는 사라짐 이후에 필요하다: 분리, 어긋난 사랑의 중요한 약속 등. 그 고통이 너무 힘들다는 것은 잘 알고 있다. 그래서 언제일지는 알 수 없지만 그런 일이 있을지 모른다면서 조심스럽게 모든 중요한 약속 등을 피하는 사람들도 있다. 정신분석가는 진실한 모든 약속을 거부한 채 정교하게 거리를 둔 사랑과 성의 만남으로 이루어진 몇 년간의 삶을 영위하면서 자유를 느끼던 사람들이, 한편으로는 허무와 고독에 휩싸여서 분석가를 찾는 경우를 흔히 접한다.

상실의 작업은 어떤 것일까? 처음에는 그 충격으로 인해 그 사건을 사실로 받아들이지 못한다. 죽음이 갑작스러울 때(사고나 전조증상이 없었던 경색 등), 그런 일이 있으리라는 생각을 전혀 하지 못했거나 전혀 그러고 싶지도 않았는데도 청천벽력처럼 결별의 통고가 떨어졌을 때, 그에 대한 반응은 대체로 이렇다: 이건 사실이 아니다! 그가 멀쩡히 살아서 몇 시간 전만 해도 저기 있었는데… 저기 있지 않았는가. 나는 그의 몸짓과 모습, 목소리의 떨림과 억양까지도 아주 정확하게 기억할 수 있어. 이건 악몽일 거야. 이제 곧 잠에서 깨면, 꿈이라면서 웃게 될 거야. 내 생각이 그가 살아있다고 하는데, 어떻게 죽을 수 있겠어. 그런데… 이 부정의 단계는 아주 이상한 과도기적 균열을 만들어낸다: 그가 죽었다는 것을 알고 있으면서, 나는 어째서 살아있다고 느끼는 것일까? 지극히 정상적인 단계라면 그것은 명백한 모순이 해소됨에 따라서 빠르게 진전된다: 나는 덧없는 그의 몸이 사라졌다는 의미에서 그가 죽었다는 것을 인정하지만 내 지각 속의 그는 절대로 죽을 수 없다. 그는 여기 내 안에 살아있어서 언제든지 기억할 수 있다. 이렇게 내가 그를 기억할 수 있는 한 그는 살아있을 것이다. 더 이상 아무도 그를 기억하지 않을 때, 비로소 죽게 된다.

슬픔에 빠진 사람이 완강히 그리고 지칠 줄 모르고 주검을 되살아나도록 하는 과제에 헌신하는 경우가 있다. 그것은 물질적으로 그의 존재를 증명하기 위해 그 상태를 사적 숭배의 대상으로 만들기까지 잘 지키고 보존하는 일이며, 심리적으로도 그 존재를 지키기 위해 끊임없이 기억하는 일이다. 이 때 다른 모든 애정의 감정은 절대적으로 부정되는 것이다. 이것은 특히 아이의 죽음을 거부하는 어머니가 다른 사람들을 만나려 들지 않을 때를 비롯해서 주변사람들에 대한 불쾌한 행동들을 이해할 수 있게 한다. 극단적인 경우, 사라진 사람은 일종의 내면 안에 살아있는 죽음이 되어서, 그 자신을 집어삼키는가하면 동시에 회저에 걸리게도 한다. 따라서 다시 살아갈 수 있는 모든 경우를 거부한 주체는 사망한 사람에게, 즉 죽음에 사로잡힌 사람과 같다. 이것이 우울증의—정확한 이 용어의 사용은 좌절한 나쁜 상태라고 생각하는 대중적인 정의와는 전혀 다르다—상태이다.

다행히 이런 극단적인 경우는 드물다. 우리가 보다 자주 만나는 것은 삶이 자기 자리를 되찾았지만 죽음에 대한 사실 자체를 생각하는 게 불가능해서 계속 거부하고 있는 '불가능한 상실들'이다. 사실 죽음에는 생각할 수 없는 그러면서 동시에 심히 부당한 무언가가 있다. 따라서 사람들이 그것에 대해 생각하기를 피할 수 있다: 죽음은 그 자신 내면의 어딘가에도 있고, 고이 닫힌 무덤에도 있다. 사람들은 그것을 그저 아무렇지도 않게 생각하지만, 자기 자신의 가슴 한가운데 교묘하게 피하고 있는 검은 구멍으로 남게 된다. 내가 알고 있는 쉰 살의 어떤 여자는 행복한 결혼 생활을 하고 있고 좋은 어머니이며, 자신과도 잘 맞는 직업을 갖고 잘 살고 있는것 같아 보였다. 그런데 사소한 것 같아도 그녀에게는 분석을 필요로 하게 할 정도로 지장을 주는 문제가 있었다. 그렇게 해서 시작된 분석에서 불가능한 상실, 즉 그녀가 여덟 살이었을 때 비극적으로 사라진 어머니의 상실이 불가능해서, 어머니의 부재는 그 자체로 언제나 존재하고 있었음이 밝혀졌다.

모든 사회 속에 존재하는 죽음을 표시하는 예식과 의식들은 신체의 사라짐과 사라진 사람의 또 다른 생존 방식을—영혼의 세계 속의 낙원에서 혹은 살아있는 사람들의 추억 속에서 살아있는 방식—구분할 수 있도록 도와주는 기능을 갖고 있다. 이러한 절차들이 실행되지 못했을 때, 고통은 견딜 수 없는 것이 될 수 있다: 안티고네는 자신의 형제 폴리니스를 묻지 못하게 하는 크레온의 판결에 반발했다. 그리고 그녀는 그 때문에 자신이 죽게 된다는 것을 알면서도 그의 장례를 치른다. 쇼아에서 살고 있는 사람들은 죽은 사람을 표시하는 시간도 장소도 없게 되었을 때, 즉 아버지나 어머니의 사라진 위치를 정할 수 있는, 즉 상징으로 표시할 수 있는 무덤이 없을 때의 고통을 알고 있었다.

그러나 상실의 정상적인 작업 안에서 느리지만 변형의 과정이 생겨난다. 일단 심리적인 모든 에너지는 사라진 사람을 어디서든지 찾아낼 수 있을 정도로 감정적으로 강도 높은 무게를 싣고서 그를 상기하는 쪽에 쏠려 있다. 따라서 슬픔에 잠긴 사람은 다른 것은 생각할 수도, 관심을 기울일 수도, 사랑할 수도 없다. 그러나 조금씩 이런 단단한 몰입 속에 틈이 생기기 시작하고 약간 자유로워진 에너지가 다른 것을 찾아다니기 시작한다. 그래서 사람들은 저도 모르게 미소 짓기도 하고 웃기도 하고, 또 어떤 것에 관심을 보이며, 때론 다른 누군가를 사랑하고 있음을 깨닫는다. 가까운 사람들은 이런 당신에게 "아무렴, 살아야지!"(이 말이 얼마나 잘 설명하고 있는지!)라는 말로 격려한다. 그럼에도 불구하고 우리는 그에 대한 일말의 죄의식을 갖게 마련이다. 사실 이것은 '내가 그를 죽게 했다'는 형태에서 비롯된 위험스런 분리의 과정이다. 그리고 이 죄의식은 사라진 사람의 생전에 표현된 죽음에 대한 막연한 소망, 예전에 오이디푸스 각본에 수반되었던 것들을 다시 취했던 죽음의 소망들에서 자라날 수 있다: 너무 밀착된 관계가 약간은 멀어졌다고 느껴졌을 때, 자신도 모르게 그런 생각을 하고 있음을 깨달았을까?

몰입의 전이 과정은 시간에 달려있다; 그러나 그것이 이루어지면 삶에 대한 의욕은 새로운 대상들에게 옮겨져서 다시 태어나는 단계가 온다. 이 멋진 경우는 망각에서 온 것이 아니다; 다만 받아들인 것이다. 따라서 죽음을 이긴 삶은 그 자신의 죽음까지 계속된다.

그런데 '앞으로는 절대'라고 하는 고통으로 지속될 때, 가장 심각한 상황이 된다. 우리는 끝장 난 밀착된 관계, 깨어진 사랑의 경우 속에서 이것과 비슷한 상실의 작업을 관찰할 수 있다. 우리는 또한 깨어진 사랑이 미움으로 변할 수 있음도 잘 알고 있다: 살아있는 사람은 피해자가 된 버려진 사람으로, 그는 대단히 부당하고, 또 너무 고통스럽다고 느끼고 있음이 분명하다. 이럴 때 사람들은 자신도 모르게 그런 일의 원인을 타인의 잘못에 두고서 비난을 퍼붓다가 복수를 펼친다. 이는 자주 벌어지는 일로 매우 유감스럽다. 어쨌거나 아이들이 그런 각본에 사로 잡혔다면, 그들을 생각하라. 한쪽 부모에 대한 미움보다 더 나쁜 것은 없으니…

분석가가 잘 알고 있는 특수한 상실 작업이 있다. 그것은 잘 끝나가고 있는 분석적 치유의 마지막에 언제나 등장한다. 바로 그때 상실이 문제가 되고 있기 때문이다. 어떤 기간 동안, 사람들은 그에게 자기 자신의 가장 내밀한 것을 내놓을 정도로 신뢰할 수 있는 누군가를 만나러 왔고, 희망과 절망이 교차되는 시간을 보냈으며, 또한 자기 자신을 변화시키는 어려운 작업을 참을성 있게 수행했다. 실은 분석가도 마찬가지이다. 두 사람 모두 좋은 작업이었으며, 이제 더 이상 만나지 않아도 될 때가 되었다는 데 합의한다. 이런 분리가 더 잘 이루어지기 위해서 중재의 시간이 필요할 수도 있다. 더 이상 만나지 않게 된다는 것을 인정하는 것은 불가피하며, 이에 대한 공동의 합의는 바람직하다. 치유의 마지막 단계와 거기에서 이어지는 상실의 작업은 새로운 투자를 허용하게 될 것이며, 그래서 이전보다 더욱 행복한 삶의 길을 찾게 될 것이다.

45

너무 합리적일 수 있는가?

프랑스 사람들은 "합리적으로 하라"는 말을 아이나 청소년, 심지어는 도움을 주려는 어른들에게 흔히 한다. '바보 같은 짓'을 하지 못하도록 한다는 점에서 그 의도는 칭송할만하나, 어떤 사람의 합리성이 다른 사람의 합리성과 똑같지 않다는 어려움도 있다. 그래서 실제로 난처하게 만드는 '어리석음'과 영리한 '어리석음'… 사이를 구분하는 일은 미묘할 수 있다. 사람들은 너무 합리적일 수 있다.

사람들은 혼란으로 느껴지는 감정의 폭발을 다양한 방식으로 누그러뜨리려 하고, 자신들의 욕망을 모르는 체하며, 밀고 올라오는 충동을 완전히 원천봉쇄하려고 한다. 그렇게 되면 열정도 없고 계획도 없이 마냥 그 무언가를 기다리고 앉아 있다가 헤진 천 조각처럼 빛바랜 시간으로 채워진 시들한 삶이 되어버릴 수 있다… 그렇다면 왜 그렇게 할 수 밖에 없는것일까?

이런 초라한 결과를 예상하면서도 그렇게 밖에 할 수 없는 과정은 그렇게 간단하지만은 않다. 여러 가지 기제가 거기에 개입되어 있다. 먼저, 고립이다. 그것은 반드시 수반되는 감정을 표상과 떼어놓으려고 하는 것이다. 예를 들면, 우리는 미래의 휴가 기간을 기쁨 없이 생각하고 가까운 사람의 죽음을 아무런 고통 없이 회고하며, 성적인 경험을 아무렇지도 않게 떠올리는 것 등이다. 모든 게 다 똑 같을 뿐이다. 어떤 것도 중요한 정서적인 울림을 갖지 못한다. 따라서 이것이든 저것이든 아무런 상관이 없다. 이런 기제는 꿈을 통해 확인할 수 있다: 예를 들면 꿈에서 우리가 공격을 당하고, 누군가를 죽이며, 허공으로 떨어졌지만, 이런 일들은 모두 불안함 없이 일어난다. 고립은 또한 사고의 흐름을 단편적으로 구분해서 자르는 것을 목표로 한다: 사고는 짧게 회전하고 다른 사고를 요구하지 않는다. 하여간 '되는대로' 생각한다. 가능한 관계들의 체계를 모르는 상태이다. 마치 위험스런 충동의 표현으로 인도될 수 있는 모든 사고가 떠오르지 못하도록 하는 것이 전부인 것처럼 이루어진다. 고립은 말이 없으며 자유연상의 '근본적인 규칙'을 통해 펼쳐 나오지 못하기 때문에 정신분석 치료 중에서도 상당히 두려운 장애물이다.

그러나 이런 유형의 기제가 특별히 활발한 순간들을 제외하면 주체의 사고가 비어있거나 만화경처럼 변화무쌍한 사고로 전개되는 일은 드물다. 오히려 부합되지 않는 조각들을 조심스럽게, 그리고 '합리적인' 방식으로 재구조 할 수는 있다. 이것은 합리화라 불리는데, 내가 앞의 질문 '왜 꿈에 그렇게 많은 흥미를 갖는가?'에서 말했던 꿈의 '전면'을 구성하는 이차 구상과의 유사성은 없다. 부합되지 않았던 것이 이성의 눈으로 볼 때 받아들여지는 방식으로 조합되고 구성된다. 이런 식의 쌓아 올리기에서는 드러나지 않은 기반들을 인정하지 않아도 무방하다. 예를 들어보자. 어떤 사람이 한 남자에게 무시하지 못할 직업적인 승진을 제안한다. 그러나 그를 따라 갈 수 없는 아내와 아이들과는 오랫동안 떨어져서 살아야만 한다. 그의 부인은 이런 별거의 예상을 고통스럽게 느낀다. 그러나 받아들이기로 마음을 굳힌 그는 새로운 자리가 그 자신뿐만 아니라 가족들에게도 많은 이익을 가져올 것임을 강조한다.(그리고 과장해서 가족에게 더 많은 이익이 있을 것이라고 말했을 것이다.) 그가 확신하고 있는 만큼 '객관적으로도' 이것은 대단히 합리적이다. 그러나 그가 숨기고자 했던 것은 이런 새로운 자유로 인해 그에게 열려있는 가능성에 대한 예상이다. 그런 합리화들은 최고의 이유와 정당성, 그리고 숭고함까지 기꺼이 내건다. 다시 예로 돌아가서, 그 남자는 새로운 자리가 인도주의 단체에서 일한다는 사실을 주요 논점으로 생각했을 것이다. 정신분석가는 이런 상황 앞에서 '너는 너의 의무를 수행해야만 한다'고 하는 초자아나 '… 게다가 불행한 사람들에게 봉사한다는 애타주의적인 거창한 감격 속에서 자신을 고상한 영혼의 소유자로 생각한다'고 하는 자아 이상의 생각뿐만 아니라, '자아에 의해 부인된 움직임을 반대로 뒤집는 것으로, 이 예에서는 인종주의로 착색되었던 최초의 거부 움직임이 곤경에 처한 아프리카 사람들에 대한 봉사로 뒤집어졌다'고 하는 반동형성의 작용도 당연히 의심해볼 수 있다. 우리가 이 경우를 너무 나쁘게 생각한 것은 아닐까? 어려움에 처한 사람들을 도우러 왔다는 것은 매우 칭송할만하다. 그러나 사람들이 그 일을 한다면, 다양한 동기들을 감추지 않는 것이, 한 면만을 부각시키지 않는 것이 더 좋다. 그렇게 해도 그런 결정에는 아무런 변화가 없을 것이며, 그 편이 훨씬 품위 있는 태도가 될 것이다.

어떤 합리화는 우연에 의한 것일 수 있다. 그리고 그것은 주체나 그와 가까운 사람들에게 잘못된 신앙의 씁쓸함으로 남게 된다. 어쨌거나 이것은 습관적인 사고 과정을 지닌 사람들에게서 찾아볼 수 있다. 이런 사람들은 무섭게 자신의 견해를 증명해 보인다. 그들은 우연의 방식으로 필요한 곳에 지엽적인 면을 구성하는 데 그치지 않고 마을과 도시를 건설한다. 이것이 그들이 사는 방식이며, 그것 말고 다른 것은 생각하지 않는다. 그들은 자신들의 견해가 정당하다는 것을 현재의 삶 속에서 언제나 확인할 수 있으며, 지겨워하고 있다는 것을 고려하지 않은 채 쉬지 않고 당신에게도 그것을 믿게 하려고 한다. 우리가 논쟁을 포기한다는 사실 자체는 그들 입장의 탁월성만을 확인시켜 주는 일이다. 정신분석가도 그들로 인해 힘겨운 순간들을 겪게 된다.

그러나 정신분석가는 우리가 주지화 intellectualisation라고 부르는 보다 교묘한 기제에 걸려들 수 있다. 이런 환자는 아버지와 자신과의 갈등, 즉 명백하게 첨예했고 고통스러웠었던 갈등을 생각해기보다는 마르쿠제 Marcuse 를 인용해서 '세대 갈등' 이라는 일반적인 용어로 말하는가 하면, 그 자신의 오이디푸스 갈등의 드라마틱한 면의 부활을 감정의 모든 무게와 함께 인정하기보다 일반적인 오이디푸스 콤플렉스에 관해 논한다. 그는 먼저 칼을 뽑아드는 럭키 루크 Lucky Luke 의(미국 서부시대를 배경으로 한 만화의 주인공인 보안관-역자) 방식으로 재빠르게 해석한다.(그는 분석을 두 지성과 두 문화 사이의 일종의 결투라고 생각하기 때문에, 약삭빠르고 재빠르기 그지없는 럭키 루크의 이미지가 참 적당하다.) 그는 정신분석적 지식에 자신의 담론을 기꺼이 공급한다. 그리고 이론적 토론에서 분석가를 이끌었다는 점에 대해서도 어느 정도 만족한다. 따라서 그는 분석가가 거기에 응하지 않으면 실망한다. 분석을 나중에 독서나 토론 모임 등을 준비하는 지적인 경험쯤으로 접근하는 환자들의 경우 이런 일이 종종 생긴다. 이런 조건에서 분석가가 행복하지 못하다는 것은 말할 필요도 없다. 그는 기다리면서 환자가 수법을 바꾸도록 인도하는 시도를 한다. 모든 게 잘 진행된다면 그러다가 어느 날 꿈으로 인해 혼란스러워진 오이디푸스 콤플렉스를 논하던 이 환자가 점잖은 이 가족에게 있었던 전대미문의 사건인 벌거벗은 어머니를 보았던 그날의 충격, 즉 여섯 살 시절에 경험했던 격한 정서를 다시 겪는다. 이때부터 분석은 시작된다.

우리가 묘사했던 사람들과는 아주 다르게, 심리작용을 약간 거친 용어로 '조작 작용'이라고 생각하는 사람들이 있다. 그들은 자발적으로 정신분석가나 정신의학자, 심리학자에게 진찰 받지 않는다. 그는 고통받는 것은 '마음'이 아니라고, 아픔은 전적으로 몸에만 있는 것이라고 생각한다. 그 아픔만이 완벽하게 진짜일 수 있고, 실제로 몸이 아파야 고통은 진짜가 된다: 예를 들어서 고질적인 천식이나 위궤양, 더 위험한 출혈성 직장대장염 등은 적당하지 않은 알레르기 반응일 수 있다. 그들은 수많은 전문적인 의사를 찾아 다녔고 다양한 검사를 받았다. 그들은 모든 것이 세밀하게 기입된 두꺼운 서류뭉치를 들고 진찰에 임한다. 게다가 그들은 그것을 외우다시피 알고 있고, 고문서 담당자 같은 정확성으로 그것의 요인들을 조목조목 이야기 한다. 이런 것 모두를 갖고 와서 의사에게 문제가 된 것을 설명할 수 있었다는 점에 대해 은근히 자랑스러워한다. 그러나 완벽한 전달을 빼면 아무것도 없다. 그들은 밤에도 낮에도 꿈꾸지 않는다. 정서가 메말랐으며, 환상도 공상도 없다. 이런 완벽한 합리성과 연민 없는 객관성이 예기치 못한 사고나 감정에 자리를 내어줄리 만무하다. 그들에게 시(詩)는 낯설고, 그림은 기껏해야 카탈로그의 자료일 뿐이다. 갈등과 긴장이 대사되고 솜과 같은 완충 역할을 하는 심리 작업이 펼쳐질 수 있는 사고와 감정, 정서의 두께가 없다. 이런 완충장치가 없는 까닭에, 즉 심리와 몸 사이의 중간 작업이 없는 까닭에(문제는 그것에서부터 비롯된 것이므로), '정신신체적' 환자의 몸 안에서는 심리적 긴장이 마구 범람한다는 것이 그 증거이다. 그래서 그 병은 심각하고 고질병처럼 잘 낫지 않는다.

이런 모든 사례들을 통해서 우리는 합리성, 즉 비상식의 합리성이 불안을 축소하는 데 매달리고 있음을 잘 알게 되었다. 그러나 불안은 이해할 수 없는 것보다 더 나쁘지 않다. 합리화나 주지화, '조작' 작용 등은 설명하는 것을 목적으로 하고 있다. 모든 인간 사회는 죽음과 기원에 대해, 신비로운 자연 현상(비나 가뭄, 천둥이나 지진 등)을 설명하기 위한 체계들이 주어진다: 모든 사회는 창조에 대한 신화를 갖고 있다. 관련되어 있는 물활론자의 설명과 다신교, 일신교뿐만 아니라 현대 과학 이론들의 목적은 모두 다음과 같다: 이해할 수 없는 것을 이해할만한 것으로 만드는 것. 그런데 이는 정신착란 속에서 박탈이란 명목으로 벌어지는 바로 그 일이다.

프로이트는 이런 관점에서 비난이 거셌던 만큼 왜곡될 수밖에 없었던 동성애적 욕망에 사로잡혀서 엄청난 정신적 파괴를 가져오는 정신증의 위협을 느꼈던 존경할만한 독일 관리인 의장 슈레버 사례를 분석했다. 그는 예리한 자신의 지적인 모든 자원들을 동원해서 새로운 종교의 형상으로, 즉 우주적인 차원의 설명을 고안해내는 식으로 대응했다. 요컨대 그의 '신경'은 하나님의(혹은 여러 신들) 지배를 받고 있다. 그래서 그는 자신의 취향과는 다르게 생각하고 욕망해야만 했다. 그리고 모든 인류는 사라졌고, 그만이 유일하게 살아 남아있다. 그러나 그는 성인(聖人)인

이상 자신이 여자로 변신되기만 한다면, 새로운 인류의 탄생을 가져올 수도 있다. 이렇게 슈레버는 확실하게 정신착란을 일으키면서까지 자신을 심리적으로 재구성했다; 그는 완전히 미쳐서 죽을 지경이었지만, 이를테면(심리적 와해는) 나아졌다. 모든 정신착란은, 아무리 그것이 생겨난 게 잘못이라고 해도 이런 기능을 갖는다: 견딜 수 없는 비상식 속에 의미가 삽입되어 있다.

지금까지 지나친 이성 자체가(아마도 그것이 의심과 싸우기 때문에) 자신의 지배권을 설정하기 위해 추락하고 있는 것을 보았다: 그것은 예기치 못한 것에 금세 닫히고,, 이미 알고 있었던 것만을 인정하며, 자신이 갖고 있는 자료들을 갖고서 닫힌 체계를 만든다.

'지나치게 합리적인' 여러 모양들을 간략히 설명하면서, 내가 비합리성을 추켜세우려고 한 것은 아니다. 분석적인 치료의 방법들도, 이미 누차 말했지만, 그것의 목적이 마찬가지로 합리적이다. 그러나 그것의 궤도는 이 모든 곤혹스런 작용들과는 전혀 다르다. 분석적인 치료는 잠정적인 불확실성에 대해 개방적인 태도를 갖고서, 주체 자신도 상상치 못했던 풍부한 심리 세계의 누설을(치료 초기, 그로 인해 약간은 어안이 벙벙해 진다; 뭐야, 이런 거였어? 그걸 몰랐단 말이지?) 허용한다. 치료는 아팠던 것과 지나치게 구성되었던 것의 해체와도 같은 것을 통해 가능해진다. 그래서 더 나은 재구성을 하게 된다. 분석적 치료의 합리성은 시간을 주는 일을 한다.

46

어떻게 사랑할까?

나는 이런 질문을 하고 그리고 그것에 대해 무언가 말해야 한다는 데 주저했음을 고백한다. 어디서든지 사랑에 관해 말할 때는 이렇게 해야 한다고 말하는 것보다는 해서는 안 되는 것에 대해 말하는 편이 더 쉽기 때문이다. 더구나 이래야만 한다고 말하는 것은 사랑한다는 생각자체와도 어느 정도 모순되는 것이기 때문이다: 모름지기 진정한 사랑은 자발적인 게 아닌가! 따라서 사랑 고유의 매뉴얼은 없다. 그러나 정신분석가의 경험을 살려 몇 자 적어본다.

'사랑하다' 란 동사의 다의성은 대단하다. 우리는 자기 아이, 형제, 아버지, 친구뿐 아니라 성적 파트너인 여자나 남자도 사랑한다. 만약 우리가 누군가에게 '너를 무척 사랑해' 라고 말했다면, 그것은 '너를 사랑해' 와는 차별된 어떤 것을 의미하고 싶어서이다.

동사 '사랑하다' 의 헤아릴 수 없이 다양한 편차야말로 그것의 장점이자 단점이다. 오해의 여지가 많기 때문이다. 씁쓸한 후회를 남기는 어설픈 사랑이나 인정받지 못한 사랑, 계약에 의한 사랑,

아무렇게나 해버린 사랑의 이야기가 없는 사람이 있을까? 그래서 어떤 사람은 이런 고통스러운 경험들로 인해 뚜렷한 획을 긋기도 한다.

사랑이 실패하는 데에는 사랑의 양면성이 한 몫 단단히 한다. 사랑에는 마치 동전의 이면처럼 적대감도 함께 존재한다. 이 말은 사람들에게 충격을 주고 따라서 반박할 수도 있지만, 그런데 그것이 사실인 것을 어쩌랴… 나만 해도 나의 어머니와(아버지, 아내 등) 관련해서 생각해 볼 때 그렇다. 정말인지 살펴보기로 하자. 우리는 어머니, 아버지를 사랑한다. 그렇다고 그들에게 비난을 퍼부은 적이 한 번도 없을까? 우리는 아기를 사랑하지만, 울어대는 통에 밤잠을 설친 다음에도 마냥 예쁘기만 할까. 우리가 배우자를 사랑하지만, 그 관계가 버거웠던 적이 한 번도 없었을까? 일단 나는 아주 사소한 적대감만을 예로 들었다. 그러나 어떤 경우, 그 움직임이 보다 생생할 수도 있고, 미움에 더 가까울 수도 있다.

이런 것은 생애 초기부터 시작된다. 멜라니 클라인은 특히 심리현상의 발생 안에서 사랑과 미움의 근본적인 이중성을 강조했다. 가장 평범한 관찰에서 그것을 확인할 수 있다. 아기가 다리를 흔들며 매우 기뻐한다. 아주 좋은 것이다. 그러나 잠시 후 그는 '화를 낸다', 그런데 어떤 것으로도 그를 달랠 수 없다: 이는 그가 순간적으로 억제할 수 없는 분노에 휩싸여 있다는 것을 보여준다. 그리고 우리는 상식적으로 그것이 자신의 욕망을 채워주지 못했던 어머니를 향한 것이라는 생각을 한다. 많은 사람의 목숨을 빼앗는 행동인 살해가 억제되지 않은 공격성이라면, 그것은 또한 여전히 오래 된 심리작용의 수준에서 벌어진다. 나중에 그는 속이거나 배신한 어머니의 죽음을 원하게 되는 때가 온다: 왜냐하면 어머니는 아버지와 단둘이 있기 위해 자기를 내몰았고, 사달라고 했던 것을 사주지 않았으며, 부당하게 대했으며, 다른 형제들을 더 사랑했기 때문이다. 형제간의 질투… 이렇게 어머니는 이후의 어떤 미움, 직접적으로 형제들이나 혹은 그것을 대신하는 어떤 사람에게로 향하는 미움의 뿌리가 된다. 특히 이런 적대감의 움직임들이 죽음의 소망에 대해 명백하게 표현했다면, 물론 이런 적대감의 움직임은 대부분 억압되고 또한 죄의식을 갖게 한다. 그리고 죄의식은 만약 죽기를 바랐던 대상이 실제로 죽게 된다면, 무서운 자책감으로 나타날 수 있기 때문에 파괴적이 될 수 있다: '이건 내 잘못이다. 내가 그렇게 되라고 바랐기 때문이야… ' 우리는 이후의 주체의 삶 속에서 오래도록 나쁜 영향을 미치는 경우를 찾아볼 수 있다.

그러나 모든 관계는 이것에 의존하고 있는 것 이상이다. 즉 '관계' 라는 말 자체가 그것을 표현한다. 의존성 역시 아이 안에서 그 기원을 찾게 된다. 아이가 의존적이기 때문에 일단은 생명의 조건이라는 점에서 그리고 가족 도덕성의 범주에서 보살핌이 필요하다. 그러나 그런 의존성과 보살핌에 대한 혁명이 일어난다. 이는 보통 독립성을 얻고자 하는 청소년들이 그렇게 한다. 이것은 그가 사랑하지 않음을 뜻하는 것은 아니다. 이는 보다 자유롭게 사랑하기를 원함을 의미한다. 하여간 아이나 청소년에게 끝까지 해서는 안 될 말은 이것이다: "그렇게 한다면, 나는 더 이상 너를 사랑하지 않을 테다." 사랑을 갖고 하는 협박은 언제나 졸렬한 일이기 때문이다.

관계의 양면성은 성인의 생활과 특별히 가까운 관계의 특징을 이룬다. 비록 억압되고 죄의식에 사로잡히기는 해도, 우리가 독립의 욕망과 사랑에 대한 공상 중에서 최고의 욕망을 품게 되는 것은 아마도 안정적이고도 충실한 부부관계 안에서가 아닐까? 나는 그것에 대한 쌍페 Sempé 의 탁월한 삽화를 기억한다: 노부부의 장벽, 짧은 콧수염에 배가 나온 남자와 토실토실한 여자가 저녁 카모마일 차를 마시고 난 다음 독서를 한다. 우리가 다음 그림에서 이야기를 따라갈 수 있도록 그들의 머리 위로는 각자 읽고 있는 것을 암시하는 말풍선이 그려져 있다. 남자의 것에는 충실한 기사가 전속력으로 달려서 공주를 낚아채고 있고, 여자의 것에는 수려한 외모의 나폴리 남자가 젊고 아리따운 아가씨의 마음을 사로잡고서, 달빛 아래에서 달콤한 입맞춤을 하고 있는 것으로 끝난다. 그 다음을 책을 덮고, 남자와 여자는 잠자리에 들어가서 가볍게 포옹한 다음 잠이 든다… 이것이 언제나 만족스러운 것은 아니다. 이 부부의 이야기에서 나타나는 것은 놀랍게도 가까운 사람들의 사랑과 의존에 대한 갈등이다. 완벽한 부부는 없다. 그러나 문제가 되는 것을 이해하면서 그것에 적응하기를 배우고, 거기서 행복을 찾는 부부는 있을 수 있다.

사랑은 그것을 소유하고자 할 때 위험스럽다. 우리들은 죽을 때까지 자녀들을 뒷바라지하기 위해 할 수 있는 모든 것을 다 하는 어머니를(어른이 된 자녀가 그만 두라고 해도, 설령 그것으로 인해 자녀가 어머니의 죽음을 바랐다는 데 대한 심한 죄책감을 경험할지라도) 볼 수 있다. 또한 '역-오이디푸스적' 질투로 인해 나쁘다는 이유를 들어 청소년이 된 자기 딸에게 외출할 자유를 금하는 아버지가 있다. 그런가 하면 자기 배우자를 자기만의 소유물로 생각하는 남자와 여자도 있다. 따라서 언제나 경쟁자를 의식해야 하고, 부정과 그 가능성을 의심하는 고통에 시달린다. '열정의 비극' 은 다행히 예전보다는 덜하다. 그리고 그것은 언제나 소유물의 도난에 대한 분노의 표현이다. 조금 덜 드라마틱한 형태로, 사랑 안에 정부가 침투할 가능성이 있다; 남녀관계에서 이런 소유욕이 상호적이라면 그 상황은 더 좋지 못하다. 그들 관계는 더 밀착되어서 견딜 수 없게 될 위험에 처하게 되기 때문이다.

이런 경우 성욕은 어떤 작용을 할까? 그것이 명시적으로 문제가 될 때, 상황은 악화된다. 인간의 성욕은 심리적-성욕과 관련되었다는 사실로 인해 정말로 복잡하기 때문이다. 즉 그것이 갈등 유발의 본질이기 때문이다. 따라서 그것은 근본적으로 양면성을 특징으로 한다; 그 양면성은 오이디푸스 갈등체로부터 직접적으로 전달된 것이기 때문에, 이는 바로 위에서 말했던 전적인 합리성에 근거하고 있다. 만약 자발적인 움직임이 욕망의 실현과 완전한 성적 만족에 속한 것이라면, 다행히 장애물이 떠올랐음에도 불구하고 오르가즘을 경험했다. 그것들은 너무 중요해서 실패를 겪을 수 있다: 한쪽의 불능이라든가 조루에 의해, 다른 한쪽의 불감에 의해. 이 역시도 대단히 고통스러운 경험이다. 때문에 그것은 심각한 실패가 된다. 한편으로는 다정하게 사랑하는 사람들이 관계된다면, 그 고통은 이루 말할 수 없다. 프로이트는 '부드러움의 경향'과 '감각적인 경향'이라고 이름 붙였던 것 사이에 어떤 대조가 존재한다고 크게 강조했다. 근친상간적인 부모와의 모든 관계에서 매번 확인되는 것은 벌어지는 모든 상황이 성적인 흥분과 만족의 자유로운 발달에 장애가 되는 부드러움만이 있는 것처럼 보인다는 점이다. 때로 우리는 모든 부드러움이 제외된 만남, 즉 오로지 성적인 만족에만 귀속된 만남에서 완전한 만족에 이르는 사람들을 만난다.

차단 역시 완전하지 못하고, 오르가즘도 양측이 합의한 어떤 행동들,(가령 '재미로' 가학적인 공격, 강간을 한다) 혹은 유년기로부터 이어온 환상들을(그러나 가장 흔한 것은 진짜 아이라고 느끼기 때문에 타인의 시선을 피하는) 통해서만 도달하는 일이 있을 수 있다. 또한 심리-성적 발달의 '전 성기' 단계에서 직접 유래된 만족을 추구하는 일도 있을 수 있다: 구강적인 행동들(무의식적인 입맞춤, 펠라치오, 커니링거스 등)이나 관음증과 노출증의 항문적인(남색) 행동들 등. 이런 욕망들은 수치심을 가져와서 파트너를 기피하게 만들 수도 있는 욕망들이다. 그러나 이런 욕망들을 고백함으로써 커플은 새로운 쾌락의 모험에 나설 수도 있다. 따라서 모든 것이 욕망의 이용에 따라 달라진다. 자발적인 의식의 형태를 취하는 것은 경우에 따라 흥취를 돋우기 위한 조건이 되며, 이는 확실한 쾌락의 획득을 가져오면서 커플은 도착증으로 인해 가까워진다. 마치 사랑의 개화 지점에서 도착증은 중요한 위치를 차지하고 있는 듯하다.

이제 남성의 성욕과 여성의 성욕 사이에 존재하는 중요한 차이를 확인해야만 한다. 남성의 성욕은 즉각적으로 만족하고 욕망이 다시 생길 때까지 망각 속에 있지만, 여성의 성욕은 그 자신과 파트너의 욕망 그 자체에 대한 준비와 승인을 필요로 한다. 이에 대한 기준은 아주 단순하다. 심리-성욕은 아주 직접적으로 신체적 구조에서 비롯된다: 구조상 여자는 받아들이고 남자는 삽입한다. 이런 이유에서 성관계의 진행에서 시간적인 격차는 진찰받는 사람들에게 가장 빈번하게 어려움을 초래하는 동기들 중의 하나가 된다.

이런 점에서 동성애의 독자는 승리의 개가를 부를지도 모르겠다. 남자-여자관계는 너무 복잡해서 많은 실패가 약속되어있으니, 차라리 같은 성에서 파트너를 정하는 편이 더 낫지 않을까! 그러나 그것은 내가 계속 강조하지만, 사랑과 성의 모든 관계를 구조하는 오이디푸스 갈등에 대한 가능한 해결책 중의 하나일 뿐임을 잊은 것이다. 또한 심리적으로 양성임도 잊은 것이다. 당신의 파트너의 성이 무엇이든 간에, 당신은 거기서 남자와 여자를 언제나 찾을 것이며, 또 찾아낼 것이다. 당신에게 가장 좋게 이용하길…

47

유능과 행복 사이에서

때로 정신분석가는 첫 번째 면담에서 이렇게 말하는(대개는 남자) 사람을 만난다. "나는 직장에서 일하기가 힘들어서 왔습니다. 나는 유능한 것 같지 않아요. 무언가를 할 때, 그 일을 잘해내길 간절히 원해서 대단히 꼼꼼하게 합니다만, 사람들은 그런 나를 너무 느리다고 합니다. 게다가 실수도 많이 하는데, 아마도 내가 너무 많은 여러 가지 생각을 한꺼번에 하기 때문인 것 같아요. 밤에 잠도 잘 자지 못합니다. 동료들과의 관계도 편치 못하구요. 나는 언제나 혼자구요, 회사 식당에서도 혼자서 점심을 먹습니다. 특히 상사를 두려워해서 그 앞에서는 말까지 더듬는답니다. 그와 같이 있으면 마치 내가 어린애가 되는 것만 같아요. 언제나 이건 아닌 것 같고, 사람들은 나를 꼭 바보같이 볼 것만 같아요. 내가 교만하냐구요? 절대 그렇지 않아요. 오히려 사람들은 나를 너무 겸손하다고 말합니다. 할 일은 왜 그렇게 많은지 일과가 끝난 다음에도 사무실에 남아서 일하는 경우가 많아요. 사람들이 도와주고 싶어 하지만, 누군가에게 뭔가를 시키는 일도 나는 왜 그렇게 힘든지요. 책임감도 나를 두렵게 만드

> 는 것 중 하나지요. 얼마나 힘든 직장 생활을 하는지 아시겠지요? 이제 내 문제를 다 말했습니다. 사람들이 내게 정신분석가가 이런 일을 도와준다고 말했어요. 내가 정말 유능해질 수 있을까요? 그리고 그렇게 되는 데 얼마나 걸릴까요?"

정신분석가는 당혹스럽다. "얼마나 걸릴까요?"는 그가 그런 것들을 정리하도록 돕는 데 유능한지를 묻고 있는 것이기 때문이다. 정신분석가는 자신의 유능함은 고장 난 세탁기를 제대로 작동하게 만드는 전자제품 수리 기술자의 유능함과 같다고 생각하는 환자의 믿음과는 다른 것이라고 자처한다. 나는 오래 전에 세 가지 질문을 받고서 '우울해졌다' 고 말했던 피곤에 지친 사업가를 만났다: "당신은 적임자인가? 정직한가? 유능한가?" 그것은 정식으로 써서 답하도록 요구된 것은 아니었지만, 이런 질문들에 대한 답변에서 자신의 점수를 나쁘게 매길 수밖에 없었다고 했다.

누군가에게 효율적으로 행동하는가를 묻는 일은 그렇게 부당한 것은 아니다. 그러나 만약 정신분석가가 그런 질문을 하는 환자 앞에서 곤혹스러움을 느낀다면, 그것은 적절한 질문이 아닐 수 있다. 그것은 정신분석의 목적이 유능한 사람이 되게 하는 것은 아니기 때문이다. 분석가는 우리 문화에 침투되어있는 유능함의 이데올로기를 잘 간파하고 있다. 그런 이데올로기로 인해 고통 받고 있는 많은 사람들이 그를 찾아온다 … 이런 경우, 정신분석가는 이 개인의 어려움은 그 이전에 이미 그의 내부에 병풍처럼 세워져 있는 개인적인 어려움에서 기인된 것이 분명하다고 본다. 그는 잡다한 생각들로 박해당하고 있고, 잠들지 못하며, 정직하지 못하다는 느낌을 갖고 있다. 더구나 그는 40세의 나이에도 어머니와 함께 살고 있다. 그의 아버지는 아주 오래 전에, 그의 나이 10살에 돌아가셨고, 나이 든 어머니는 자신을 필요로 한다고 말했다. 그런데 한 번도 사랑의 관계를 가진 적이 없다는데, 왜 그런지 모르겠다고 하면서도 그다지 중요한 사항은 아니라고 덧붙인다. 등등. 정신분석가는 '직업적으로 유능하게 해 달라'는 말 이면에 다른 것이 있음을 잘 알고 있다. 만약 환자가 뭔가 해 달라고 계속 말한다면(그래서 정신분석가도 동의를 한다면), 먼저 다른 것이 있었다는 사실을 인정해야만 한다. 따라서 우리는 무엇이, 어떻게 이렇게 되도록 했는가? 이 불행한 이야기 가운데서 변화의 가능성으로 나타나는 것을 찾게 될 것이다. 따라서 참으로 곤란하고 보다 훨씬 광범위한 내용을 담고 있는 직업적인 어려움들이 나타날 것이다. 어쩌면 정신분석가가 환자의 전체 삶 속에서 어떤 조직을 집어내어 부분적으로 수리한다고 하는 생각은 망상일 수 있다. 아니면 그것은, 언젠가 프로이트가 말했던 것처럼, 화재의 원인이 되는 석유램프를 끄는 것으로 만족하면서 잘 했다고 평가하는 소방관처럼 행동하는 것일 수 있다 …

정신분석 작업이 당장 환자의 직무 영역에서 '보다 유능하게' 해줄 수—혹은 그렇게 되기를 바랄 수—있다. 그래서 최초의 요구가 충족된다. 그러나 실은 '더 큰' 이득을 갖게 될 것이다: 모든 것이 잘 진행 되었다면, 더 많은 것을 얻을 수 있기 때문이다. 무엇인가 하면 이 사람이 보다 행복해지고, 적어도 덜 불행해지는 것이다 … 그는 감히 인정하려들지 않았지만 어머니의 죽음이(의식에서는 인정할 수 없었던 무서운 욕망!) 아니고서는 절대 끝나지 않을 끈끈한 어머니-아들의 관계로 인한 유아적인 삶 속에서 옴짝달싹 할 수도 없고, 의존적으로 내 맡기고 살면서 많이 불행했다.

분석의 진짜 목적은 덜 불행하거나 보다 행복한 삶에 근접하려는 사람들을 받아들여서 '그의 모든 운명의 공들을 재배열'(어느 날 환자가 기막히게 잘 표현했던 것처럼) 하는 것을 인정하고 또한 그렇게 되기를 원하는 사람으로 변화시키는 데 있다. 이는 프로이트가 말했듯이 '일상의 불행'에서 '신경증의 불행'으로 바꾸는 일이다.

그렇다면 무엇이 신경증의 불행이고, 무엇이 일상의 불행인가? 행복이나 불행은 무엇인가?

정신분석가라면 '신경증의 불행'을 이해해서 말하는 일은 어렵지 않다. 이는 금지와 불만족, 금지되었고 불가능하다고 판단된 욕망, 오래 된 상처, 버려짐, 포기, 사랑받지도 받을 수도 없다는 감정으로 인한 것으로, 주체에게 극복할 수 없는 치명타를 안겨줄 내적 갈등과 손상된 방어 기제이며, 때로는 분노와 공포를 안겨주는 것인데, 이것이 사람들이 스스로 걷어낼 수 없는 불행으로, 켄타우로스의 가운(켄타우로스: 그리스 신화의 반인반마 모양의 가운을 걸치면, 야생마처럼 난폭해진다고 함-역자) 같은 어려움으로 구조화된다. 모든 것이 표현된다: 이런 신경증의 불행은, 자아로서는 도저히 견딜 수 없는 것이나, 나는 여전히 그것을 간직하고자 한다. 그것이 없다면 나는 더 이상 존재하지 않을 것이기 때문에 … 그것 때문에 정신분석을 하게 되었지만, 이 불행이 곧 당신 자신은 아니다; 우리가 그것의 원인을 찾게 될 것이고, 그것의 작용을 거슬러 올라가서, 당신이 구조화시켰던 것처럼 그것을 해체할 수도 있다.

정신증의 어려움도 있다. 이것은 보다 심각하며 죽음의 불안,

광증으로 사라져 버림, 아무 것도 아닌 것이 되어버림, 어디에나 있는 적에 의한 흉악한 박해, 비난의 음성, 헛소리, 환각 등과 같이 견딜 수 없다는 특징을 지닌다. 변태는 주체가 비참하게 느끼는 정도에서 약할지 모르나 그것의 어려움도 만만치 않은 것이다. 이는 타인들은 전혀 모르는 충동의 만족에 고정, 반복되는 각본에 따르고 있다. 정신신체적증상의 환자는 위염이나 장출혈로 진행되는 생리-심리적 기제의 희생자이다. 심각하고 어려운 경우인 만큼, 정신분석가는 자신이 도울 수 있는지, 혹은 없는지를 진지하게 판단해야 한다.

어쨌든 분석이 성공하면 주체에게 한번 사는 생을 덜 불행하게, 혹은 더 행복하게 만들어준다. 일상의 불행을 지나 이러한 어려움, 즉 신경증이나 정신병, 도착이나 정신신체적증상의 어려움에서 빠져나간다. 일상의 불행이란 무엇인가? 우리가 모두 알고 있는 실패와 포기들(그러나 포기하는 것은 체념하는 것이 아니다), 분리, 상실, 애도, 노화, 죽음에 대한 견해, 사랑하는 사람의 죽음, 자신의 죽음 등이다. 물론 정신분석이 이 모든 것을 한방에 해결해 내는 마술지팡이는 아니다. 다른 사람들처럼 정신분석가도 이런 일상의 불행에 사로잡힌다. 정신분석은 주체에게 그것으로 인해 파괴되지 않고 적응해서 삶을 다시 시작하는, 즉 살아가게 하는 방법을 알려준다. 그것은 타나토스(죽음의 다른 이름) 위에 에로스의(생명의 다른 이름) 영광을 올려놓을 수 있다. 정신분석은 그 일을 할 수 있다.

48

정신분석은 과학적인가?

이 질문은 종종 거론되는 것으로, 검토해볼 만하다. 그런데 우리는 정답을 이미 알고 있는 것 같다. 즉 우리는 과학적이지 못한 것에 대해서 좋게 말한다면 불필요할 정도로, 가장 심하게 말한다면 해롭다고 하는 한편, 과학적이라고 판명된 모든 것에 대해서는 좋다라는 선입견을 갖고 있기 때문이다. 정신분석이 과학적이지 않다고 믿는 많은 사람들은 그것을 가치 없다고, 정신분석가에 대해서는 우매한 사람들이라든지 환상의 매매인, 해로운 사람들이라고 평가한다. 그런 사람들은 정신분석이 사람을 돌보는 일과 관련된 것이라면, 굳이 과학적일 필요도 없다고 말한다.(여담이지만, 현대 의학적 치료와 비교해 볼 때 정신분석은 대단히 우직하다고 한다.) 다른 사람들은 정신분석이 과학적이지는 않아도, 가구 제작이라든가 원예와 같은 실용 예술과 같은 일종의 예술로서 고려해볼 만하다고 생각한다. 그러나 완강하게 정신분석은 과학적이며, 인문학의 주류 가운데서도 으뜸의 자리를 차지한다고 주장하는 또 다른 무리의 사람들이 있다. 이런 모순된 견해들은 서로 대립하기도 한다; 사람들은 때론 그들 자신이 정신분석가인 '프로'로 분류된 옹호자와 이 유해한 시도들의 치명성에 대해 공동의 방어를 펼치는 '안티'로 분류된 사람들은 과학성이란 명목 하에 서로 다른 주제들을 전개하고 있음을 본다. 이런 감정적인 다툼은 우리가 '과학'이라고 이해하고 있는 것이 문제가 되는 가치를 지니고 있음을 일깨워준다.

만약 우리가 19, 20세기의 물리학과 화학처럼 과학이 정확성을 바탕으로 해서 명확하게 설명된 인식 과정의 모델이라는 전제를 한다면, 정신분석은 확실히 과학적이지 못하다.(이런 '엄밀한' 과학의 관점에서 볼 때, 정신분석은 심리학이나 사화학과 마찬가지로 '유연한' 과학의 반열에 든다고 할 수 있다 … 그렇다면 '과학'은 무엇을 의미하는가?)

우리는 엄밀성의 과학을 모델로 해서 과학적 학문이라고 하는 고전적 과학성의 준거들을 몇 가지 나열할 수 있다.

그 첫 번째 준거는 수학적인 방법으로 처리하는 것이다. 즉 숫자를 사용해서 그것이 '정확한' 학문이 되도록 만들고자 하는데, 정신분석은 이 준거를 만족시키지 못한다. 따라서 이런 의미에서 그것은 과학적이지 않다. 그런데 나는 정신분석이 수학적인 방식으로 처리 할 수 없다는 것이 너무나 다행스러운 장점이라고 생각한다: 인간의 한계로 인해 주체의 고통을 숫자로 바꾸고, 이렇게 표현된 고통에 적합한 약을 처방하는 식의 사고는 설령 비극적인 방향으로 흘러들어가 표류할 위험은 없다손 치더라도 그 모양은 대단히 우습다: 우리는 여기저기서 이러한 위험이 가정만은 아니라는 생각이 들게 하는 지나치게 이데올로기화된 유사과학의 논증을 목격한다.

두 번째 준거는 예언이다: 어떤 이론이 과학적인 것은, 그것이 관찰을 예견하기 때문이다. 이점에서 정신분석은 대단히 과학적이다: 그것은 단기적으로는 긴 의자에서 환자가 무슨 화제를 올릴 것인가를 계산하며, 장기적으로는 치료가 될 것인가를 자문하는 데 시간을 보낸다고 예언한다. 물론 이것은 자주 틀리지만 진정한 과학 정신은 오류들을 비판하고 지적하고 표시한다: 이러한 비판이 일찍이 바실라르가 지적했듯이 과학적 진보를 만든다. 이러한 예견들과 오류에 대한 비판이 물리학자나 화학자들에게서도 마찬가지인가? 반드시 그렇지는 않다. 때문에 여기에 세 번째 준거가 들어온다: 경험의 반복 가능성.

우리는 관찰이 자격 있는 다른 관찰자에 의해서도 똑같은 결과들을 얻을 수 있을 때, 그 이론과 실제를 과학적이라고 한다. 지극히 제한된 관찰 조건 하에서 실험적 증명을 해야 한다면, 정신분석은 과학적이 아니다. 어떤 사람이 긴 의자에서 어머니의 죽음이 임박했다는 느낌을 가졌던 어린 시절의 어느 날 아침을 그 감정과 함께 떠올린다. 만약 그가 이에 대해 말한다면, 그것은 좀 전에 진찰실로 들어오면서 보았던 꽃다발 때문이다. 그에게 꽃다발은 언제나 어머니와 연결되어 있었다. 그는 자기 아내에게 꽃다발을 주었던 그 날을 고통스럽게 떠올렸다. 그는 자신이 생각하고 있던 것을 아내와 이야기할 수 있기를 바랐지만 그녀는 그 선물을 가볍게 받았고, 곧 화제를 돌려 다른 이야기를 했다. 따라서 그는 누구에게나 있는 사소한, 허무한, 무익한 감정이 암초가 되어서 오랜 기간 분석을 받기에 이르렀다; 이런 우울한 경험 이면에는 죽음의 불안이 도사리고 있다. 이것이 분석의 장면으로 누구라 해도, 나 자신조차도 똑같이 반복할 수 없는 것이 분명하다. 내일 다시 이를 경험한다면, 그것은 다르게 연합되어 나타날 것이기 때문이다. 두 번째 경험은 그것이 두 번째라서 처음과는 달라도 여전히 첫 번 째에 이어지고 있음을 부인할 수 없다. 분석하는 매 순간은, 우리 삶이 그렇듯이 빠짐없이 새로운 역사로 기입된다.

이런 점에서 정신분석가가 물리학자나 화학자와 전혀 다른 것은 당연하다. 이는 최소한 우리가 결과들 간의 필수적인 맥락에서 절대로 변하지 않는 것들의 흐름을 거슬러 올라 갈 수 있다는 점에서 반전의 계기가 있다고 하는 과학에 대한 고전적인 설명에서 그렇다. 사실, 이런 엄밀성의 과학에 대한 '고전적인' 모델은 아인슈타인의 상대성 이론과 양자역학, 그리고 현대의 카오스 이론과 함께 근본적으로 변했다. 반전할 수 없는 물리학적 현상들과 사상들이 있다: 예를 들면, 우리는 단지 연소에 의해 남겨진 고체와 기체 분자들의 배열과 성격을 아는 것만으로는 불타고 있는 촛불에 대한 정확한 인식에 거슬러 올라갈 수 없다. 엄밀하게 예측할 수는 없어도 결정적인 현상들이 있다: 고전적이 된 한 예에 따르면, 일본에서 나비가 날개를 마주치면 미국에서 회오리바람이 일어난다고 하는 … 그러나 날개의 마주침이 회오리바람을 초래했다는 현상의 연결은 없을 수 있다는 것이 보다 유력하다: 회오리바람은 나비를 관찰하는 것만으로는 예견될 수 없었다. 순전히 예견할 수 없음에 대한 다른 보기가 있을 수 있다. 따라서 화석학(고생물학)은 '경험적 예견들'로만 진술할 수 있는 과학의 유형이다: 사람들은 코뿔소로 이어졌던 종의 계보는 아주 잘 알 수 있지만, 코뿔소는 예견할 수 없었다.(마찬가지로 당신이나 나와 같은 호모 사피엔스처럼 …).

정신분석가도 마찬가지이다: 모든 게 순조롭다면 이야기의 전개 논리가 분명하기 때문에, 그는 왜 환자가 이야기하는 가운데 바로 그 순간에 이렇게 혹은 저렇게 말을 하는가를 이해할 수 있다; 그 환자의 개인적인 역사 속에서 작용의 양식을 이끌었던 것 또한 이해할 수 있게 된다. 그러나 이 모든 것은 '경험적 예견들'로만 알 수 있는 것이다. 물론, 위에서 나는 정신분석가는 미래를 검토하는 데 시간을 다 보낸다고 말한 적이 있다. 그러나 확실하지는 않다: 다행히 필요와는 다른 길을 취하는 것은 환자의 자유이기 때문이다.

과학성의 또 다른 준거는 포페 Popper가 고안해 냈던 '위조가능성' 인데,—'점 찌르기'로('비준하다'의 반대인 '허점을 찌르다' 라는 의미에서) 번역되는 게 더 나아보이는 무시무시한 영어식 표현—이는 지금도 계속 반복되고 있는 과학의 현실이다. 어떤 이론이 정확치 않음을 보여주는 증명절차를 밟아서 진술되었을 때, 즉 그 이론이 비준하고 있는 것의 허점을 찌를 수 있을 때, 우리는 과학적이라고 한다. 존중할만하지만 아주 협소한 준거로 관찰 가능한 사실들의 한정된 지역들과 근접해 있는 '부분적' 이론들에 대해서만 가치를 지니게 된다. 아주 많은 사실들을 포괄하는 일반 이론들에 관련되면서 이 준거는 아무런 의미가 없어진다. 예컨대 태양계 안에서 아주 특별한 당구 한판을 허용했던 뉴턴의 법칙이 완벽한 정확성을 위해 부정될 필요는 없다. 다윈의 진화론은 과학적인가? 그것이 없다면 잡다하게 남아있게 될 수밖에 없는 많은 관찰들을 이해하기 쉬운 총체로 재조합하게 만드는 일반이론과 관련해서는 그렇다.(세상은 6천 년 전에 창조되었다고 믿고 있으며, 다윈을 사탄의 앞잡이라고 생각하는 창세기를 문자 그대로 읽는 데 매달리는 편협한 근본주의자들도 있는데, 이것이 오히려 과학적 사고 자체와 맞지 않는다.) 프로이트의 초심리학도 이런 일반 이론으로 다윈의 진화론과 마찬가지로 '과학적인' 것으로 여겨질 수 있다.

만약 당신이 과학의 역사에 대해, 또 인식론 등에 대해 깊이 생각하는 취향을 지니고 있다면, 이런 모든 것이 중요하다. 그러나 만약 당신이 '정신분석가를 만나러 가야겠다'는 마음이 있다면, 그것이 '과학적'인가 혹은 아닌가가 정말로 필요하고 중요한 일일까?

49

정신분석 치료: 소외냐? 자유냐?

프로이트는 분석적인 치료에 대한 아주 멋진 정의를 내렸다: '분석 관계는 진실에 대한 사랑에 기초하고 있다.' 이제 나는 거기다가 이렇게 덧붙인다: '그리고 자유에의 욕망에 기초하고 있다.' 프로이트는 그것을 1937년 '끝난 분석과 끝나지 못한 분석'이란 제목으로 쓴 글에서 적고 있다. 거기서 그는 치료 기간과 환자의 저항, 그 저항에 대한 분석적인 기술의 무능으로 인해 끝나지 못하게 될 위험에 대해 의문을 품었다. 그 밖에 그는 회의적인 태도를 표현했다: 아마도 심리 작용 방식이 너무 견고하게 자리 잡고 있어서 더 이상 바꿀 수 없다는 점에서 그 사람 자체와 일체가 되어버린 사람들이 있을 수 있다. 프로이트는 이 글에서 오늘날까지도 적절한 충고들을 하고 있다.

우리는 분석이 전능은 아니라는 것과 어떤 사례는 분석 치료 영역에 속하지 않음을 알고 있다.(긴 의자 치료와는 다른 형태로써 정신분석가가 활동하는 것: 예를 들면 정신증이나 정신신체적 질병을 맡는 경우이다.) 한편 우리는 치료가 때로는 6년이나 그 이상까지 그렇게 오래도록 지속되는 것을 보았다. 그렇다면 이것은 적당하다고 할 수 있는가? 그런 기간을 통해 분석의 목표 자체와 전적으로 모순되는 끝없는 의존에 정착할 위험은 없는가?

4년이나 5년, 6년이 지난 다음에 끝날 수 없는 치료가 정착되는 위험을 보면서, 분석가는 걱정스러워진다. 그는 환자의 저항의 성격과 함께 자신의 결함에 대해서도 생각해보고 이런 상황을 타결하기 위해 무엇을 해야 할 것인가를 자문한다. 거기서 그는 '끝' 이란 용어의 이중적인 의미에 대해 깊이 생각해 보게 된다: 어떻게 이 치료의 끝을 준비할 것인가? 그러나 또한 그것의 끝, 즉 궁극적인 목적은 무엇인가?(우리가 끝을 결심할 수 있는 것은 이러한 끝이 예상되기 때문이다.)

궁극적인 목적은 분명하고, 우리는 이미 그것에 대해 밝혀 놓았다: 환자는 더 행복한(최소한 덜 불행한) 삶에 접근하기를 바라는 것이고, 분석가는 그렇게 되도록 도울 수 있다고 말한 바 있다. 이제 그는 자신이 자만한 것은 아니었는지, 그리고 이런 사람의 변화에 대한 저항을 과소평가하지는 않았는지를 자문한다: 진단이나 병세의 예측에서 잘못을 저지르지는 않았는가? 또 우리 두 사람은 지금 여기서 무엇을 하고 있는가를 묻는다.

그는 환자의 저항들을 재검토 한다: 일반적으로 그것들은 진지하고 활발한 의식의 변화를 욕망하면서도 계속해서 강화되는 불변화에 대한 무의식적인 의지가 집요하게 부딪히면서 생겨나는 갈등의 결과이다. 앞의 질문에서(지나치게 합리적일 수 있을까?) 내가 환기시켰던 것들처럼 이런 저항들을 이용해서 아주 효과적인 기제를 움직일 수 있는데, 이는 흔히 하는 일이다. 이 단계에서 분석가가 환자에게 불변화에 대한 무의식의 의지와 그것이 사용하는 기제에 관해 주의를 환기시킨다면, 아주 멋진 분석 작업이 완성될 수도 있다. 이제 환자는 훨씬 유연한 작용의 틀 안에서 자신의 심리 과정에 대한 더 나은 인식에 이르렀다. 분석이 많이 진척된 것이다. 그러나 외적인 삶은—실제의 삶—전혀 달라지지 않았다. 그런데도 그는 달라졌다. 환자와 분석가는 어떻게 그가 이전과는 다르게 될 수 있었는가를 사람들이 알지 못한다는 점이 아쉬울 뿐이다. 무슨 일이 있었을까?

분석가는 비슷한 경우, 즉 늑대 인간에서 그 옛날 프로이트가 사용했던 방법을 기억한다. 3년 후(그 당시 치료로써는 긴 기간이었다), 프로이트가 환자에게 무슨 일이 있어도 치료는 6개월 이후에 끝난다고 말하자, 그는 '반신반의의 무반응으로' 얼버무렸다. 이런 충격적인 선언으로 상황은 반전을 맞이한다. '이렇게 정해진 날짜로 가한 냉혹한 압력이 그에게 저항과 병에의 고착에서 벗어나게 했다. 그래서 분석은 이전 속도와는 달리 짧은 시간 동안 금지들을 해소하면서 환자에게 증상들을 일으키는 모든 자료들을 말하게 되었다.' 따라서 분석가는 마찬가지로 해보고 싶은 생각이 들었다; 그러나 프로이트는 절차를 경계하면서, 그 자신이 주의했던 것을 잊지 않았다: 집중, '사자는 단 한번만 덮친다!' 오히려 정확한 날짜의 명시는 치료의 종결, 특히 그것이 포함하는 모든 것과(분리, 상실) '그 다음은?' 이란 질문을 염두에 두고 작업하게 한다. 우리는 단계에 따라 행동할 것이다: 날짜를 고정한다고 생각한 다음, 서로 수긍하게 되기까지 그 한가지만을 생각하고 검토한다.그러고 나서 진짜 그 날짜를 정하게 될 것이다.

종결 작업은 오랫동안 지속될 수 있고, 일반적으로 그렇게 하는 것이 효과적이다. 특히 환자는 분석을 마치는 게 마땅하다고 인정함에도 불구하고, 그것을 거부처럼 느끼면서("당신은 이제 내가 지겨워진 게로군요. 난 이렇게 마음이 아픈데!") 고통스러워 할 수 있기 때문에 쉽지 않은 일이다. 또한 분석가도 자신의 의심들과 과감히 맞서야만 하고, 또 끝나지 않는 분석이 될 수도 있는 미묘한 묵인과 싸워야만 한다: 즉 분석적 치료가 시간을 동결시켜 버렸다는 공통의 착각.(이는 '움직이지 않는' 환자의 경우 특히 해롭다.) 일종의 불멸의 환상에 사로잡힌 환자는 눈에 띄는 외적인 사건 전체, 즉 자기 삶의 모든 실제적 변화를 조심스럽게 피한다: 이 분석이 지속되는 한, 분석가도, 환자인 나도 죽지 않게 될 것이다… 물론 분석가도 불멸이 되고 싶겠지만, 그럴 수 없음을 알고 있다. 누군가 내게 이런 말을 한 적이 있다: "당신의 분석은 우리 둘 중 한 사람이 죽어야 끝날 것 같습니다… 아마 나이가 더 많은 내가 먼저 죽겠지요." 이런 단순한 상식의 환기는 상실의 문제를 분석하도록 하면서 큰 효과를 보았던 적이 있다.

어떤 환자들은 분석가를 앞에 놓고 분석이 끝날 가능성이 없다는 것을 암시하기도 한다; 분석가는 모든 능력을 갖고 있고, 자신은 무능하다는 것을 증명하는 입장을 취하는 식인데, 지식과 경험이 풍부하다고 생각해서 지나치게 추앙된 분석가는 교수, 수호 성자, 의사, 명망있는 지성인과 동일시된다. 무엇으로 인해서 환자의 입장이 이렇게 되었을까?: "나는 나빠지고 있어요. 왜 그런지는 잘 알고 있지요? 우리는 모든 것을 분석했으니까요. 이제 나를 바꿔주세요. 어째서 그렇게 못하는 건가요?" 타인도 약하다는 것이 증명되도록 "네, 할 수 없습니다"라고 말하는 것은 여기서 가장 충분하고 확실하게 마무리를 짓는 방식이다. 유아용 변기 위에 앉은 아기가 "아니야!"란 한마디로 어머니를 무능하게 만들 수 있음을 확인할 때, 나는 그가 터득한 힘을 생각해 보게 된다… 물론 이것도 역시 해석할 수 있다.

분석적인 치료는 모두 근본적으로 명시된 힘의 관계로 해석되는 것 같다. 이는 어떤 사람들이 '불공정'하다고 평가했던 최초의 계약부터 시작되었다. 환자는 분석 기간과 그것의 시작을 동의하는 데 자유롭지 못하다. 그 조건을 내세우는 사람은 바로 분석가이기 때문이다. 그리고 어느 날 환자는 '이유야 어떻든지 빠진 면담들도 지불해야 한다'는 조건이 타당하지 못하다면서 빠졌던 면담료를 지불하지 못하겠다고 한다: "정말 그 날은 올 수가 없었다구요!" 이런 경우, 지나치다고 판단된 규칙의 확인 너머에, 관계된 힘의 관계가 일단은 부모의 억압처럼 보인다. 분석가의 행동은 단순하다: 규칙을 상기시킨다. 그리고 분석은 그 둘 모두가 따라야 하는 규칙에 예속되어있다는 것을 상기시킨다.

분석가에게는 힘의 관계와 관련해서 많은 주의가 필요하다. 우선 내가 좀 전에 인용했던 사례처럼(그가 틀렸을지라도) 그의 인내심을 잃게 만드는 것을 겨냥해서 환자가 파 놓은 함정을 피하기 위해서이다. 그러나 더욱 까다로운 것은 분석가 자신이 파 놓은 함정을 피하는 일이다. 그것은 우월한 입장이 가져다주는 만족스러움일 것이다: 그가 규칙도 정했고, 시간과 장소도 정했으며, 그의 교육과 경험은 환자에게서 그리고 그들의 관계 자체에서 일어난 것에 대해 다소 먼저 이해하게 했기 때문이다. 결국 지배권의 함정이 호시탐탐 그를 노린다. 특히 그를 적지 않게 노리는 의심에 의한 반응이라면 더욱 그렇다. 그 틀에 영향을 미치는 사건들의 조작과 관련해서, 그것은 전적으로 제외되는 것이 마땅하다. 많은 동료들과 더불어서 면담의 길이를 분석가 마음대로 정하고(이렇게 하면 일반적으로 짧아지는), 분석주체는 실질적으로 거기에 대해 어떤 의견도 내놓지 못하게 하는 라캉의 '운각 scansion'의 방법을 내가 절대적으로 반대한 것도 다 이런 이유에서이다. 라캉은 우리에게 훌륭한 이론적 발달을 가져다준 장본인이지만, 환자로 하여금 벗어나기 어려운 예속적 지위에 놓는 이런 종류의 기술적인 '혁신들'로 인해 정신분석에 민감한 과오를 범했다. 환자가 '자신의 거세를 인정해야만' 한다고 말하면서 자신의 방법을 이론적으로 정당하다고 주장하는 것으로는 상황을 개선시키지 못한다. 왜냐하면 거세자가 바로 분석가 자신이기 때문이다. 이렇게 하면 분석가는 물론이려니와 환자도 역시 거기서 절대로 빠져 나오지 못하는 위험에 처하게 된다. 몇몇 라캉 계열을 이탈한 학자들이 이에 대해 나보다 더 잘 설명하고 있다.

분석의 정신은 전혀 다른 것이다. 그것은 결합한 두 사람 사이의 관계이다. 이 사람들 중 하나가 이렇게 말했다: "도와주세요." 다른 하나가 대답했다: "네." 이 두 사람은 함께 고통스러운 심리작용을 개선하고자 애쓴다. 나는 때때로 면담 중에 환자를 바라보는 게 아니라, 우리가 되어서 함께 무엇인가를—그의 심리 과정과 그것이 우리 관계에서 작용하는 것을—바라본다는 느낌을 갖는다. 때문에 나는 '당신이 알고 있는 것'이라고 말하기보다 훨씬 자주 '우리가 알고 있는 것'이라고 말한다. 이러한 공동의 추구야말로 내가 처음에 이 주제에 대해 고려할 것들로 제공했던 프로이트의 인용에서 표현된 것과 궤를 같이하고 있다: 분석적인 관계는 진실에 대한 사랑에 기초하고 있다. 우리 두 사람은 진실을 조금씩 벗겨낸다. 그것을 통해서, 또한 그 자신만큼 인간적인 자기 탐색에 노력을 기울였던 사람의 도움을 받아서 주체는 자신의 변모에 능동적이게 된다. 그러면서 주체는 점차 자신을 소외시켰던 무의식의 기제에서 자유로워지게 된다. 분석은 자유의 탐색이다.

50

정신분석은 우리가 운명의 주인이 되도록 도와줄까?

어디에 운명이 기록되어 있을까? 거기에는 두개의 답변이 가능하다: 외부에, 혹은 내부에. 당신이 살아온 삶을 생각해 보라. 당신은 전체적으로 행복하다거나 불행하다는 느낌을 가질 수 있다. 그것은 당신이 선택한 것이며, 분위기를 고려해서 당신 자신이 그것을 쓴 것이다. 당신은 전혀 선택한 적이 없는 어떤 강요에 굴복해서 살아왔다는 느낌을 가질 수 있다. 이렇게 되면 당신의 운명은 밖에서부터 주어진 것이다.

분석은 이러한 전제들에 대한 수정을 목표로 한다. 그것은 인간의 운명은 그에게 부과된 조건들의 지배하에 있는 것이 아니라 스스로 만들어가는 것이라는 믿음을 갖고 있다. 그것은 점차 고정관념에서 벗어나면서 그렇게 된다. 따라서 외부로부터 주어진 강요들만이—삶의 조건들, 다른 사람들의 요구들 등—문제는 아니다. 그것은 또한 내부로부터의 강요들, 즉 심리현상의 중심에서 작용하는 무의식의 강요들도 관계되어 있다. 그런데, 이것들은 수정가능하다: 그것에 대한 의식을 갖는 것이야 말로 분석이 목적하는 바이다. 이렇게 의식의 지배하에 놓이게 되면 읽을 수도 있고 자신도 모르게 쓸 수도 있어서 자신이 자기 삶의 저자가 된다.

그러나 인간의 정신은 전능하며 모든 것을 가능하게 할 것이라는 환상들은 경계되어야만 한다. 우리는 모두 주어진 확실성의 기초 위에서 살고 있다. 우선 가능성과 함께 한계를 갖고 있는 몸이 우리에게 주어졌다. 만약 우리가 운이 없게도—감각적으로든 운동적으로든 유전적인 질병들로 인해—몸에 심각한 장애가 있다는 것을 알게 될 때, 비록 우리에게 그것들을 조정할 수 있는 약간의 여지가 있다고 하더라도 우리는 그러한 강제들을 고려하면서 살아갈 수밖에 없다. 이것은 문화적으로 주어진 것에 대해서도 마찬가지다. 모든 사람은 아주 일반적이고 일정한 문화적 조건들로 인해 정해진 운명을 살아간다. 모든 사람들에게는 어머니가 있기 때문이다. 그리고 정신분석가가 추가된다. 이렇게 해서 그는 주요한 두개의 축이 성차와 세대의 차이인 오이디푸스의 문제 제기 위에서 자신의 심리를 구조하게 된다. 모든 사람은 그 자신이 선택하지 않았지만, 처음부터 명확하게 한정된 언어와 보편적인 상징체계에 잠겨 살아간다. 이런 점에서 그의 자유는 확장시킬 방법이 있는 경우를 제외하면, 극히 제한될 수밖에 없다. 특히 이것은 종교적인 믿음과 관련해서 분명하다: 사람들은 키브츠 농부가 장로교도가 되는 것을 잘못이라고 생각하고, 유대교 어린이가 불교도가 되는 것도 잘못이라고 생각한다. 부모나 부모를 대신하는 사람들의 생각, 혹은 교육에 의해 어떤 강제들이 주체에게 아주 자연스럽게 무시할 수 없는 무게로 다가온다.

따라서 외적인 강제의 무게와 그것들이 개인의 운명을 결정하는 방식을 부정할 수는 없다. 그러나 우리는 어떤 사람들은 그것들을 크고 피할 수 없는 것으로 여기면서도 보다 객관적인 관점으로 보는 경향이 있다는 점을 관찰할 수 있다. 자신이 불행한 운명에 예속되어 있음을 알아차린 가난한 집의 아이가 보여주는 행동에서도 알 수 있다; "재수 없으니까 그렇지"라며 나쁜 경우마다 그런 운명임을 다시금 확인한다면, 그는 어제나 그럴 수밖에 없다. 왜냐하면 그는 '지질이 복도 없이' 태어난 사람이기 때문이다; 싫어하는 어머니에 대한 씁쓸한 복수가 인생의 전부인 한 여자는 자신의 불행을 탓할 누군가를 주변에서 끊임없이 찾는다.

이런 경우들 모두에서 문제가 되는 것은 강제인데, 이는 외부환경에 기인되기도 하지만 내적 기제도 넓게 작용하기 때문에 내적 심리에 기인되기도 한다. 이런 기제에 대해 깊이 생각해보게 하는 분석적인 치료는 실질적으로 이렇게 말하도록 만드는 투사의 작용을 밝히는 것이 목표이기도 하다: "내 삶이 잘못된 것은 내 책임이 아니야. 그건 다른 사람들 탓이고, 주변 사람들 탓이고, 또 사회 탓이다." 이런 투사로부터 벗어난다면 주체는 자신의 자유의 여지를 넓히게 되고, 점차 그는 자신이 생각했던 것 이상의 존재일 수 있다는 것을 발견하게 되면서, 자신의 운명을 조각하는 예술가가 된다.

어떤 사람들은 이런 자유의 예견 앞에서 놀라서 움츠러든다. 자유는 가능성도 많지만, 염려 또한 만만치 않게 무겁기 때문이다: 무책임의 안일함을 포기한다는 데 대한 염려들. 또한 한탄하면서도 한편으로는 보호라고 느꼈던 강요들이 사라진다면, 통제할 수 없는 충동이 폭발하리라는 예상으로 인한 두려움과 같은 개방의 위험에 대한 염려들.

반대로 환자는 마치 중풍병자에게 "일어나서 걸어라!"고 말했던 것처럼, 그에게도 모든 것이 잘되어 가고 있다는 데 대한 과도적인 도취감에 사로잡힐 수 있다. 따라서 그는 유년기 초기의 사고인 전능을 회복한다. 암에 걸린 사람이 자신의 정신력만으로 나을 수 있다고 생각한다면 바로 이런 부류에 속하는 사람이다. (그런데 그는 죽었다.) 어떤 점에서 우리가 신체적이거나 수정할 수 없는 환경적인 강요에 부딪힌다면, 자기 자신 내부에서 자유를 찾았던 죄수의 이야기를 기억하는 것이 좋다.

물론 분석가는 내적 자유의 일반적인 움직임을 주의해서 동반한다. 그는 할 수 있는 범위에서 자신의 운명을 만들고 그것이 최선의 상태가 되도록 적응하는 현명함이 목표임을 알고 있다. 그만하면 아주 훌륭하다.

51

자신의 역사를 다시 쓸 수 있을까?

개인적인 역사, 이를테면, 당신의 역사? 그렇다. 이렇게 대답한 것은 근거없는 소원이나 순진하거나 건방지게(혹은 둘 다로) 보일 수도 있는 '정신분석의 기적'에 대한 신뢰를 광고하려는 말이 아니다. 이는 여기서도 설명할 수 있는 이성에 근거한 경험으로부터 나온 말이다.

다르지만 더 좋게 개인적인 역사를 다시 만들고, 다시 쓰는 것은 분석 치료의 목적 자체이다. 그러나 환자의 저항은 늘 있는 일이다: "그것은 이미 벌어진 일입니다! 누가 거기에 무엇을 할 수 있을까요? 당신도 역시 아무것도 바꾸어 놓지는 못할 겁니다." 그런 저항은 유년기나 청소년기의 외상적 사건과 관계되어 있을 때 특히 심하다. "내가 열한 살이었던 어느 날 아버지가 아주 다정스럽게 막 생기기 시작한 가슴 근처를 쓰다듬어주셨습니다. 나는 그런 흥분이 있을 수 있었다는 게 무서웠던 기억이 납니다… "; "어머니가 교통사고로 돌아가셨던 때, 나는 아홉 살이었습니다. 사람들은 내게 그 말을 즉시 해주지 않았습니다. 단지 어머니가 여행을 떠났다고만 했지요. 그래서 이모들이 우리 집에

오셨을 때, 나는 기뻤습니다. 그래서 무슨 좋은 일이 있나보다고 말했지요. 이모들은 나보고 어쩌면 그렇게 냉정하냐면서 아주 심하게 나무랐습니다. 나는 그 순간 정말 어이없었습니다… " 등. 그것은 벌어진 일이며, 사람들은 절대 아무것도 바꾸지 못할 것이다.

그러나 그렇지 않다. 왜 그런가, 어떻게 그런가를 이해하기 위해 역사책에 기입될 수 있는 그대로의 사실성 안에서(A여사는 자동차 사고로 언제 어떤 장소에서 죽었다) 사건 그 자체와 주체의 생각과 정서 안에 울렸던 것을 파악하고 느꼈던 방식인 '심리적 사건'을 구분하는 것부터 시작해야만 한다. 실제로 주체의 역사에서 사건 자체보다는 심리적 사건이 중요한 것은 틀림없다. 사람들은 벌어졌던 일의 심각성과 이후의 영향에 대한 중요성이라는 두 가지 측면에서 현저한 이견이 있음을 관찰한다. 여덟 살이나 열 살에 어머니가 죽은 아이를 예로 들면,(특히 그것이 내가 지난 질문에서 서술했던 '불가능한 상실'로 등록될 때) 그것은 고통스럽게 느껴지지만 이후 잘 통합되기까지, 치료 불가능한 외상의 사례가 될 수 있다.

오랜 시간동안 문제가 되는 효과를 갖지만 표면상으로는 대단히 평범한 모습을 하고 있는 사건이 외상적 경험으로 작용하는 일도 있다: "아버지가 화를 내기 시작하더니, 내 인형 조세트를 잡아챘습니다. 그건 내가 너무 좋아했던 것이었는데, 아버지는 그것을 망가뜨려서 휴지통에 집어던졌지요. 정말 무시무시했고, 나는 그런 일을 한 아버지를 용서하지 않았습니다." 더구나 이런 경우, 사실이었던 사건으로부터 시간이 많이 흐른 지금에 와서 실제적인 중요성을 평가하기가 참 어렵다. 한편 아버지의 '너무 다정스러운 몸짓'을 말하는 환자의 경우는 근친상간의 희생자 같아 보인다: 유혹하는 아버지에 대한 타오르는 미움에 사로잡힌 그녀는 이후 이 사건 위에서 자신의 생애 전체를 구조화시켰다. 분석가는 아주 신중했다; 그는 분명히 옳았다. 원인이 된 그 작은 사건 이후, 그것은 고립되었으며, 일반적으로 인정된 정의에 따른 근친상간의 경우가 실제로 관계되어있다는 생각을 갖게 할 만한 어떤 일도 전혀 없었기 때문이다. 그러나 환자가 겪었던 것은 이 체계에서였으며 작은 사건이 대단히 심각한 만큼 그로 인한 결과도 역시 무척 해로웠다.

그러므로 염두에 두어야 하는 것은 원래 사건이 돌발했던 상황이다. 어머니의 죽음이 부모와 첨예한 갈등을 하고 있을 때, 그래서 아이가 죽음의 소망에 사로잡혀있을 때라면, 훨씬 심각하게 외상이 되는 것은 분명하다. 한편, 아버지의 다정한 동작도 사춘기의 여자 아이가 아주 생생한 오이디푸스적인 욕망이 다시 일어나고 있을 때라면, 더욱 근친상간적으로 느껴질 것이다.

더구나 이후의 영향들도 고려해야만 한다. 사건 그 자체는 물론 더 이상 수정될 수 없다. 어머니가 돌아가신 것을 어떻게 되돌려 놓을 수 있겠는가? 그러나 심리적인 사건은 그에게서 끊임없이 수정된다. 우선 기억이라는 점에서, 상세한 부분들이 지워지고, 다른 것들이 다른 사건을 구성하기 위해 거기에 추가된다: 예를 들면, 우리가 망가진 인형과 관련된 기억의 수정을 분석에서 검토했을 때, 아버지에 대항한 걷잡을 수 없는 분노의 움직임 속에서 그 슬픈 사건에 대한 비난을 퍼부을 때부터 망가졌던 것은 아이 자신이었다. 그러나 주체의 전체 심리 체계를 차지하는 기능과 장소에 의해 수정되었다: 근친상간적인 아버지를 비난하면서 그에 대한 미움으로 똘똘 뭉쳐있던 그 여자 환자는 점차 그도 자신과 마찬가지로 어머니의 희생자였다는 점을 생각하게 되었다. 누군가의 탓으로 돌리는 어머니는 자신의 모든 원한도 누군가에게 전가시킨다.

이런 수정들은 삶 전체를 통해서 지속된다. 분석이 작업하는 곳도 바로 그것들 위에서이다. 때문에 분석은 그 자리에서 증언해 줄 다른 사람이 전혀 없는 상태에서 진행되므로 예전에 전개되었던 그대로의 사건 자체를 갖고 일하지 않고,(세르쥬 비데르만의 표현을 빌면) 그 사건들의 상속자들인 심리적 사건들만을 갖고서 일한다. 이런 심리적인 사건들은 원래 사건 이후 오랫동안 공들여 만들어졌다. 따라서 우리는 그것들이 유연하며 다시 만들어낼 수 있다는 것을 알 수 있다. 우리는 그것들에게 영향을 미쳤던 수정의 끈을 찾고, 어떤 의미에서 그것들을 해체하는 데 매달릴 것이다. 그러므로 다르게 수정되고, 구성되는 것은 풍경 전체이며, 그것의 색조도 달라질 것이다.

여기서 분명하게 해야 할 것이있다. 우리는 역사를 바꿀 수는 있지만 되는대로 아무렇게나 그렇게 할 수 있는 것은 아니다. 아버지는 원래대로 난폭하고 알코올 중독자로, 어머니 역시 냉정한 모습 그대로 있다. 그러나 유년기의 상처와 걷잡을 수 없는 반응에서, 청소년의 반항에서 힘겨웠던 부모에 대한 다른 시각을 갖게 될 것이다. 예를 들면, 아버지는 마시는 것 말고는 다른 어떤 안식처를 찾지 못했던 불행한 남자로 비치게 될 것이다. 그는 난폭했지만, 환자는 그의 힘과 명람함을 감탄했던 다른 순간을 기억한다. 또한 차가웠던 어머니는 약혼자의 죽음으로 자신의 의사와는 상관없이 결혼을 해야 했던 위로할 길이 없는 여자로 비치게 될 것이다. 분석은 전에 상처 받은 사람들을 인간답게 만든다. 그것은 관용을 가져온다. 대부분의 사람들이 어른이 되어가는 아주 평범한 과정이 거기에서 이루어진다. 즉 어머니와 아버지도 자신들과 마찬가지로 결점과 약점을 갖고 있다는 것을 점차 받아들이게 되고, 그것이 그들에 대한 사랑이 줄어들게 만들지 않는다.(거기에는 그 자신이 부모가 된다는 사실이 도움이 되기도 한다.) 분석은 집요한 유년기적 갈등으로 인해 막혔던 과정들을 도와준다.

이렇게 우리는 역사를 다시 쓸 수 있다. 따라서 그것을 다시 쓴다는 것은 잘못 쓰였고 폐지되었다고 확인 된 유년기의 역사를 거두어 내서, 어른의 역사로 쓰는 일이다.

52

인간은 선할까? 악할까?

디드로는 인간의 본성에 관한 의문에서 이 같은 질문을 했다. 물론 이 질문을 처음 한 사람은 그가 아니며, 우리 이후에도 계속될 질문임에 틀림없다. TV를 통해 세상에서 일어나는 소식에 염려스러운 마음이 된 사람은 주저없이 인간을 악한 동물로, 아주 지독스럽게 악할 수 있는 동물이라고 단정적으로 답할 수 있다. 그러나 우리가 관찰한 바에 따르면, 일반적으로 그렇다고 답한 사람도 자신은 악하지 않다고, 혹은 전혀 악하지 않다고 하면서, 타인만 악하다고 한다는 점이다. 수많은 전쟁과 학살들, '인종 청소'(너무 끔찍한 표현!), 계획적인 집단 대량학살 등은 선하고 고결하게 봉사하는 사람들이, 그들과 닮은 사람들을 보호하는 사람들이, 악한 사람, 해로운 사람, 타락한 사람, 그것도 모자라서 사람도 아닌 사람이라고 단정한 사람들을 이 지구 표면에서 제거하는 일에 헌신 봉사하는 사람들이 저지른 일이다. 20세기는 특히 사람들이 '악한 사람들'을 제거하는 것을 '선'으로 느끼는 도덕의 타락에 따른 '도덕'이었다. 물론 소름끼치는 변증법 속에서 선은 언제나 타인의 악이다.

선한 사람들에 의해, 그리고 악한 사람들에 의해 제각각 섬겨지는 선과 악의 대립은 아마도 인간성 자체만큼이나 오래되었다: 우리는 그것을 모든 우주발생론에서, 종종 의인화된 모든 종교적 신앙 안에서(아리망 Ahriman과 오르뮈즈 Ormuzd,[2] 신과 악마 등), 그리고 철학적 도덕 안에서 발견한다.

프로이트와 그 이후의 정신분석가는 이런 논쟁 속에 문제의 본질적인 입장과 고유한 해답을 갖고서 뛰어들지 않을 수 없었다. 이런 논쟁들은 충분히 사람들에게 부정적인 시각을 갖게 한다고 주장할 만해서, 이점에 대한 많은 비난들이 있었다. 여러 가지 이유가 거기에 있다.

첫 번째는 인간 심리 현상에 대한 접근의 중심에 있는 갈등개념이다. 욕망과 금지 사이의 갈등, 충동과 방어의 갈등, 욕망과 양립할 수 없는 이상과의 갈등, 주체의 내부 자체인 심리 기관의 구성요소들 간의 갈등이게 되는 '대의들' 사이의 갈등. 의식과 무의식, 그리고 이 둘 사이에 끼어서 편치 못한 전의식과 함께 한 갈등. 자아와 그것의 '세 주인' 인 이드, 초자아, 그리고 '외부 현실' 간의 갈등. 그리고 내부 갈등을 재현해서 행동으로 옮겨옴으로써 등장한 사람들 사이의 갈등. 결국 외부에서와 마찬가지로 내부에서도 긴장과 전쟁이 끊이질 않는다.

이것은 확실하게 목가적인 항목들로 보이지는 않는다. 그러나 우리가 왜 나쁜 것은 언제나 타인인가를 이해하기 시작할 수 있다는 점에 유의하기 바란다. 이는 프로이트가 우리에게 아주 분

2. 아리망과 오르뮈즈는 조로아스터교에서, 쌍둥이 형제로 태어났으나 전자는 악의 신이고 후자는 선의 신으로서 서로 대립하는 관계이다. -역주.

명하게 말한 것으로 살아있는 생명체의 근본적인 법칙이다. 박테리아와 같은 단세포 생물을 생각해 보자. 사실 이것은 이미 외부와 구분되는 막으로(그의 '생명의 주변 milieu de vie'을 말하는데, 이상하게도 우리는 둘러서 있는 것을 '주변 milieu'이라 부른다) 둘러싸인 아주 복잡한 생물이다. 그에게는 외부에서 길어 올려서 막을 통해 안으로 들여오는 것이 필요하다. 살기 위해서 필요한 과정이다; 찌꺼기가 되면 반대로 막을 통해서 내보내는 것이 필요하다. 그렇지 않으면 그것이 만들어내는 독소로 인해 죽게 된다.(우리도 예외는 아니다: 산소와 음식, 물을 들여오고, 탄산가스, 똥과 오줌을 내보낸다. 이런 것이 생명의 교환이다) 박테리아가 정성껏 들여오는 좋은 것은 들여 놓아서는 안 되는 나쁜 것들이 득실거리는 외부에서이다; 첫 번째 갈등은 바로 이것이다. 어쨌든 이제 살아있는 생명체에 있는 몇 개의 구멍들을 통해 들여다 놓기도 하고 내보내기도 한다: 내가 방금 설명한 것은 내사와 투사의 대사이다. 우리가 그런 무시무시한 말에도 질겁하지 않는 것은 아주 간단하다. 내사는 좋은 것, 즉 주체가 비추어보는 '대상들'과 그가 사랑하는 닮은 사람들의(아버지, 어머니, 형, 언니 선생님, 축구선수, 가수 등) 욕망할만한 성질을 들여다 놓는 움직임으로, 어쨌거나 주체는 이것을 자신과 '합체시킨다'. 투사는 자신으로서 원치 않는 '나쁜 것'을 내보내는 것을 말한다; 이 배출의 움직임은 자신도 모르게 진행될 정도로 그 작용이 효율적이어서 주체는 이런 결론에 이른다: 나쁜 것은 저밖에, 타인에게 있다. 나는 그가 그런 사람이라는 것을 잘 알고 있지. 너무 유명하거든 … 이런 것들이 모든 외국인 혐오자, 인종주의자들에게서 작용하고 있다: 자기 자신이라고 하기에는 나쁜 모든 것을 배출하고 거기에 종교, 복장, 습관 등 견디기 편안한 삶의 장소에 따른 것으로 채워 놓는다. 그리고 가증스러운 타인을 쉽게 식별할 수록, 그것은 제 역할을 더 잘 수행하기 때문에 모든 인종주의는 피부 색깔에 근거한다. 사람들이 이렇게 정형화된 작용에 근거할수록, 거부는 더욱 분명해지고, '모든 사람들은(물론 착한 사람들만을 말한다) 이것을 알고 있다'는 사실로써 증명하고자 한다.(나는 이 사람들을 좋아하지 않는다. 왜냐하면: 유태인들은 탐욕스럽다. 흑인은 지저분하다. 오베르뉴사람들은 인색하다. 영국인들은 믿을 수 없다. 프랑스 사람들은 거만하고, 개구리를 먹는 혐오스러움이 있다. 등)

이 모든 갈등과 그것들의 생성에 근거해서, 프로이트는 너무도 평범해 보이는 근본적으로 반대된, 사랑과 미움의 쌍을 가정했다; 그러나 그가 근원으로써 사랑-미움의 쌍을 가정했던 것은 태어나면서부터—사실상 인간 존재와 관계된 순간인 임신부터—모두에게 주어졌던 선물, 예를 들면 언어 발달의 능력과 같은 이름으로 존재하는 것보다는 분명치 않기 때문이었다. 그것이 바로 '처음에 주어졌던' 모든 명제처럼 주요한 이론적인 승부에 관여되어있다고는 해도 단지 이론만 관계된 것은 아니다; 그것은 또한 정신분석의 모든 실제 영역과도 일치한다: 사랑과 마찬가지로 미움이 근원적이고 근본적이며 모두에게 다 있는 것임을 인정하는 일은 우리에게 인내와 관용을 갖게 한다. 당신은 당신 어머니를 사랑한다. 그리고 당신의 어떤 것이 어머니를 욕망한다는 점에서 그녀를 미워하며, 이것이 당신에게 죄의식을 갖게 하고, 당신은 그것을 부인하기 위해 할 수 있는 모든 것을 다 하지 않을까? 그런데 그것은 그다지 심각한 일이 아니다: 인간이 다 그렇다 … 물론 이것은 중요하지만, 그것을 무시하고자 애쓰면서 당신이 느끼게 될 극적인 것에 비하면 그렇게 심각하지는 않다는 말이다. 만약 당신이 가능한 한 조용하게 이것을 바라보기만 해도, 그것이 그다지 무시무시하지 않다는 것을 알게 될 것이다; 그렇다고 어머니가 진짜로 죽지도 않을뿐더러 당신도 마찬가지이다. 그리고 더욱 자유로워진 당신은 이제 어머니를 정말 사랑하게 될 것이다.

우리는 처음부터 프로이트에게서 이런 가설을 찾아낸다. 그러나 그가 그것을('메타 심리학' 이란 제목으로 재구성된 텍스트 속에서) 발전시킨 것은 1915-1916년이다; 유럽이 끊이지 않는 추악한 전쟁으로 얼룩져있었던 순간에 사랑과 미움의 쌍이 강조되었던 것은 우연이 아니다 … 멜라니 클라인은 근원적 사랑-미움 쌍에 대한 사상을 취해서 아이의 최초 발달에 대한 작업에서 아기가 아트레우스 가문의 비극[3]만큼 무시무시한 것을 체험했던 일종의 음지의 연출법까지 열성적으로 강조하게 되었다 … 프로이트는 멜라니 클라인을 존중하면서도 그렇게까지 가지는 못했다. 그러나 몇 년이 지나면서 그의 비관주의는 가속화되었다. 아마도 1차 세계대전에 이어진 사랑과 혐오가 한꺼번에 몰려왔던 비엔나에서의 고통스러운 삶 때문이 아니었을까?; 너무 사랑했던 딸과 손녀의 죽음이 그랬고, 1939년 생을 마치기까지 그를 고통스럽게 했던 턱뼈 암이 그러했으며, 나치즘이 나타남에 따라 생

3. 미케네의 왕 펠롭스의 두 아들 아투르스와 디에스테스 사이에서 일어난 일로부터 3대에 걸친 살인과 원한과 복수로 엮어진 비극들. 디에스투스는 형인 아투르스의 아내를 사랑했으나 형은 이에 대한 보복으로 디에스투스를 초대해서 디에스투스의 자식을 죽여 만든 요리를 대접한다. 아르투스의 아들 아가멤논 왕은 왕비 클리템네스트라를 주고 트로이 원정에 나섰다. 디에스투스의 아들인 에지스더스는 클리템네스트라와 내연의 관계를 맺고, 승전해서 귀환한 아가멤논을 살해한다. 아가멤논의 딸 엘렉트라는 아버지를 죽인 생모 클리템네스트라를 증오하면서 지내다 어려서 국외로 피신했던 동생 오리스테스가 장성하여 귀국하자 힘을 합쳐 생모를 살해한다—역자.

겨난 불안이 그랬다 … 그가 비관적이 되었던 것은 분석적 치료의 성공이라는 행운의 기회들을 포함해서, 그리고 정신분석의 미래 자체를 포함해서였음이 틀림없다. 그러나 특성상 정신분석 그 자체는 인간을 비관적으로 볼까?

사람들은 그 점에 대해 많은 비난을 가했고, 인간을 선하다기보다는 악한 쪽으로 보는 데 대해서도 많은 비난을 가했다. 그리고 반대의 입장을 취하는 다른 이론적인 접근들도 있다: 예를 들면 로저스에 의해 발달된 심리치료의 이론과 실제의 관점들이 그렇다. 요약하자면 이렇다: 당신이 적의를 품고 잔뜩 무장을 하고 바라보는 남자와 여자, 그리고 사람들은 당신이 보는 그대로가 아니다. 만약 당신이 이런 사람들에 대한—그리고 당신 자신에 대한, 왜냐하면 당신이 혐오하는 사람은 바로 당신 자신이기 때문에—시각을 수정할 때, 모든 것이 수정됨을 보게 될 것이다. 따라서 그것들 자체에 대한 태도도 달라질 것이다. 다만 신경증은 왜곡된 지각으로 인해 만들어지는 것이며, 인간은 근본적으로 선하다는 것을 인정한다. 여기서 나는 로저스가 그렇게 말했던 것은 목사였던 아버지로부터 받았던 교육에서 비롯된 것으로 영국적인 학설과 그것을 응용한 결정체로 본다.

그렇다면 인간 본성의 선함 악함은 견해에 관련된 문제일까? 우리는 어떤 인류학적인 접근에 찬동할 수 있고, 로저스나 정신분석학의 견해로 심리 작용과 인간에 대한 개념에 찬성할 수도 있다 … 그러나 이것은 단순히 의견의 문제는 아니다. 중요한 것은 인간의 고통을 접근해 들어가는 방식이다. 우리는 도움을 청하는 사람들을 어떻게 맞이하고, 또 어떻게 그들을 도울 것인가?

나는 정신분석이 이론과 실제에서 근본적으로 낙관적이라고 생각한다. 누군가 나를 찾아와서 "희망이 있을까요? 체념해야하는 것은 아닌가요?"라는 질문을 할 때, 나는 항상 원칙에 의해 이렇게 대꾸한다: "희망이 없는 게 어디 있나요? 가장 나쁜 것이 바로 체념하는 것입니다. 내가 당신을 체념하도록 돕는다고 생각하지 마세요. 정신분석은 그 반대입니다; 정신분석은 삶을 위해 일합니다." 여기서도 역시 영국식의 쿠에[4] Coué 방식인가? 아니다.

우선 현실을 부정하기 보다는 인정하는 것이 훨씬 가치 있다. 불행은 자신에게 일어났던 것에 대해 모르고 하는 부정, 혹은 억압, 부인 등으로부터 온다. 자신에게 무슨 일이 있었는가를 보자: 어두움을 뚫고 한줄기 빛이 보인다. 이제 같이 보자: 우리는 둘이다. 당신은 혼자가 아니다. 내가 있다. 나는 두려워하지 않는 것을 배웠다. 나의 직업은 정신분석가이다. 당신은 이런 저런 이유로 인해 돌이킬 수 없이 나쁜 사람이고, 벌 받아 마땅하다고 느낀다. 그러나 당신이 그려내는 것은 모든 사람들이 겪은 이야기이다. 당신은 분노에 사로잡혀서 살고 있는가? 당신도 그것이 공격성의 욕구 좌절이 만들어낸 것이라는 점, 개에게 물리면 아프다는 점을 잘 알고 있다. 당신 개인사 속에서 누가 이렇게 만들었을까? 그리고 어째서 당신을 이 모든 것을 당신이 지려고 하는가? 당신은 누구에게 이런 고통을 돌리는가? 이런 고통으로 인해 당신은 누구에게 복수하려 하는가? 혹시 자기 자신에게 하고 있는 것은 아닌지? 이것을 지휘하는 사람은 바로 당신이기 때문에 … 분석을 받자. 우리는 이 매듭을 풀 수 있다. 그리고 그렇게 되기

---

4. 프랑스의 약학자이면서 심리치료가 (1857~1926). 최면과 암시를 공부했고, 자기 암시에 의한 심리적 평형에 도달하는 치료법을 적용했다. 쿠에 방식은 아이러니한 양식으로 유명하다—역자.

를 바라고 있다. 벽에 부딪힌 삶은 제 길을 찾아 흘러가야 한다. 그리고 분석은 당신에게 관대함과 참을성을 가져다 줄 것이다; 그것은 유머를 갖게 하고, 가장 잘 다루는 방법은 약간 그런 자신을 놀리는 것이다. 정신분석의 승부, 그것은 사람들이 삶을 바꿀 수 있는 가이다. 중요한 것, 그것은 바로 삶과 자기 자신이다.

내가 누차 말했던 것처럼, 정신분석은 생명을 위해 일한다.

53

정신분석의 윤리

정신분석을 하는 것은 물론 직업적인 의무, 즉 어떤 경우에 그들을 금지하기도 하고, 혹은 그것에 따라야만 하는 어떤 행동을 규정하는 규칙들 전체로 이해되는 도덕과, 인간에 대한 생각에 기초해서 이런 규칙들을 반성하는 윤리를 전제로 한다.

의무 가운데 가장 으뜸은 '해가 되는 일을 하지 않는다' 고 하는 것과 가능한 한 '돌보아 준다', 혹은 도움이 필요한 사람에게 도움을 준다고 하는 의사의 것과 비슷하다. 국제정신분석협회와 파리정신분석학회에서 아래의 내용을 주요 골자로 하는 규정을 채택했다.

- 분석가는 환자에게 도움이 될 것이라는 확신이 설 때에만, 그리고 그것을 관리할 방법이 있음을 느낄 때에만 치료를 시작한다.
- 그는 환자나 그의 가까운 친척들 중 한사람과 개인적인 친분이 없었거나 없을 때에만 시작할 것이다. 따라서 그는 불가피하다고 여겨지는 사회적 접촉도 가능한 제한할 것이다.

- 분석을 시작하기 전에, 분명하게 범위와 조건, 특히 재정적인 부분에 대해 선을 그어야만 한다. 규정은 이런 점에서 '분석에 참여하기 전, 환자는 자신이 동의한 것을 측량할 수 있어야 한다' 고 밝히고 있다.

- 치료 도중, '관습적인 환영의 동작을 제외한' 모든 신체 접촉은 없어야만 한다. 하물며, 환자나 그의 가까운 가족들 중 한 사람과의 성적이거나 공격적인 모든 관계는 엄격하게 규제된다.

- 환자와 분석가의 죽음 이후까지도 비밀 엄수는 절대적인 조건이다.(적당한 시기에 환자에 대한 기록들을 가능한 폐기해야만 한다.) 그렇다고 이것은 동료들 사이의 임상적인 교환마저 금하는 것은 아니다. 정신분석적인 치료로부터 얻어낸 관찰에 대한 출판들이 이것의 증거이다. 그러나 환자의 익명성은 절대적으로 보호되어야만하며, 신분 확인이 가능한 부분은 수정되어야만 한다.

- 분석가가 그를 만나러 온 환자로부터 얻은 정보들 가운데서, 개인적인 이득을(재정적이고 정치적 권력에 대해) 취하는 일은 전적으로 배제된다.

- 분석가는 사생활과 함께 공적인 생활에서도 스캔들이나 비난을 초래할 수 있는 모든 일을 삼가야 한다: '겉으로 드러난 생활 속에서 정신분석가의 행동은 자신들에 대한 평판과 환자들의 신뢰를 유지한다고 하는 점에서 무례해서도, 지나쳐서도 혹은 법을 위반한 것이라고 생각되어서는 안 된다.'

이 규정은 본질을 밝히는 선에서 끝을 맺었다: 사실 우리 모두가 찬성하는 일반 도덕과 동시에 분석 상황과 두 주역을 서로 약하게 만들 수 있는 전이와 역전이 작용의 특수성에서 나올 수 있는 모든 의무와 금지들을 선험적으로 밝히기는 불가능하다. 파리정신분석학회는 예기치 못한 모든 공백을 고려해서 그 내부에 규정으로 진술한 일반 원칙들을 준수해야하고, 또한 학회 소속 분석가가 거기에 없는 사례들을 위임해 오면, 그것들을 검토하는 책임을 지닌 의무위원회를 설립했다.

나는 앞의 질문에서 '고전적인 치료' 방법은(긴 의자) 근본적인 두 개의 규칙에 근거를 두고 있다고 말했다: 환자 쪽은 자유연상의 규칙. 분석가 쪽은 '떠다니는 집중' 규칙. 여기에 내가 방금 말한 대부분의 조항들을 총괄하는 세 번째 계명이 있다.: "모든 것을 말하기, [동작은] 아무 것도 하지 않기." '모든 것을 말하기'는 가능해보인다. 이는 환자에게 제안된 자유연상의 규칙이다. 그러나 '아무 것도 하지 않기'는 두 주역들에게 똑같이 부과되고, 지켜져야만 한다: 분석가와 환자 사이에 성적이거나 폭력적인 (혹은 둘 다) 접촉에 이를 수 있는 모든 동작을 분석 장면에서 추방하기. 이는 단순히 이렇게 이해된다: 무슨 일이 벌어지더라도 (즉 뭐라고 말하고, 경험하고, 표현하든지), 분석가는 절대로 자기 의자를 떠나지 않고, 환자도 역시 긴 의자나 자기 자리를 뜨지 않는다. 이 일은 쉽지만은 않다. 표현된 것에 대한 정서적인 부담이 때론 너무 힘겨울 수 있다. 말밖에는 전혀 문제가 되지 않는다며 신랄하게 불평하고, 어떤 것이든지 뜻밖의 행동이 돌발할 것을 점점 더 열렬하게 요구하는 이런 환자의 경우가(대면 상담) 증명해준다. 어느 날 그녀는 가까이 있는 책상 모서리에 놓여있는 작은 조각상을 발견했고, 이렇게 말했다: "나는 그것을 집어들어서 땅바닥에 던져버릴 거예요!" 이런 일은 한 동안 계속 될 것이다. 그 환자는 복받치는 감정의 노예가 되었고, 이 때문에 분석가는 약간 걱정스럽다.(그 조각상이 거기 있었기 때문이다.) 결국 환자는 그 조각상을 강박적으로 진짜 바닥에 던졌다. 분석가는 그 순간 아무 말도 하지 않았다. 그러나 이후 그때 일어났던 것을 분석하는 시간이 이어졌다.

'움직이는 것'과 관련된 모든 행동은 '아무 것도 하지 않기' 규칙에 위배된다. 보다 미묘한 움직이는 것으로는 모욕과 같이 폭력성이 있는 말에 해당하는 행동이다. 분석가는 가능한 한 담대해져야만 한다. 사실 그러한 말은 원래 전이 이전의 다른 어떤 누군가에게 하는 것으로 실제로 분석가에게 하는 것은 아니지만 그 감정으로 인해 분석은 도움을 받게 된다. 사랑이나 에로틱한 움직임도 마찬가지이다. 때로 거친 시련에 처해 있어서 너무 혼란스러운 환자를 대하는 상황은 많이 힘겨울 수 있다. 따라서 분석가는 무엇보다도 자기 자신을 잘 경계해야만 한다. 우리가 지나치게 신랄하고 혼란스러운 해석과 함께 신경질적인 어조와 건조한 말투로 대응하는 것을 조심한다면, 이 일은 의외로 쉽다. 유혹하는 사람의 유혹 방식에 대해 답변하기를—언어적으로—피하는 것이 문제일 때, 상황은 보다 까다롭다. 분석가에게 예비 분석이 치료에 필수적인 조건이 되는 까닭은 그것이 분석이 지탱되기 힘든 상황과 관련되어 있기 때문이다.

그러나 '기술적인' 규칙들을 넘어서, 정신분석의 윤리가 명하는 것은 아주 간단하고 극히 본질적인 것이다: 최고의 가치, 그것은 생명이다, 몸의 생명과 함께—정신분석가가 돌보게 되는—마음의 생명. 아무에게도 해가 되지 않는다는 유일한 조건 하에서, 그것이 꽃피우도록 돕는 모든 일은 선하다.

54

정신분석은 아직도 유효한가?

정신분석의 죽음에 대한 예견은 거의 그것의 탄생과 때를 같이 한다. 일단 프로이트는 아주 제한된 관심을 일으켰을 뿐이다. 1899년 말에 출판되었던 정신분석을 태동시킨 책 「꿈의 해석」도 거의 주목받지 못했으며, 초판 출간 이후 절판되기도 했다. 그런데 그것은 이제 세계에서 가장 많이 번역되고, 또 가장 많이 팔리는 책들 중 하나가 되었다. 사람들의 이목이 집중되면서 심리적인 어려움들에 대한 새로운 접근을 공격하는 명목도 그것의 도덕성에 대해 고상한 취미에 견주는 것으로(프랑스 사람들은 '라틴 정신의 섬세함'과 '게르만의 둔중함'을 비교하곤 했다), 또한 과학에 위배된다는 것으로 다양해졌다. 1차 세계 대전의 외상과 그것으로 인해 야기되었던 혼란은 새로운 분위기를 만들어냈다. 많은 사람들이 정신분석에서 인간의 고통에 관한 오래된 질문의 새로운 해답을 찾아낸 것이다. 이렇게 해서 1920년과 1940년 사이에 국제정신분석연맹에(1910년 창설) 자극받은 정신분석 운동은 괄목할만한 성장을 이루었다. 그러나 그것은 일시적인 유행이며 그것의 쇠락은 예정된 길이라고 주장하는 반대 입장도 만만치 않았다.

2차 세계 대전의 공포 또한 그것의 운명을 바꾸어 놓는 계기가 되었다. 사람들은 어떻게 인간이 잔인성의 포로가 되어 그렇게 할 수 있게 되었는가를 곰곰이 생각하기 시작했다. 나치 정권은 정신분석을 문란한 '유태인의 학문'이라고 하면서 박해했다. 그들은 정신분석의 기초인 인간의 자유에 대한 이상과 목표를 인정할 수 없었기 때문이다.(이는 유감스럽게도 그 후 다른 독재치하에서도 증명되고 있다.) 그 여파로 나치에 의해 쫓겨난 유럽 중심의 분석가들이 미국에서 활동하면서, 정신분석 운동은 거기서 상당한 세력을 얻게 되었다. 영국에서도 멜라니 클라인과 이후 도널드 위니캇, 프랜시스 터스틴, 윌프레드 비온, 도널드 멜쩌 등에 의한 이론과 실제에서 새로운 접근들이 태동하게 되었다.

프랑스에서는 1926년에 설립된 파리정신분석학회(SPP)가 사샤 나흐트와 자크 라캉의 활약에 힘입어서 빠르게 성장했다. 그러나 친구이자 동료였던 두 사람 사이에 불화의 조짐들이 나타났다. 그들은 정신분석의 위상과 관계된 서로 다른 입장을 갖고 있었다. 사샤는 정신분석을 의학적인 처치로써, 의사만이 할 수 있다고 하는 데 반해, 좀 더 자유로웠던 라캉은 자기 자신에 대한 탐구의 시도인 정신분석은 반드시 의사가 아니어도 양식있는 사람이라면 누구나 할 수 있다고 보았다. 라캉은 같은 시기에 난해하고 신비스럽기까지 한 표현법으로 아주 독창적인 이론적 관점을 발달시켰다. 그러나 SPP의 균열과 파열은 이론적인 이유에서가 아니다. 그것은 동료들에 의해 받아들일 수 없다는 판단을 받은 라캉의 몇 가지 치료법 때문이다.(라캉은 '운각'의 방법을 주장했는데, 이는 분석가들이 면담 중 해석의 가치를 지녔다고 생각되거나 조작에 해당되는 지점에서 언제든지 끝낼 수 있는 것이었다.) 게다가 라캉은 자신의 명성을 듣고 몰려든 젊은 분석가들과 환자들을 추종세력으로 만들어내는 탁월한 능력이 있어서, SPP 안에 자신의 세력을 형성하면서 제도 자체를 위협하게 되었다. 드디어 1953년 라캉은 제자들과 SPP의 일부 회원들의 추대로 새로운 정신분석학회를 만든다. 그러나 이런 일은 반복되는 경향이 있어서, 10년 후 같은 과정을 통해 그 새로운 학회는 또다시 분열을 맞이하게 된다. 1981년 라캉의 죽음 이후, 분열이 계속되어 이제는 누군가 '정신분석가' 라는 자격을 갖고 있다고 할 때, 조심스러워질 만큼 교육이나 실습 규정들이 너무 모호한 양성기관들을 양산해 냈다.

이런 논쟁에도 불구하고, 혹은 그것 때문에 정신분석은 4반세기동안 선풍적인 인기를 끌었다. 이 시기는 젊은 정신의학자라면 누구든지 개인분석을 거치는 것이 필수적이라고 생각했다. 그래서 파리의 지식인들은 대중들에게 친숙해진 유명한 라캉이나 다른 학자들의(프랑수아즈 돌토와 같은) 강연을 들으러 다녔다. 그런데 이런 선풍적인 인기는 이제 지나간 과거일 뿐, 사람들은 다시 정신분석의 죽음을 선언한다.

정신분석가들 사이에서도, 그것의 쇠락을 불안해하는 사람들이 있다. 그러나 그것은 결코 그렇게 되지 않는다: 새로운(그러나 우리도 같은 정신분석인지가 의심스러울 만큼 의견이 분분한) 접근이 그렇게도 풍부한 이론이 어떻게 쇠락할 수 있을까! 오히려 어린이 정신분석과 자폐증, 유아정신증, 정신증, 어른의 경계선 상태, 정신신체적 질병 등과 관련해서 그 영역이 상당히 넓어졌다.

그러나 우리가 두려워하는 것은 정신분석의 이론과 치료법에 대한 흥미가 없어지는 것, 즉 치료의 핵심을 이루는 전이와 역전이의 분석에 대한 오해로 인해 모호한 치료법임을 인정하려하는 무기력한 생각이다; 극히 유감스러운 이러한 오해는 정신분석 본분에 대한 표류를 초래한다. 진지한 교육을 받지 않은 채 정신분석을 내세우는 치료가들이 증가하는 것을 막을 수 없다는 현실은 극히 위험스럽다. 그리고 이것이 정신분석에 대한 대중들의 이미지에 미치는 영향 또한 대단히 해롭다. 나는 의심스러운 사람들의 손을 거치는 동안, 그 상태가 더욱 악화되어 긴급한 도움을 필요로 했던 어떤 사람과 상담하면서 상당히 마음이 아팠던 경험이 있다. 만약 파리정신분석학회가 필요한 교육절차를 확실하게 유지하고, 엄격하게 정신분석 치료들을 감독한다면, 그것은 이 같은 표류에 대항해 싸우기 위함이다. 다행히 프랑스에서는 그렇게 흔한 것은 아니지만, 미국에서는 '절충주의'란 미명으로 치장된 것을 흔히 볼 수 있다. 이는 더 잘하려는 생각에서 다양한 이론들 가운데—프로이트, 아들러, 융, 로저스, 베이트슨 등—이론과 기법 상 '가장 좋은 것'을 취합해서 만드는 것이다. 이것은 새로운 요리를 만들기 위해 냉장고와 찬장에서 좋다고 생각되는 것을 모두 골라 집어넣는 격이다.

좀 더 속된 동기가 우리의 두 번째 염려를 차지하고 있다: 사람들이 심리적인 어려움이 있을 때 정신분석가를 찾는 일이 예전만 못하다는 단순한 확인에서 비롯된 것이다. 이는 유행하지 않기 때문이기도 한데, 차라리 이것이 더 나을 수도 있다. 그러나 역시 가장 심각한 이유는 어떤 보장도 없이 너무 오래 걸리고, 너무 비싸다는 점을 사람들이 두려워하기 때문이다.(나는 이 책의 첫 부분에서 이 점에 대해 답하고자 했다.) 사람들은 더 효과적이면서도 빠르고 비싸지 않은 치료방법을 찾고 싶어 한다. 그래서 정신의학자나 일반의사까지도 사용하는 약 처방 쪽으로 기운다: 알려진 대로 프랑스는 신경안정제나 불안에 작용하는 약 등의 소비가 세계 최고이다. 그리고 보다 자극적이고 다소 기적적인 것이 약속되거나 그 효과가 그들 기법 자체에(예를 들면 행동치료 같은) 의해 보장되는 듯이 보이는 심리치료 쪽으로 기운다. 신경생리학의 괄목할만한 성공은 모든 심리적인 문제가 신체의 이상에서 비롯된다는 오래된 생각에 힘을 실어주었다. 그래서 정신분석가는 이런 방법들 중 어떤 것을 시도해봤던 사람들이—거기서 그들이 가장 근본적으로 원하는 요구는 제외된 채 착각을 일으키는 답만을 가졌던 사람들이—그에게 상담하러 오는 것을 자주 본다. 그들의 근본적인 요구는 이것이다: 누군가가 자기 이야기를 들어주는 것. 단순히 치료나 행동 조작의 대상으로서가 아니라 자신의 운명에 대해 책임을 지는 주체로서 보아주는 것.

「꿈의 해석」을 정신분석이 탄생한 원년으로 친다면, 내가 이것을 쓰고 있는 2000년은 정신분석 탄생 100주년이 되는 해이기도 하다. 사람들은 이것을 시간이 지난 낡은 사상으로 여길 수 있다. 그러나 성숙한 사상, 즉 여전히 해야 할 것과 말해야 할 것이 많은 사상이라고 생각할 수도 있다. 다음 세기, 2100년이 다가올 즈음이면 그것은 어떤 모습일까? 그것을 예견하는 것은 어렵다. 나는 심리현상의 중심에 있으면서 충동과 방어의 대립으로 인해 활력을 얻은 역동적인 무의식에 대한 가설과 이런 가설로 인한 주체의 부상, 즉 자유의 확신에로 가는 길이 남아있을 것이라고 생각한다.

55

정신분석에 대해 좀 더 알고 싶어 하는 사람들을 위해서

이 작은 책에서 정신분석이 제공하는 질문들에 대한 간략한 답변 이상의 정신분석을 어떻게 알 수 있을까? 물론 여기에는 일반 신문이나 잡지, 라디오나 텔레비전의 방송에서 우연히 발견할 수 있는 모든 것이 있다. 그렇다고 소홀히 여길 수 있는 것은 아니다. 그러나 그러한 것이 약간은 의심스럽다는 점을 밝혀둘 필요가 있다. 그것은 때때로 탁월하지만 믿을 수 없으며 과장되어있다. 만약 그것이 틀린 것이 아니라면,(그가 동의한다면) 조명받은 사람이 12초라는 '동일한 조건에서' 오이디푸스 콤플렉스를 설명하게 한다는 TV 특성상 감각적이거나 자극적인 것을 찾는 흥행업의 자기도취적인 현기증에 따랐기 때문이다.

보다 건실한 것으로는 여기저기에 구성되어 보다 많은 대중들에게 개방 되어있는 세미나들이(즉 파리정신분석학회가 파리와 지방의 다른 도시에서 시행하는 며칠 동안의 세미나들) 있다. 이전의 몇 가지 질문들에서 말했듯이 정신분석협회들이라고 하는 것이 건실한 것인지 그렇지 못한 것인지를 구분하기가 어려울 만큼 많이 늘어났다. 어쨌든 다음 세 개의 협회에서 배울 수 있다:

—파리정신분석학회, Société Psychanalytique de Paris, 187 rue Saint-Jacques, 75005 Paris; 같은 주소에 Jean-Favreau 정신분석상담과 치료 센터가 있으며, 거기서 사람들은 상담과 개인적인 도움을 청할 수 있다.

—프랑스정신분석협회(SPP와 마찬가지로 국제정신분석협회의 일원임), Association psychanalytique de France, 24 place Dauphine, 75001, Paris

—제4 그룹, Quatriéme groupe, 19 bd. Montmartre, 75002, Paris

그러나 그것을 배우는 가장 좋은 방법은 역시 읽기이다. 전문화된 몇 개의 프랑스 잡지들이(Revue franéaise de psychanalyse 같은) 있다. 그러나 그것은 이미 높은 수준의 지식을 갖고 있는 독자들을 위한 것이다. 이런 영역에서 출간되는 수많은 책들도 사정은 마찬가지인데, 개중에는 정신분석가만을 위한 것도 있다. 따라서 손에 잡히는 대로 정신분석 책이나 잡지를 집는 일은 신중하지 못한 태도이다. 이는 우리에게 정신분석은 난해하다는 결론에 다가설 위험이 있기 때문이다. 그러나 정신분석은 앞에서 내가 설명하려고 했던 일반 원칙과 이론적 기초, 치료 방법 등과 같이 정말로 알고자하는 호기심을 가진 사람이라면 누구든지 이해할 수 있다. 그래도 책의 선택은 필요하다.

일단 프로이트를 읽어라. 그의 거의 모든 중요한 저술들이 세 군데의 출판사들을(프랑스 대학 출판 les Presses Universitaires de France (PUF), Gallimard, Payot) 통해 프랑스어로 번역되어 있다.

독일어 용어들에 대한 새로운 해석을 제안하는 프로이트 전집은 PUF의 것이 유명하다.

프로이트도 닥치는 대로 읽어서는 안 된다. 정신분석을 세운 책 「꿈의 해석」(1900) 가운데 마지막 세 장(5, 6, 7장은 그 당시 프로이트가 생각했던 심리적 작용의 일반 양식을 그대로 제공한다) 부터 시작한 다음, 망각, 실수, 잃어버리는 행위 등을 다루는 「일상생활의 정신병리학 Psychologie de la vie quotidienne」(1901)을 읽는 것이 좋다. 그리고 프로이트가 많은 사례들을 해설해 놓음으로써 읽는 재미를 주는 「자아와 무의식과의 관계 Le Mot d'esprit et ses rapports avec l'inconscient」(1905)를, 또한 식견은 있지만 대체로 회의적인 대중에게 정신분석을 알릴 목적으로 프로이트가 이끈 일련의 세미나였던(그중에는 가상의 것도 있다) 「정신분석학 강의 Introduction à la psychanalyse」(1916-1917)를 거쳐야 한다. 그 다음에 「초심리학 Métapsychologie」(1914-1917)이라는 제목으로 모은 것들을 통합함으로써 우리는 그 이론이 어떤 식으로 섬세하게 다듬어졌는가를 알게 된다. 그리고 프랑스어로 된 논문들은 다시 모아 놓은 두 권의 책, 「성 생활 La Vie sexuelle」, 「신경증, 정신증, 성도착 Névrose, psychose et perversion」과 「결과들, 사상들, 문제들 Résultats, idées, problèmes」 가운데서 흥미있는 것들을 찾아내서 것과 연대순으로 읽는 것이 더 바람직하다: 어떤 개념들은 앞서 발달된 다른 개념들을 전제로 하고 있다.

만약 우리가 분석의 기술이라는 측면에 관심을 갖고 있다면, 1904년과 1919년 사이의 논문들을 모아놓은 「정신분석적 기술 La Technique psychanalytique」이란 제목의 논문집을 참고할 수 있겠다; 그러나 그 책에서 프로이트가 제안한 원칙들이 근본적인 것이긴 해도 어떤 치료법은 오늘 날 폐지된 것들이 있다는 점을 염두에 두고 있어야 한다. 특히 요즈음 분석가는 지나친 간섭과 설명적인 태도를 더 이상 사용하고 있지 않다. 만약 우리가「다섯 가지 정신분석 Cinq Psychanalyses」에서 설명된 사례들을 읽는다면, 신중한 강독의 자세를 갖고서 그것들을 관찰해야만 한다: 이러한 사례의 제시는 아주 재미있고(프로이트는 이점에 대해 사람들이 '소설을 읽는 것처럼' 읽어 내려간다고 말하곤 했다), 프로이트가 내린 해석도 아주 분명하다. 그러나 그의 치료 방식들과 개입들이 오늘 날 통용되는 것과는 전혀 맞지 않는다. 더구나 우리는 그의 거침없는 해석들이 약간 선정적이라고 생각할 수도 있다: 정신분석의 초기에(1905-1918) 그는 증명해야한다는 열정에 사로잡혀서 지나치게 겉으로 보여주어야 한다는 데 빠져있었다는 점을 기억하도록 하자… 이런 것을 염두에 둔다면 우리는 이 문집들을 재미있게 읽을 것이다:

—「도라, 히스테리 분석의 일부」(1905). 1901년에 분석된 환자. 이는 프로이트가 먼저「꿈과 히스테리」란 제목으로 생각했던「꿈의 해석」이후에 요약된 논문이다.

—「어린 한스, 다섯 살 난 어린 소년의 공포증 분석」(1909). 그러나 관찰은 1905년으로 거슬러 올라간다. 이것은 말을 두려워했던 '사랑스런 어린 소년'(프로이트가 이렇게 말했다)에 대한 대담한 단편들이 인용됨으로써 읽기가 한결 수월하다. 그에 대한 '분석'에는 프로이트가 직접 한 것도 있지만, 아이의 아버지가 한 것도 있다는 점을 짚어 둔다.

—「쥐 인간, 강박신경증에 대한 고찰」(1909). 의심스러운 현기증에 시달리고 있는 젊은 남자 이야기.

—「슈레버 의장, 자서전을 통해서 본 편집증 사례에 관한 정신분석적 고찰」(1911). 프로이트는 슈레버를 한 번도 만난 적도 없고 치료를 담당했던 것도 아니다. 그러나 슈레버가 직접 써서 출판한 책을 갖고서 정신증과 동성애의 이해에 관한 프로이트의 해석이 흥미진진하다.

—「늑대 인간, 유아 신경증의 역사에 관한 요약」1914년에 썼고, 1918년에 덧붙임. 이것은 프로이트의 이론과 실제에 관한 논문들 중 가장 뛰어나고 완성된 것으로, 너무 어릴 때 부모의 성관계를 지각한 것은('원초적 장면') 이 환자에게 외상적 결과를 초래했다는 것을 밝히고 있다.

만약 우리가 1920-1925년 '중대한 전환'의 시기에 형성된 프로이트의 사상을 이해하고자 한다면,「정신분석의 시도 Essais de Psychanalyse」가운데서 중요한 세 개의 논문을 만나게 될 것이다.「쾌락의 원리를 넘어서 Au-deià du principe de plaisir」(1920),「집단심리와 자아의 분석 Psychologie collective et analyse du moi」(1921),「자아와 충동 Le moi et le ça」(1923)… 그리고 이것들이 익숙해지면, 더 어려운 논문,「금지, 증상, 불안 Inhibition, symptéme et angoisse」(1926)에도 도전해 본다.

만약 우리가 원문을 갖고 한 역사와 주석이 더 좋다면, 프로이트의 초기 제자들 중 한 사람인 어네스트 존스 Ernest Jones의 세 권으로 된「지그문트 프로이트의 생애와 작품」을 읽으면 좋다. 그것은 생애를 세밀하게 묘사하면서 동시에 중요한 모든 텍스트들에 대한 간결한 분석을 담고 있다. 보다 가볍고 흥미로운 것으로 마르트 로베르 Marthe Robert의「정신분석의 혁명, 프로이트의 생애와 작품」(두 권)이 있다. 이것은 프로이트에 대한 탁월한 강사인 독일 여성저자가 라디오에서 했던 일련의 강연들을 옮겨 적은 것이다. 또한 「옥타브 마노니의 프로이트 Freud d'Octave Mannoni」는 더 간단하면서도 재미있다.

이 정도만 해도 상당한 분량으로, 아무리 예술과 역사, 선사시대 분야 속에, 정치와 전쟁 등의 분야 속에 프로이트의 침입이 흥미 있다고 해도 더 이상 권하는 것을 삼가야 할 것 같다. 물론 내가 인용했던 것 전부를 읽어야만 하는 것도, 엄격한 의미에서 이 여정을 따라야만 하는 것도 절대 아니다: 가장 좋은 규칙은 그것이 당신 마음에 든다는 조건 하에 '당신 마음 내키는 대로 하는 것' 이다!

더욱이 우리가 정신분석을 진지하게 배우기를 원한다면, 프로이트를 읽는 것으로 만족할 수는 없다. 사실 우리는 칼 아브라함 Karl Abraham 이나 산도르 페렌치 Sandor Ferenczi 와 같은 프로이트의 초기 동료에게도 관심을 가질 수 있다. 이 두 사람의 「전집 Oeuvres complétes」은 프랑스어로도 나와 있다. 프로이트의 후계자들은 너무 많아서 여기서 일일이 열거할 수는 없지만, 그래도 멜라니 클라인 Melanie Klein 「정신분석 사례집 Essais de Psychanalyse」, 도널드 위니캇 Donald Winnicotte 「소아과에서 정신분석까지 De la pédiatrie à la psychanalyse」, 르네 스피츠 René Spitz 「출생에서 말까지. 생애 첫 해 De la naissance à la parole. La première année de la vie」. '현대 정신분석' 총서(PUF)는 주요한 학자들이 대체로 아주 잘 썼지만 적은 분량의 책을 제공한다. (2000년 초에 이 총서는 20여권으로 되어있다.) 그리고 만약 우리가 자크 라캉의 사상에 관심이 있다면, 「에크리 écrits」를 보면 좋겠지만, 거기에 사용된 언어가 독자들에게 어려움을 주기도 한다.

배우는 데 관심이 많은 '교양인'을 위해, 폭넓지만 훌륭하게 대중적인 책들이 있다. 우선 프랑스대학출판사(PUF)가 펴낸 '끄세-쥬? Que sait-je? (나는 무엇을 아는가?)' 시리즈 가운데서 찾아볼 수 있다: 「프로이트 Freud」(Roland Jaccard), 「정신분석학 La psychanalyse」(Daniel Lagache), 「정신분석학의 역사 Histoire de la psychanalyse」(Roger Perron), 「오이디푸스 콤플렉스 Le complexe d 'OEdipe」(Roger Perron 과 Mich?le Perron-Borelli), 「거세 콤플렉스 Le complexe de castration」(André Green), 「억압 Le Refoulement」(Claude Le Guen), 「리비도의 발달 Le Développement libidinale」(Bernard Brusset), 「환상들 Les Fantasmes」(Michèle Perron-Borelli), 「페티시즘 Le Fétichisme」(Paul-Laurent Assoun), 「어른의 정신신체적 증상 La psychosomatique de l 'adulte」(Pierre Marty). 이 모든 저술들은 정신분석적 치료와 개념의 역사를 다루고 있어서, 이것들 없이 우리는 오늘날 통용되는 것을 정말로 이해할 수 없다. 역사에 관심을 갖고 있는 사람들은 롤랑 자카르의 감수 아래 출판된 총서인 「정신분석학의 역사 Histoire de la psychanalyse」를 참조하면 좋다.(알랭 드 미졸라가 만든 국제 정신분석역사 협회 Association internationale d' histoire de la psychanalyse도 있다.)

또한 우리가 개념들이나 단어들을 잠깐 잊었다면 피에르 페디다 Pierre Fedida 의 간략한 「정신분석학 사전 Dictionnaire de la psychanalyse」(Larousse), 알랭 드 미졸라 Alain de Mijolla 가 기획하고 베르나르 골즈 Bernard Golse, 소피 드 미졸라-멜로 Sophie de Mijolla-Mellor, 로제 페롱 Roger Perron이 공동 저술한 기념비적인 「국제 정신분석 사전 Dictionnaire international de la psychanalyse」(Calmann-Lévy), 엘리자베드 루디네스코 Elisabethe Roudinesco와 미셸 플롱 Michel Plon의 유용한 「정신분석학 사전」(Fayard)은 전기 작가로서 개념들은 좀 간단해도 풍부한 어휘

를 자랑한다. 또한 이미 오래 되었지만 그 가치가 여전한 라플랑슈 J. Laplanche와 퐁딸리 J-B. Pontalis의 「정신분석학의 어휘 사전 Vocabulaire de la psychanalyse」(PUF)도 빼놓을 수 없다.

자, 이제 정신분석 공부를 제대로 시작해보는 것은 어떨까요!

역자후기

"더 행복하게, 적어도 더 불행하지는 않게"

정신분석은 왜 필요한가? 마음이 힘들거나 괴롭기 때문이 아닐까? 어떤 일을 당해서 괴로울 때 심리적인 도움을 받을 수 있다. 가령 실직을 하거나 큰 손해를 입었을 때, 실연을 당했을 때, 가족을 잃었을 때, 혼자서 그 고통을 감수하기 어렵고, 감수한다고 해도 건강하게 잘 극복하는 것은 쉬운 일이 아니다. 그럴 때 정신분석이나 심리치료의 지원을 받는 것이 필요하다.

그러나 꼭 그런 일이 없더라도 '괜히' 힘들기도 하다. 힘들 것도 없는데 힘들 때, 혹은 언제 어딜 가든지 힘든 관계가 똑 같이 반복될 때 정신분석이 필요하다. 겉으로 보기에는 아무 일도 없는 것 같은데 마음이 힘들 때 정신이나 심리에 뭔가 있다는 생각을 할 수 있고, 그때 분석과 치료를 고려한다. 실패로 인해 쓰라린 고통을 호소하면서도 항상 같은 유형의 사랑을 할 때, 어느 직장이나 어느 동호회에 가든 항상 똑같이 괴롭히고 짜증나게 구는 사람이 있을 때, 그런 일로 인해 겪는 실패와 고통이 자신의 삶에서 떼어내려 해도 뗄 수 없는 것이 되었을 때 정신분석이 필요하다.

정신분석이 필요한 것은 자신의 힘든 삶 때문인데 문제는 이유를 알지 못한다는 데 있다. 사실 이유를 모른다는 것 자체가 고통이기도 하다. 왜 엄마가 그토록 화를 내는지 알지 못하는 아이의 심정을 생각해 보라. 아마도 아이는 억울하고 야속하고 쓸쓸하고 때론 두렵고 그래서 고통스럽기까지 할 것이다. 물론 이유를 안다고 해도 아이에게 화내는 엄마는 힘든 존재인데, 이유마저 모른다면 얼마나 답답하고 막막할까! 그러나 이유를 아는 것이 중요한 까닭은 단지 그 때문만은 아니다. 이유를 알고 문제를 이해하면, 고통스럽지 않은 것은 아니지만 그것이 오래도록 상처로 남지는 않는다. 당장은 섭섭하고 힘들지만 시간이 흐르면서 어떻게든 해소되기 때문이다. 그렇지 않고 이유가 무엇인지, 문제가 어떤 건지 모른다면, 그것은 무의식 깊은 곳에 낭종처럼 남아서 시간이 흐를수록 해소되기는커녕 비슷하게 반복되는 경험들이 계속 덧붙여지면서 크기를 키울 뿐이다.

정신분석가는 삶에서의 이런 저런 어려움을 호소하는 사람들과 함께 그 어려움의 근원을 찾아들어간다. 그리고 어렸기 때문에 잘못 이해했던 것과 전혀 이해하지 못했던 것, 혹은 이해할 수 없었던 것을 새롭게 이해하는 작업을 한다. 이는 환자로 하여금 힘들고 고단한 삶으로 흘러갈 수 밖에 없었던 지금까지의 운명의 속박으로부터 놓여나서 자유로움과 행복까지도 느끼게 할 수 있다. 물론 이렇게 되기까지 많은 시간이 걸리고, 노력이 필요하다. 왜냐하면 일단 그런 몰이해를 바탕으로 삶이 구조화되면, 그것이 아무리 힘들게 한다고 해도 그 사람에게는 이미 익숙해져 있고 길들여져 있는 삶의 양식이기 때문이다. 그것을 스스로 벗어나기는 어렵고, 오히려 그 속에 있는 것이 안전하다고 느끼기도 한다. 그래서 정신분석가의 도움이 필요하다.

정신분석가는 집요하고 노련하게 사람들로 하여금 자신의 상처를 바라보게 하고 이해하게 하고 치유에 도달하도록 돕는 전문가이다. 정신분석은 있는 그대로의 자신을 바라보게 하고 그런 자신을 사랑함으로써 당당하지만 겸손한 사람으로, 다른 존재들과의 화해와 사랑의 관계로 향할 수 있게 한다. 그래서 사람을 고통에서 벗어나 행복한 삶을 살게 한다. 물론 성공적일 경우에 그렇다. 사람을 고통스럽게 하는 무의식속의 뿌리는 그렇게 만만한 것은 아니다. 그렇다고 해도 정신분석은 문제를 보게 하고 알게 함으로써 반복되는 실패의 고통을 줄여가거나 피해갈 수 있게 한다. 고통을 더 쉽게 견디게 하고, 덜 힘들게 벗어나게 한다. 그런 식으로 정신분석은 불행한 사람들을 행복하게 적어도 더 불행하지는 않게 돕는다.

끝으로 이 책의 출간을 도와주신 서울대상관계정신분석연구소의 이재훈 소장님과 편집과 교정을 해주신 한국심리치료연구소의 여러분들께 감사드린다.

2008년 8월 4일 표원경

한국심리치료연구소 총서

한국심리치료연구소는 한국심리치료 분야의 질적 향상을 위해서 이 분야의 고전 및 최신 서적들을 우리말로 번역 출판하고 있다. 본 연구소는 순수 심리치료 분야와 기독교 신앙과 관련된 심리치료 분야의 책들을 출판하며, 순수 심리치료 분야의 책들은 대상관계이론과 자기심리학을 포함한 현대 정신분석이론들과 융 심리학에 관한 서적이다.

순수 심리치료 분야

놀이와 현실
Playing and Reality
by D. W. Winnicott / 이재훈

울타리와 공간
Boundary & Space
by D. Wallbridge
& M. Davis / 이재훈

유아의 심리적 탄생
Psychological Birth
of the Human Infant
by M. Mahler & F. Pine / 이재훈

꿈상징 사전
Dictionary of Dream Symbols
by Eric Ackroyd / 김병준

그림놀이를 통한 어린이 심리치료
Therapeutic Consultation
in Child Psychiatry
by D. W. Winnicott / 이재훈

자기의 분석
The Analysis of the Self
by Heinz Kohut / 이재훈

편집증과 심리치료
Psychotherapy
& the Paranoid Process
by W. W. Meissner / 이재훈

멜라니 클라인
Melanie Klein
by Hanna Segal / 이재훈

정신분석학적 대상관계이론
Object Relations
in Psychoanalytic Theories
by J. Greenberg & S. Mitchell / 이재훈

프로이트 이후
Freud & Beyond
by S. Mitchell & M. Black
/ 이재훈 · 이해리 공역

성숙과정과 촉진적 환경
Maturational Processes
& Facilitating Environment
by D. W. Winnicott / 이재훈

참자기
The Search for the Real Self
by J.F. Masterson / 임혜련

내면세계와 외부현실
Internal World & External Reality
by Otto Kernberg / 이재훈

자폐아동을 위한 심리치료
The Protective Shell in Children and Adult by Frances Tustin / 이재훈외

박탈과 비행
Deprivation & Delinquency
by D. W. Winnicott / 이재훈외

교육, 허무주의, 생존
Education, Nihilism, Survival
by D. Holbrook / 이재훈외

대상관계 개인치료 Ⅰ · Ⅱ
Object Relations Individual Therapy
by Jill Savege Scharff & David E. Scharff / 이재훈 · 김석도 공역

정신분석 용어사전
Psychoanalytic Terms and Concepts
Ed. by Moore and Fine / 이재훈 외

하인즈 코헛과 자기심리학
H. Kohut and the Psychology of the Self
by Allen M. Siegel / 권명수

대상관계 부부치료
Object Relations Couple Therapy
by Jill Savege Scharff & David E. Scharff / 이재훈

대상관계 이론과 임상적 정신분석
Object Relations
& Clinical Psychoanalysis
by Otto Kernberg / 이재훈

성격에 관한 정신분석학적 연구
Psychoanalytic Studies of the Personality by Ronald Fairbairn/이재훈

나의 이성, 나의 감성
My Head and My Heart
by De Gregorio, Jorge / 김미겸

환자에게서 배우기
Learning from the Patient by Patrick J. Casement/김석도

의례의 과정
The Ritual Process
by Victor Turner/ 박근원

대상관계이론과 정신병리학
Object Relations Theories and Psychopathology by Frank Summers /이재훈

정신분석학 주요개념
Psychoanalysis : The Major Concepts, by Moore & Fine/이재훈

대상관계 단기치료
Object Relations Brief Therapy by Michael Stadter/이재훈 • 김도애

임상적 클라인
Clinical Klein by R. D. Hinshelwood/ 이재훈

살아있는 동반자
Live Company by Anne Alvalez /이재훈 • 박영란

대상관계 가족치료
Object Relations Family Therapy by Jill Savege Scharff & David E. Scharff/이재훈

대상관계 집단치료
Object Relations, the Self and the Group by Charles Ashbach & Victor L. Shermer/이재훈

스토리텔링을 통한 어린이 심리치료
Using storytelling as a therapeutic tool with children by Sunderland Margot/이재훈외

자폐아동과 정신분석
Autismes De L'enfance by Roger Perrson & Denys Ribas/권정아 • 안석

초보자를 위한 대상관계 심리치료
The Primer of Object Relations Therapy by Jill & David Scharff/오규훈 • 이재훈

인격장애와 성도착에서의 공격성
Aggression and Perversions in Personality Disorders/이재훈 • 박동원

대상관계 단기부부치료
Short Term Object Relations Couple Therapy by James Donovan /이재훈 • 임영철

그리스도인의 원형
The Christian Archetype by Edward F. Edinger /이재훈

앞으로 출간될 책

소아정신의학에서 정신분석학으로
Through Paediatrics to Psychoanalysis by D. W. Winnicott

애도, 영성 그리고 변화
Mourning, Spirituality and Psychic Change by Susan Kavaler-Adler

기독교 신앙과 관련된 심리치료 분야

종교와 무의식
Religion & Unconscious
by Ann & Barry Ulanov / 이재훈

희망의 목회상담
Hope in the Pastoral Care
& Counseling
by Andrew Lester / 신현복

살아있는 인간문서
The Living Human Document
by Charles Gerkin / 안석모

인간의 관계경험과 하나님경험
Human Relationship
& the Experience of God
by Michael St. Clair / 이재훈

신데렐라와 그 자매들
Cinderella and Her Sisters
by Ann & Barry Ulanov / 이재훈

현대정신분석학과 종교
Contemporary Psychoanalysis
& Religion
by James Jones / 유영권

살아있는 신의 탄생
The Birth of the Living God
by Ana-Maria Rizzuto / 이재훈

인간의 욕망과 기독교 복음
Les Evangiles au risque
de la Psychanalyse
by Françoise Dolto / 김성민

신학과 목회상담
Theology & Pastoral Counseling
by Debohra Hunsinger
/ 이재훈 · 신현복

성서와 정신
The Bible and the Psyche
by E. Edinger / 이재훈

목회와 성
Ministry and Sexuality
by G. L. Rediger / 유희동

상한 마음의 치유
Healing Wounded Emotions
by M. H. Padovani 외 / 김성민 외

예수님의 마음으로 생활하기
Living From the Heart Jesus Gave You
by James. G. Friesen 외 / 정동섭

신경증의 치료와 기독교 신앙
Ministry and Sexuality
by G.L.Rediger/ 김성민

전환기의 종교와 심리학
Religion and Psychology in Transition
by James Johns/이재훈

영성과 심리치료
Spirituality and Psychotherapy
by Ann Belford Ulanov/ 이재훈

치유의 상상력
The Healing Imagination
by Ann Belford Ulanov/ 이재훈

외상, 심리치료 그리고 목회신학
/ 김정선